云南大学"一带一路"沿线国家综合数据库建设项目
中国周边外交研究省部共建协同创新中心　联合推出

"一带一路"沿线国家综合数据库建设丛书 ｜ 林文勋 主编

企聚丝路
海外中国企业高质量发展调查
印度尼西亚

杨晓强 刘凯 等 著

Overseas Chinese Enterprise and
Employee Survey in B&R Countries
INDONESIA

中国社会科学出版社

图书在版编目(CIP)数据

企聚丝路：海外中国企业高质量发展调查.印度尼西亚 / 杨晓强等著. —北京：中国社会科学出版社，2022.11

("一带一路"沿线国家综合数据库建设丛书)

ISBN 978-7-5203-1046-8

Ⅰ.①企⋯ Ⅱ.①杨⋯ Ⅲ.①海外企业—企业发展—研究—中国 Ⅳ.①F279.247

中国版本图书馆 CIP 数据核字(2022)第 225158 号

出 版 人	赵剑英
责任编辑	马　明　郭　鹏
责任校对	王福仓
责任印制	王　超

出　　　版	中国社会科学出版社
社　　　址	北京鼓楼西大街甲 158 号
邮　　　编	100720
网　　　址	http://www.csspw.cn
发 行 部	010-84083685
门 市 部	010-84029450
经　　　销	新华书店及其他书店
印　　　刷	北京明恒达印务有限公司
装　　　订	廊坊市广阳区广增装订厂
版　　　次	2022 年 11 月第 1 版
印　　　次	2022 年 11 月第 1 次印刷
开　　　本	710×1000　1/16
印　　　张	16.25
字　　　数	235 千字
定　　　价	85.00 元

凡购买中国社会科学出版社图书，如有质量问题请与本社营销中心联系调换
电话：010-84083683
版权所有　侵权必究

《"一带一路"沿线国家综合数据库建设丛书》编委会

主　　　编　林文勋

副 主 编　杨泽宇　赵琦华　李晨阳

编委会成员　（按姓氏笔画顺序）

　　　　　　　孔建勋　毕世鸿　许庆红　杨　伟
　　　　　　　杨泽宇　杨绍军　李彦鸿　李晨阳
　　　　　　　吴　磊　沈　芸　张永宏　陈炳灿
　　　　　　　陈　瑛　陈善江　范　俊　林文勋
　　　　　　　罗茂斌　赵琦华　廖炼忠

总　　序

党的十八大以来，以习近平同志为核心的党中央准确把握时代发展大势和国内国际两个大局，以高瞻远瞩的视野和总揽全局的魄力，提出一系列富有中国特色、体现时代精神、引领人类社会进步的新理念新思想新战略。在全球化时代，从"人类命运共同体"的提出到"构建人类命运共同体"的理念写入联合国决议，中华民族为世界和平与发展贡献了中国智慧、中国方案和中国力量。2013年秋，习近平主席在访问哈萨克斯坦和印度尼西亚时先后提出共建"丝绸之路经济带"和"21世纪海上丝绸之路"的重大倡议。这是实现中华民族伟大复兴的重大举措，更是中国与"一带一路"沿线国家乃至世界打造政治互信、经济融合、文化包容的利益共同体、命运共同体和责任共同体的探索和实践。

大国之路，始于周边。周边国家是中国特色大国外交启航之地。党的十九大报告强调，中国要按照亲诚惠容理念和与邻为善、以邻为伴周边外交方针深化同周边国家关系，秉持正确义利观和真实亲诚理念加强同发展中国家团结合作。[①] 当前，"一带一路"倡议已从谋篇布局的"大写意"转入精耕细作的"工笔画"阶段，人类命运共同体建设开始结硕果。

[①] 习近平：《决胜全面建成小康社会　夺取新时代中国特色社会主义伟大胜利——在中国共产党第十九次全国代表大会上的报告》（2017年10月18日），人民出版社2017年版，第60页。

在推进"一带一路"建设中，云南具有肩挑"两洋"（太平洋和印度洋）、面向"三亚"（东南亚、南亚和西亚）的独特区位优势，是"一带一路"建设的重要节点。云南大学紧紧围绕"一带一路"倡议和习近平总书记对云南发展的"三个定位"，努力把学校建设成为立足于祖国西南边疆，面向南亚、东南亚的综合性、国际性、研究型一流大学。2017年9月，学校入选全国42所世界一流大学建设高校行列，校党委书记林文勋教授（时任校长）提出以"'一带一路'沿线国家综合数据库建设"作为学校哲学社会科学的重大项目之一。2018年3月，学校正式启动"'一带一路'沿线国家综合数据库建设"项目。

一是主动服务和融入国家发展战略。该项目旨在通过开展"一带一路"沿线国家中资企业与东道国员工综合调查，建成具有唯一性、创新性和实用性的"'一带一路'沿线国家综合调查数据库"和数据发布平台，形成一系列学术和决策咨询研究成果，更好地满足国家重大战略和周边外交等现实需求，全面服务于"一带一路"倡议和习近平总书记对云南发展的"三个定位"。

二是促进学校的一流大学建设。该项目的实施，有助于提升学校民族学、政治学、历史学、经济学、社会学等学科的建设和发展；调动学校非通用语（尤其是南亚、东南亚语种）的师生参与调查研究，提高非通用语人才队伍的科研能力和水平；撰写基于数据分析的决策咨询报告，推动学校新型智库建设；积极开展与对象国合作高校师生、中资企业当地员工的交流，促进学校国际合作与人文交流。

项目启动以来，学校在组织机构、项目经费、政策措施和人力资源等方面给予了全力保障。经过两年多的努力，汇聚众多师生辛勤汗水的第一波"海外中国企业与员工调查"顺利完成。该调查有如下特点。

一是群策群力，高度重视项目研究。学校成立以林文勋书记任组长，杨泽宇、张力、丁中涛、赵琦华、李晨阳副校长任副组长，各职能部门领导作为成员的项目领导小组。领导小组办公室设在社科处，由社科处处长任办公室主任，孔建勋任专职副主任，陈瑛、许庆红任技术骨干，聘请西南财经大学甘犁教授、北京大学邱泽奇教授、北京大学赵耀辉教授、北京大学翟崑教授为特聘专家，对项目筹备、调研与成果产出等各个环节做好协调和指导。

二是内外联合，汇聚各方力量推进。在国别研究综合调查数据库建设上，学校专家拥有丰富的实践经验，曾依托国别研究综合调查获得多项与"一带一路"相关的国家社科基金重大招标项目和教育部重大攻关项目，为本项目调查研究奠定了基础。国际关系研究院·南亚东南亚研究院、经济学院、民族学与社会学学院、外国语学院、政府管理学院等学院、研究院在问卷调查、非通用语人才、国内外资料搜集等方面给予大力支持。同时，北京大学、中国社会科学院、西南财经大学、广西民族大学等相关单位的专家，中国驻各国使领馆经商处、中资企业协会、企业代表处以及诸多海外中央企业、地方国有企业和民营企业都提供了无私的支持与帮助。

三是勇于探索，创新海外调研模式。调查前期，一些国内著名调查专家在接受咨询时指出，海外大型调查数据库建设在国内并不多见，而赴境外多国开展规模空前的综合调查更是一项艰巨的任务。一方面，在初期的筹备阶段，项目办面临着跨国调研质量控制、跨国数据网络回传、多语言问卷设计、多国货币度量统一以及多国教育体系和民族、宗教差异性等技术难题和现实问题；另一方面，在出国调查前后，众师生不仅面临对外联络、签证申请、实地调研等难题，还在调查期间遭遇地震、疟疾、恐怖袭击等突发事件的威胁。但是，项目组克服各种困难，创新跨国调研的管理和实践模式，参与调查的数百名师生经过两年多的踏实工作，顺利完成了这项兼具开源性、创新性和唯一性的调查任务。

四是注重质量，保障调查研究价值。项目办对各国调研组进行了多轮培训，强调调查人员对在线调查操作系统、调查问卷内容以及调查访问技巧的熟练掌握；针对回传的数据，配备熟悉东道国语言或英语的后台质控人员，形成"调查前、调查中和调查后"三位一体的质量控制体系，确保海外调查数据真实可靠。数据搜集完成之后，各国调研组立即开展数据分析与研究，形成《企聚丝路：海外中国企业高质量发展调查》报告，真实展现海外中国企业经营与发展、融资与竞争、企业形象与企业社会责任履行状况等情况，以及东道国员工工作环境、就业与收入、对中国企业与中国国家形象的认知等丰富内容。整个调查凝聚了700多名国内外师生（其中300多名为云南大学师生）的智慧与汗水。

《企聚丝路：海外中国企业高质量发展调查》是"'一带一路'沿线国家综合数据库建设"的标志性成果之一。本项目首批由20个国别调研组组成，分为4个片区由专人负责协调，其中孔建勋负责东南亚片区，毕世鸿负责南亚片区，张永宏负责非洲片区，吴磊负责中东片区。20个国别调研组负责人分别为邹春萌（泰国）、毕世鸿（越南）、方芸（老挝）、孔建勋和何林（缅甸）、陈瑛（柬埔寨）、李涛（新加坡）、刘鹏（菲律宾）、杨晓强（印度尼西亚）、许庆红（马来西亚）、柳树（印度）、叶海林（巴基斯坦）、冯立冰（尼泊尔）、胡潇文（斯里兰卡）、邹应猛（孟加拉国）、刘学军（土耳其）、朱雄关（沙特阿拉伯）、李湘云（坦桑尼亚）、林泉喜（吉布提）、赵冬（南非）和张佳梅（肯尼亚）。国别调研组负责人同时也是各国别调查报告的封面署名作者。

今后，我们将继续推动"'一带一路'沿线国家综合数据库建设"不断向深度、广度和高度拓展，竭力将其打造成为国内外综合社会调查的知名品牌。项目实施以来，尽管项目办和各国调研组竭尽全力来完成调查和撰稿任务，但由于主、客观条件限制，疏漏、错误和遗憾之处在所难免，恳请专家和读者批评指正！

《"一带一路"沿线国家综合数据库建设丛书》编委会

2020年3月

目　录

第一章　印度尼西亚经济发展形势与中印经贸文化交流……………（1）
　　第一节　2014—2019年的形势概述………………………………（2）
　　第二节　经济形势评估………………………………………………（7）
　　第三节　社会文化环境………………………………………………（15）
　　第四节　中国与印度尼西亚关系发展态势…………………………（18）

第二章　印度尼西亚中资企业调查技术报告……………………（25）
　　第一节　调查方案……………………………………………………（25）
　　第二节　印度尼西亚中资企业概述…………………………………（31）
　　第三节　员工样本特征分析…………………………………………（39）

第三章　印度尼西亚中资企业生产经营状况分析………………（47）
　　第一节　运营基本状况………………………………………………（47）
　　第二节　生产与销售状况……………………………………………（53）
　　第三节　融资状况分析………………………………………………（65）

第四章　印度尼西亚营商环境和中国企业投资风险分析………（70）
　　第一节　基础设施供给分析…………………………………………（70）
　　第二节　公共服务供给分析…………………………………………（74）
　　第三节　中资企业对印度尼西亚公共服务治理的评价……………（93）
　　第四节　投资风险分析………………………………………………（105）

第五章　印度尼西亚中资企业雇佣行为与劳动风险分析……（111）
　　第一节　员工构成分析……………………………………（111）
　　第二节　人员雇佣情况……………………………………（118）
　　第三节　劳资纠纷及处理效果分析………………………（126）

第六章　印度尼西亚中资企业本地化经营与企业国际形象
　　　　　分析……………………………………………………（130）
　　第一节　本地化经营程度…………………………………（131）
　　第二节　社会责任履行程度………………………………（140）
　　第三节　形象传播及印度尼西亚认可度…………………（146）
　　第四节　公共外交…………………………………………（151）

第七章　印度尼西亚中资企业员工的职业发展与工作环境……（156）
　　第一节　职业经历和工作环境……………………………（156）
　　第二节　工作时间与职业培训、晋升……………………（159）
　　第三节　工会组织与社会保障……………………………（163）
　　第四节　个人和家庭收入…………………………………（169）
　　第五节　家庭社会经济地位和耐用消费品………………（174）

第八章　交往与态度……………………………………………（183）
　　第一节　社会交往与社会距离……………………………（183）
　　第二节　企业评价…………………………………………（186）

第九章　媒体与文化消费………………………………………（196）
　　第一节　互联网和新媒体…………………………………（196）
　　第二节　文化消费…………………………………………（202）

第十章　国内议题与大国影响力………………………………（205）
　　第一节　中国品牌…………………………………………（205）

第二节　企业社会责任 …………………………………… (211)
第三节　大国影响力评价 ………………………………… (215)

结　论 ……………………………………………………… (229)

参考文献 …………………………………………………… (241)

后　记 ……………………………………………………… (247)

第一章

印度尼西亚经济发展形势与中印经贸文化交流

印度尼西亚地处印度洋与太平洋交汇处，坐拥马六甲海峡、龙目岛、巽他海峡等海上战略通道，是沟通亚洲和大洋洲、太平洋和印度洋的交通枢纽，是"21世纪海上丝绸之路"连通大洋洲、欧洲和非洲等地区的关键节点。从国别影响力看，印度尼西亚是东盟最大经济体，世界第四大人口国，发展潜力大。作为东盟创始成员，印度尼西亚在东盟一体化建设和东亚合作中发挥着重要作用。此外，印度尼西亚还是G20成员、万隆会议十项原则的重要发起国之一，是亚非新型伙伴关系、七十七国集团、伊斯兰会议组织等国际（地区）组织的倡导者和重要成员，在地区和国际事务中发挥着独特作用。

自古以来，印度尼西亚就是多元文化交会之地，先后受到印度文化、伊斯兰文化、殖民者带来的西方文化影响。印度尼西亚独立后的历史发展之路并不平坦，首任总统苏加诺在1965年"九三〇"事件后下台，苏哈托执政后实行高度集权的统治。"新秩序"时期印度尼西亚政局平稳，经济发展迅速，同时社会矛盾持续累积、激化。1998年，印度尼西亚无力抵御经济危机冲击，苏哈托政府在同年倒台。1999年至今为印度尼西亚的改革时期，加强国会制衡能力、推进地方分权、实行总统直选等一系列重大举措先后实施，政治和社会形势总体平稳，经济增长稳健。

第一节　2014—2019 年的形势概述

印度尼西亚 2014 年以来的政治革新主要体现在对总统和各级代议机关选举办法的完善方面，改革方向为提升选举的效率、公平性并尽可能节约国家所投入的人力和财力资源。经济在外部环境压力下的表现可圈可点，增长率在发展中国家里居于前列，潜力较大。印度尼西亚政府致力于推动经济转型以确保增长的可持续性。佐科政府的外交风格与上一届政府有明显区别，特点是比较重视现实利益。

一　政治革新

总统选举。印度尼西亚总统及副总统任期五年，总统可连任一次，2004 年以来实行全国直选。根据《选举法》，在大选中获得 50% 以上票数且在全国半数以上省份获选票 20% 以上的总统候选人胜出。政党推举总统和副总统候选人的条件是，需在国会选举中获 25% 的选票或 20% 的议席。2014 年没有任何一个政党符合上述要求，国会内部各派别经组合形成"辉煌印度尼西亚联盟"和"红白联盟"两大阵营，分别推举佐科与卡拉、普拉博沃与哈达这两对候选人。2019 年，佐科与普拉博沃继续获得政党推举成为总统候选人。

国会选举。2017 年《选举法》修正案对 2019 年大选办法进行革新：一是实行开放的比例代表制，以选票决定进入国会的政党代表人选。二是把政党获得国会议席的最低得票率要求提高到 4%。这是自 2009 年以来，印度尼西亚连续两届大选提高选举门槛，用意是希望精简国会派系。2014 年的选举门槛为 3.5%，民主斗争党、专业集团党、大印度尼西亚行动党、民主党、民族觉醒党、国民使命党、繁荣公正党、民主国民党、建设团结党、民心党 10 个党派获分配国会议席资格。2019 年有 16 个政党参加国会选举，9 个政党获议席，原国会派系民心党出局。三是改变先举行国会选举，3 个月后再组织总统选举的做法，将两次选举放在同期举行。四是改革选票与议席的转换方法。

地方行政首脑选举。印度尼西亚2004年的《地方行政法》规定各地省长、市长和县长由当地选民直选产生。东加里曼丹的古戴县2005年成为印度尼西亚第一个落实地方行政首脑直选的地区。从2008年起，地方行政首脑候选人除由政党提名外，也可由一定数量选民联名推荐产生。2015年的《省长、县长和市长选举法》统一了地方行政首脑选举时间，要求各地按现任行政首脑任期届满情况，分期分批于2015年（12月）、2017年（2月）、2018年（6月）、2020年、2022年、2023年和2027年举行选举。受新冠肺炎疫情影响，印度尼西亚大选委员会将2020年的地方选举推迟到2021年。由于地方行政首脑直选耗资巨大且易于引发社会群体对立，自2014年以来印度尼西亚国会、政府和民间一直有改变地方选举方式的声音。

二 经济增长

动能削弱是全球经济近年所呈现的基本面貌，印度尼西亚经济则表现出较好的韧性，自2014年以来年增长率多数在5%以上（见表1-1）。2018年创下近年最高增速，GDP总量已成功突破万亿美元（居全球第16位）。人均国民收入3927美元，按照世界银行的标准，已属于中高收入国家。到2030年，印度尼西亚可能成为全球第七大经济体。印度尼西亚的财政赤字始终在安全范围内，政府本、外币偿债能力稳定。惠誉、穆迪、标普、大公国际等机构对印度尼西亚的主权信用评级展望为"稳定"或"投资"级别。

表1-1　　　印度尼西亚2014—2019年经济增长率

年度	2014	2015	2016	2017	2018	2019
年增长率（%）	5.02	4.79	5.02	5.07	5.17	5.02

世界经济论坛认为，全球经济的长远发展将受到贫富差距扩大、

投资乏力以及贸易保护主义的拖累。不少发展中国家还面临着国内冲突、地缘政治形势紧张等压力。印度尼西亚情况相对乐观,其国内政治和社会形势比较稳定。政府近年持续加大基础设施建设力度,佐科政府第一个总统任期内基建投入达467.4万亿印尼盾,完成92个国家重点建设项目,有效促进了岛际互联互通,降低了物流成本。① 印度尼西亚政府先后出台16套刺激经济的配套计划,改善投资环境以及推动数字经济发展的一系列措施效果逐步显现。印度尼西亚的全球竞争力有所提升,2018年《全球竞争力报告》称,新加坡在东盟国家中竞争力排名最高,工业、宏观经济、基础设施、金融系统、卫生等因素得分遥遥领先于其他各国。印度尼西亚排名东盟第4位,全球第45位,市场规模指标排名全球第8位,商业活跃度、宏观经济稳定性等表现较好(见图1-1)。

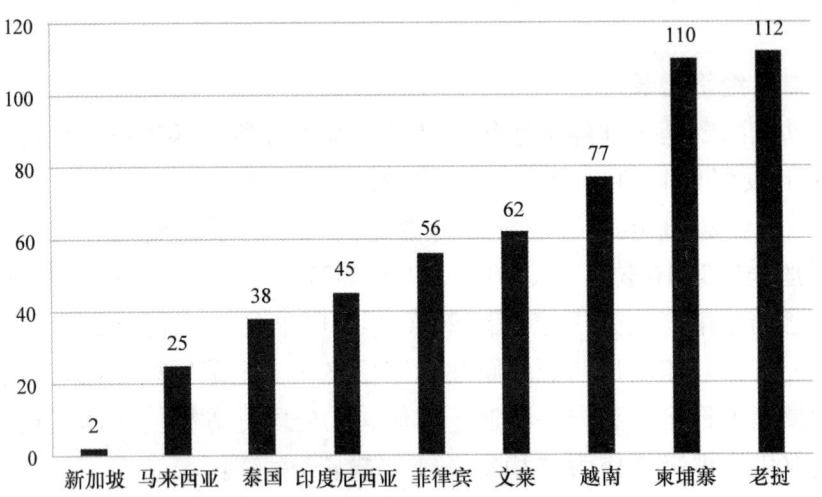

图1-1 东盟各国全球竞争力排名

资料来源:世界经济论坛《全球竞争力报告》(2018)。

---

① 《经济转型成为政府应对全球挑战的抓手》,(2020-02-03)[2020-02-05],印度尼西亚工业网,https://www.industry.co.id/read/60241/transformasi-ekonomi-jadi-senjata-pemerintah-hadapi-tantangan-global。

经济的增长推动了社会公平。随着为弱势群体发放粮食补助等扶贫政策的实施，印度尼西亚贫困人口比例持续下降，2020年年初时为9.22%，贫困人口为2479万。贫困人群的分布是城市986万，农村1493万。① 经济建设的成果主要被人数相对较少的中上层群体享受，这是不争的事实。占总人口比例1%的印度尼西亚最富有家庭拥有全社会50%的财富，占比10%的高收入人群占全国财富总量的70%。② 但是，基尼系数近几年好转，2019年更是创下2011年以来的最低。

相对而言，岛际经济社会发展的不均衡问题多年没有缓解。占印度尼西亚国土面积7%但人口近1.5亿的爪哇岛向来是印度尼西亚的经济重心所在，以雅加达为中心的该岛对国家经济的贡献率高达59%，与各岛经济体量差距非常明显（见图1-2）。从2018—2019年情况看，巴布亚岛、苏拉威西岛经济活力较强，而苏门答腊岛、加里曼丹岛、巴厘岛及努沙登加拉岛的经济增速仍然逊于爪哇。基于平衡各地区发展的考虑，印度尼西亚多位总统提出迁都的想法。2019年8月16日，印度尼西亚总统佐科要求国会批准将首都从雅加达迁至加里曼丹，十天后，佐科举行记者招待会，宣布将首都迁往东加里曼丹省，并将在第二个总统任期（2019—2024年）推进迁都计划。发展失衡还引发地区间诸多政治、经济、社会治安等问题。长期以来，困扰印度尼西亚政府的巴布亚、马鲁古地区的独立问题，在很大程度上可归于经济发展的滞后。各岛区巨大的经济发展差距制约了印度尼西亚经济发展的协调性、有序性和持续性。

印度尼西亚政府正大力推动经济结构转型，以挖掘增长潜力，应对全球化挑战，推动实现2045年建成发达国家的宏伟目标。经济转

---

① 参见印度尼西亚中央统计局网站，http://bps.go.id/。
② 参见《鸿沟加大，1%国民拥有国家财富的50%》，（2019-10-01）[2019-10-06]，印度尼西亚《共和国报》网站，https://republika.co.id/berita/pz4vg5415/ketimpangan-melebar-1-warga-kuasai-50-aset-nasional。

型的方向是将增长模式由资源依赖型转变为高附加值工业和现代服务业驱动型。印度尼西亚经济统筹部提出了实现上述转变的数个关键政策，居首位的是优化基础设施建设。作为世界上最大的群岛国家，印度尼西亚基础设施薄弱成为制约经济发展的瓶颈。基础设施水平最高的爪哇岛，由于人口密度大，经济活动频繁，岛内面临严重的交通拥堵、水资源短缺、环境污染等问题，雅加达甚至被诟病为东南亚著名的"堵城"。贯穿全岛的雅加达—芝甘北—万隆—三宝垄—泗水铁路的硬件与软件设施都需要进一步升级。境内棉兰、杜迈、巨港、望加锡等重要港口的基础设施亟须升级、完善。加里曼丹岛公路、铁路的互联互通尤其薄弱，电力短缺等问题进一步制约内河港口运输和区内煤炭运输。

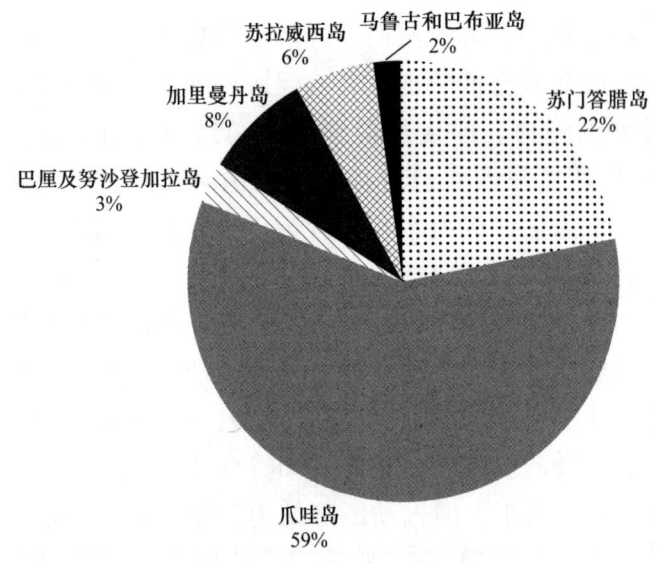

图1-2　印度尼西亚各岛在全国经济中的比重

其他政策方向包括通过农林业改革措施实施均衡发展政策；减少对短期外资的依赖；提高人力资源素质，提升劳动力市场效率；合理引导投资走向，减少增量资本与产出比（ICOR）等。印度尼西亚政府希望通过逐步落实上述政策措施,在2020—2024年实现中期发展规划的目标,包括未来数年内印度尼西亚年均经济增长率5.4%—6.0%,人均国民生产总值4800—6160美元;每年物价上涨水平2%—4%;扶贫工作取得明显进展,2024年贫困率降至6.5%—7.0%,失业率为4.0%—4.6%;基尼系数3.70—3.74,人类发展指数达75.54;投资年增速6.9%—8.1%;非油气产品出口年增9.2%—11.4%;经常性项目赤字占国内生产总值比例1.8%—2.2%(见图1-3)①。

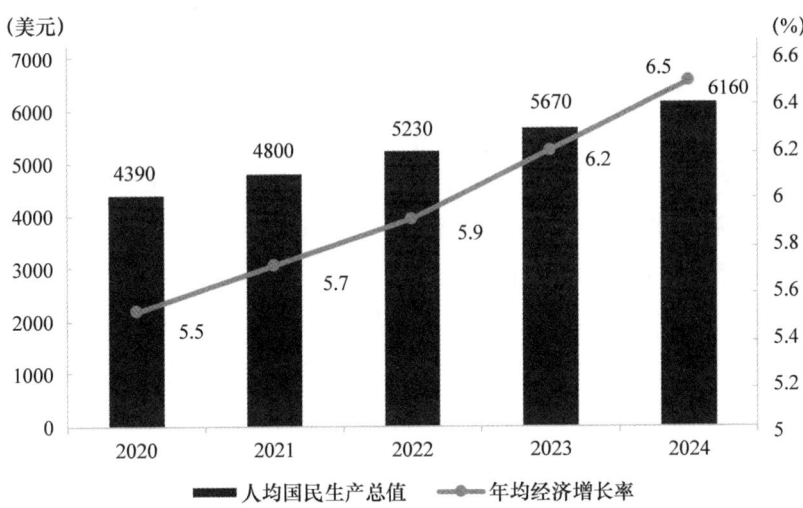

图1-3 印度尼西亚2020—2024年经济增速及人均国民生产总值预测

资料来源:印度尼西亚国家建设规划委员会。

第二节 经济形势评估

印度尼西亚2019年在不确定的国内外形势下,经济发展成就可

---

① 参见印度尼西亚国家建设计划委员会《2020—2024年中期发展规划(印尼语)》,(2019-06-28) [2020-03-01], https://www.bappenas.go.id/files/rpjmn/Narasi%20RPJMN%20IV%202020-2024_Revisi%2028%20Juni%202019.pdf。

圈可点，特别是通胀率和物价水平表现亮眼，国库收入稳定，债务负担不重。为确保经济成长的可持续性，印度尼西亚政府大力发展对外贸易，并努力吸引外资。其纺织、食品饮料加工、电商、保险、旅游等产业发展潜力大，引起了国际资本的关注。

一 2019年经济发展概况

中美贸易冲突、中东地缘政治变化以及国际大宗商品的价格起伏等外围因素给2019年印度尼西亚经济发展带来较大压力。全年各行业增速全面放缓，但经济基本面仍良好。全年经济增长5.02%，GDP总值15834万亿印尼盾（约合1.12万亿美元），人均GDP为5910万印尼盾（约合4175美元），走势是年初增速最高，此后按季略走低。工业、商业、农业、建筑业等增速均放缓，只有服务业表现超过了2018年。制造业的疲弱对整体经济发展的拖累非常明显，该行业2019年只增长了3.8%，在国民经济中的比重从2018年的19.86%降至19.7%。制造业发展动力不足又与中国、美国、韩国、新加坡等印度尼西亚主要经济合作伙伴需求不旺，以及印度尼西亚国内民众消费热情不如以往有关。

印度尼西亚物价水平平稳，2019年通胀率仅2.72%，创下1998年以来的最低纪录。充足的商品供应和更科学的定价机制确保了多数商品价格没有大起大落。印度尼西亚盾的汇率在2019年5月达到全年最低点，下半年以升势为主，年末汇率13880盾兑1美元，升值2.93%。拉动经济增长的"三驾马车"中，出口承压，投资增长符合预期，消费对经济增长贡献最大。

印度尼西亚财政收入由税收、非税收入及捐赠所得三部分组成，全年收入2165.1万亿盾。税收是国家财政的最主要来源，非税收入来源是自然资源开发利用收费、政府服务收费以及对国家资产的运作所得等，每年数额变化不大。国内外赠款占比很小，专款专用，主要流向选举组织、气候变化治理、城市污染控制、森林和生物多样性保护等领域。2019年财政支出预算2461.1万亿盾。中央财政支出占总支出的三分之二，包括部门支出和非部门支出两类，基建、人力资源素质提升、行政效率建设、选举、扶贫、赈灾防灾等为支出重点，意在实现公益、经济增长和民生保障目的（见图 1-4）。

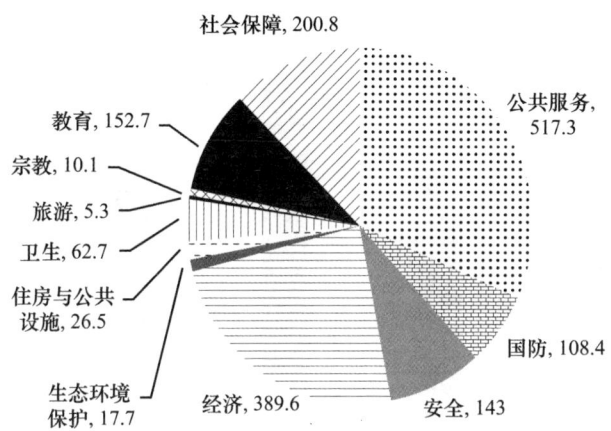

图 1-4　印度尼西亚 2019 年财政支出结构（单位：万亿盾）

资料来源：印度尼西亚财政部。

财政支出中用于偿还贷款的数额自 2017 年起已经连续两年减少，2019 年为 359.3 万亿盾。但由于财政能力不足，基建、教育、卫生等领域支出缺口较大，印度尼西亚的长期债务呈增长势头（见图 1-5）。印度尼西亚 2003 年出台的《财政法》规定，债务不得超过国民生产总值的 60%。以此为标准，即便 2019 年印度尼西亚债务水平创下新高，但仍处于非常安全的区域范围。

二　对外贸易与投资

（一）进出口

印度尼西亚近几年的出口表现波动较大。2016 年由于全球经济不景气，印度尼西亚的石油与天然气出口额骤降近三分之一，当年出口创下过去四年来的最低纪录。2017 年情况转好，出口增长 16.28%，远超政府定下的目标值（5.6%）。2018 年出口增长预期

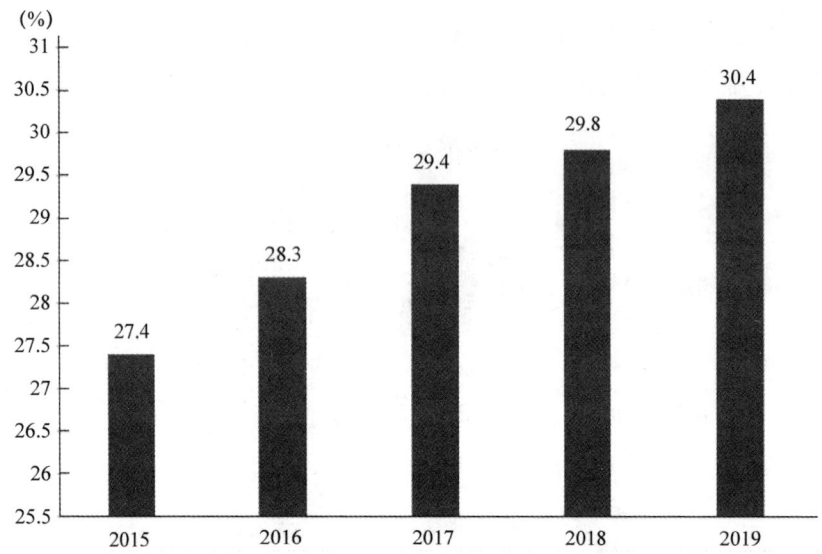

图 1-5　债务占印度尼西亚国民生产总值的比例

资料来源：印度尼西亚财政部。

原为5%—7%。当年开局良好，印度尼西亚贸易部认为世界经济气候转暖、煤炭等大宗商品价格回升以及开发非传统市场效果显现等因素足以支撑出口的超常表现，于是改变小心谨慎心态，将目标值调高至11%。最终成绩是油气产品出口增加10.6%，非油气产品出口增长6.36%，出口总额增加值只有6.76%。尽管未达到预期，但取得该成就已属不易。印度尼西亚贸易部2019年力推食品与饮料、纺织与成衣、机动车、电子产品和化工产品等五大拳头产品的出口。出口商品中非油气产品占比这几年都超过90%，是外汇收入的主要依托，工业品和矿产品出口增长快，农产品出口增长缓慢。棕榈油每年出口近200亿美元，是最大宗出口商品。油气产品出口占比不到10%，未来在出口商品中的比重还将进一步下跌。毕竟此类产品属不可再生能源，开采受到限制，而印度尼西亚国内需求本就旺盛，市场已供不应求。东盟地区作为一个整体是印度尼西亚最大的出口市场，新加坡是进口印度尼西亚商品最多的邻国，马来西亚、泰国次之。东南亚以外，中国、日本、美国分列印度尼西亚最大出口目的地的前三位。

为保护国内市场和产业不受冲击，印度尼西亚政府近年加强对进口商品的限制，包括贸易部收紧进口所得税，国家标准化局严查不符合印度尼西亚国家标准（SNI）的产品入境等。但是，印度尼西亚进口商品额仍以较快速度攀升。进口额较大的商品依次为机械和交通工具、各类原料工业制成品、化工产品、燃料和润滑剂、牲畜饲料、未加工的原料等。中、日、美是印度尼西亚最主要的商品进口来源国。

（二）投资

作为亚太新兴经济体，印度尼西亚人口红利明显、资源储量丰富、社会文化友好，宏观环境有利于吸引投资。印度尼西亚国内投资多年保持较快增长，资本主要流向工业和建筑业，约90%的国内投资额发生在爪哇岛、苏门答腊岛和加里曼丹岛。外资增量呈波动态，大选这一政治现象对投资者心态的影响非常显著。爪哇岛是外资最为集聚的地区，其次是苏门答腊岛、巴厘岛、努沙登加拉岛。外资最感兴趣的行业是工业，电、气和供水业，住房、工业园区和写字楼业，矿业以及交通、仓储和通信业。多年以来，新加坡是印度尼西亚最大的投资来源地，日本居第二位，中国大陆和马来西亚分列第三、四位。

印度尼西亚2007年修订了《投资法》，在多方面实现突破，例如对外国人签证管理规定更为宽松，取消了最低投资额限制和要求外资股份逐步转让的规定，规定了在税收、进出口等多方面的便利。从2009年起，印度尼西亚投资协调署恢复部级机构地位，直接对总统负责。该机构为促进外商在印度尼西亚的直接投资，在改善投资环境方面推出了以下措施。

1. 一站式审批服务

按照制度设计，投资所涉上百种审批事项都可在一站式办事处实现便捷高效办理，投资者不需要再为投资准证而在不同部门间来回奔波。印度尼西亚还开设了网络办理平台，投资者可在网上提交申请材料，并能实时了解办理进度。一站式审批服务在国家和地方层面同时推行，印度尼西亚国家投资协调署负责外国直接投资和战略性的国内投资审批，省级一站式服务机构负责跨地区国内投资审批，县市级一站式服务机构负责辖区内国内投资审批。

2. 三小时投资注册服务

内容包括投资许可证、纳税人编号、公司成立证书和准证、公司注册证、雇用外劳执照、外劳雇用规划书、制造商与进口商识别编码和公司海关编号的办理服务等。可获此待遇的是在劳动密集型产业投资额1000亿盾（约合770万美元）以上或创造1000个就业岗位的投资项目。

3. 直接施工投资服务

直接施工投资服务是指在特定工业区内，已在一站式审批服务中心申请投资准字并已购工业用地的投资者，在获得施工准字之前就可以开始工程建设。附带条件是，投资者在开工的同时要向相关部门递交建筑施工准字、环境准字和其他相关许可申请。

4. 绿色通道清关服务

一般而言，企业在印度尼西亚海关经红色通道清关，须接受相关部门的质检并备齐所需文件，整个过程耗时约6天。享受绿色通道服务的企业在进口货物时免于关口质检，并可在取得进口清关准字后再提交相关文件，平均清关时间缩短到0.36天。企业需提前向投资协调署提交申请及企业基本情况、企业准字、投资活动报告、发展计划、进口货品的种类和规格等文件。

三 部分重点行业发展现状

（一）纺织业

纺织业是典型的劳动密集型产业，吸收印度尼西亚劳动力达373万人。2019年实现产值200.02万亿盾，同比增长18.67%，增速在工业门类中居前。该行业也是印度尼西亚的主要出口导向型产业。纺织业被列为"印度尼西亚制造4.0"的重点发展产业，目标是通过对3D打印、自动化、物联网技术的使用推进产业转型，使印度尼西亚2030年时成为世界五大纺织与成衣制造基地。印度尼西亚政府对符合研发投入及校企合作培养人才条件的企业给予免税鼓励。当前印度尼西亚纺织品的国际竞争力尚可，但发展瓶颈位于生产布料、丝线及原料印染的产业链中游。因设备老化，纺织业中游企业仅能发挥产能的40%—50%。这使得上游产品更多地转向出口，下游企业则被迫通过进口满足原料需求。印度尼西亚纺织业下游企业从接受订单到交货的时间平均长达120天，而紧抓流行趋势的"快时尚"服装品牌一般要求交货时间是60天。

（二）食品饮料加工业

作为"印度尼西亚制造4.0"规划中重点发展五大产业之一，印度尼西亚食品饮料加工业大中型企业数量为8158个，是同类企业总数的1/4，大中型企业从业人员113万人。咖啡、茶、方便面、虾片、糕点等作为食品饮料产业的拳头产品受到全球消费者欢迎。该行业加速发展的趋势中止于2017年，面临的挑战主要是国内原材料供应不足问题。近年印度尼西亚农业产值增长缓慢，蔬菜、水果以及玉米、大豆、花生、红薯等食品饮料加工的主原料难以满足产业需求。糖和盐这两种食品饮料加工的常用辅料同样供不应求，严重依赖进口。

（三）电商

印度尼西亚有上亿互联网用户及7100万智能手机用户，依赖网络寻找信息及获取商品和服务已成为普通人的习惯，推动着具有创新引领、应用广阔特点的数字经济迅猛发展。2018年印度尼西亚数字经济规模在东南亚区域占比高达40%，东南亚排名前7位的数字经济领域"独角兽"初创企业有4家总部在印度尼西亚。电子商务是印度尼西亚数字经济成长的主要驱动源，近年线上交易额年均增长40%。交易中介服务、物流、仓储、电信、智能手机等产业随之勃兴，同时吸纳大批劳动力。到2025年，印度尼西亚电商交易额将达530亿美元。印度尼西亚并不满足于在数字经济中扮演市场的角色，正通过落实"电子商务发展路线图"构建开放且具备法律确定性的发展环境，大力助推中小企业成长，目标是形成一批市值达到100亿美元的科技企业。

（四）保险业

印度尼西亚全国的保险公司共138家，54%开展普通保险业务，28%从事人寿保险业务。保险业资产和投资增长速度远高于经济增长，2019年印度尼西亚保险业资产达913.8万亿盾。印度尼西亚2.6亿人口仅12.08%购买了保险，保险行业还有巨大的发展空间。印度尼西亚金融服务管理局于2018年启动非银行金融业改革，目的是通过革新规章、加强监管等措施提高包括保险在内的非银行金融业健康度。由于投资失误和管理混乱，印度尼西亚近十年来发生过包括巴克利人寿、阿西贾亚保险、普米布特拉人寿等在内的保险公司保单无法兑付问题。

（五）旅游业

旅游行业环保低碳，能为国库增收，还能撬动地产、酒店等行业发展，并助益创造就业机会和减少失业人口，极具发展前景。与东盟其他国家相比，印度尼西亚旅游业在国民经济中的比重仅1.4%，远低于柬埔寨（16.1%）、泰国（11.8%）、马来西亚（6.2%）、新加坡（6.0%）等邻国。印度尼西亚政府将旅游业与农业、渔业一起确定为优先发展的三大支柱产业，正在打造多巴湖、婆罗浮图塔、瓦卡托比国家公园、千岛群岛等10个新的旅游景区（又称"10个新巴厘"），并大力开发面向穆斯林的"清真游"。基础设施建设方面，2019—2024年间拟新增12万张宾馆床位，1.5万家餐馆，100个休闲公园以及10万个民宿点，共需投资约500万亿盾。在2016年颁布的投资负面清单中，外资在服务行业的控股比例在49%—70%之间，但旅游服务（宾馆）、休闲和体育服务业可突破此限。在印度尼西亚东部如加里曼丹、邦加勿里洞、朋古鲁、占卑、苏拉威西、东努沙登加拉等地投资旅游业的，外资控股比例可达100%。

第三节 社会文化环境

地理条件和历史进程的双重作用，使印度尼西亚的社会文化呈现多元的特点。反映在居民民族构成、民众心理、风俗习惯等方面的印度尼西亚文化复杂性，应该说在东南亚国家中是最突出的。

一 民族性格

印度尼西亚全国有近1340个部族，占人口多数的为爪哇族（40.22%）、巽他族（15.50%）、巴达克族（3.58%）、马都拉族（3.03%）、米南加保族（2.73%）、马来族（2.27%）。2010年人口普查结果显示，华人人口为283万，占总人口比例的1.20%，人数列印度尼西亚各族的第18位，分布情况如表1-2所示。由于多种复杂的原因，人口普查未必能真实反映华人数量。一般认为，印度尼西亚华人数量应在1000万—2000万之间。

表1-2　　　　印度尼西亚华人在各地区的分布情况

地区	苏门答腊		廖内	雅加达	爪哇、巴厘、努沙登加拉	加里曼丹		苏拉威西、马鲁古、巴布亚
	苏北	其他				西加	其他	
占比（%）	10	12	8	22	31	13	2	3

印度尼西亚民族性格温和，不喜竞争，易于接纳多元文化。他们知足常乐、随遇而安，是全球幸福感最高的民族之一。2017年印度尼西亚中央统计局统计数据称，印度尼西亚人当年幸福指数为70.69分，同比上升1.23分（见表1-3）。地理环境、传统文化和宗教共

同塑造的印度尼西亚人的人生观和价值观有积极的一面,在面对快速变化的现代社会时亦有不适应的一面。例如,印度尼西亚官员和员工办事拖沓,时间观念不够强,不愿意因加班影响个人生活。印度尼西亚文学家盾斯在《印度尼西亚人》一书中曾总结印度尼西亚人对待工作的六种态度,包括不守承诺、言行不一,不愿意承担责任,有封建思想,性格软弱,等等。这些性格特征在生活和工作中不同程度的表现,有时会给投资者造成一些困惑。

表1-3　　　　印度尼西亚公众的幸福指数(2017年)

指数名称	评价指标	得分
人生意义	自立、自我发展、人生目标、环境控制、自我承认、与他人的积极关系	72.23
情感	无忧虑、情感愉悦、无压抑感	68.59
生活满意度(社会维度)	空闲时间、家庭和谐度、社会关系、环境状况、安全状况	76.16
生活满意度(个人维度)	主要职业、受教育程度、健康情况、住房情况、家庭收入	65.98
总计		70.69

数据来源:印度尼西亚中央统计局《印度尼西亚2018年度统计数据》。

二　人口与劳动力

印度尼西亚是全球第四大人口大国,人口数量仅次于中国、印度和美国。2010年的人口普查数据显示印度尼西亚总人口为2.37亿,大部分集中在西爪哇、东爪哇、中爪哇、北苏门答腊和万丹五个省区。2019年印度尼西亚总人口增长到2.67亿,其中男性1.34亿,女性1.33亿。到2045年,印度尼西亚人口将达3.21亿。从年龄段看,当前印度尼西亚15—64岁的人口占总人口比例约68%,15—39岁的年轻人数量特别巨大(见图1-6)。

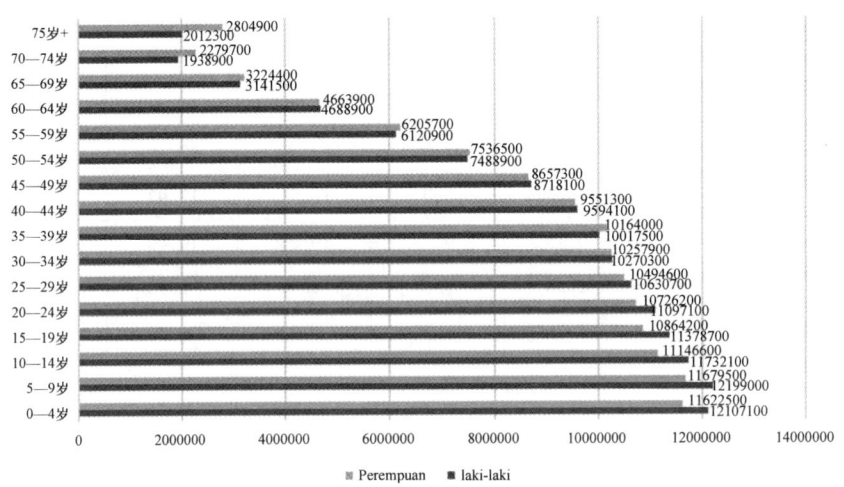

图 1-6 印度尼西亚的人口年龄结构

资料来源：印度尼西亚建设规划部，根据 2010 年人口普查数据制作。

印度尼西亚赡养比例只有 45.56%，即 100 位劳动力人口赡养不到 46 位非劳动力人口，而 64 岁以上被列入非劳动力的人口中有 49% 仍然工作。据估计，到 2045 年即印度尼西亚独立 100 周年之时，印度尼西亚仍可安享人口红利。当然，丰富的劳动力于印度尼西亚而言是一把"双刃剑"。如使用得当，经济发展将获不竭动力。如不能有效提高劳动力素质并提供充足的就业岗位，人口红利可能变成"人口灾难"。当前，印度尼西亚劳动力素质与数量相比还不相称，这部分人群受教育程度和职业技能掌握程度有限。据印度尼西亚国家建设规划部 2018 年的数据，印度尼西亚公民平均在校受教育时间为 8.17 年，7—12 岁儿童入学率 99%，12—15 岁儿童入学率为 95%。专科和大学以上学历的劳动力仅 12.18%，高中及以下学历的占了 76.79%，小学学历的劳动力人口就有 5046 万人（见表 1-4）。

表 1-4　　　　　　印度尼西亚劳动力受教育水平一览（%）

受教育程度 \ 年份	2014	2015	2016	2017	2018
小学及以下	47.08	44.26	42.20	42.13	40.69
初中	16.21	17.26	17.24	17.46	18.02
高中	17.74	18.03	18.04	17.93	18.08
职高	9.18	9.44	10.28	10.40	11.03
专科	2.58	2.69	2.88	2.72	2.78
大学	7.21	8.32	9.36	9.36	9.40

受教育程度不足严重影响生产率，成为印度尼西亚劳动力失业的重要原因。2018 年印度尼西亚就业人数 1.24 亿，失业人口 700 万。印度尼西亚劳工部主导在全国推出了新技能培训、技能提高、技能再训为主要内容的"三类技能服务"项目，开展大范围的职业培训。①

第四节　中国与印度尼西亚关系发展态势

一　政治关系

1990 年 8 月 8 日，中国与印度尼西亚签署《关于恢复外交关系的谅解备忘录》。2005 年是两国关系发展的一个里程碑，两国元首签署了中国与印度尼西亚战略伙伴关系联合宣言。2010 年两国签署中国与印度尼西亚战略伙伴关系联合宣言行动计划。

自中国共产党十八大以来，中国与印度尼西亚的政治互信进一步增加。习近平主席两次到访印度尼西亚，2013 年 10 月访问印度尼西亚期间，两国元首同意将双方关系提升为全面战略伙伴关系，在更高

---

① 除特别标注外，本节数据均来自印度尼西亚中央统计局网站。

水平、更宽领域、更大舞台上开展交流合作。佐科总统 5 次访华，其特使、对华关系协调人卢胡特也多次来华参加双边和多边层面的重要活动。两国元首 8 次会晤、4 次通话，就深化双边关系达成重要共识，引领着两国关系发展方向。[①] 2018 年 5 月，李克强总理对印度尼西亚进行正式访问。这是党的十九大以来中国新一届政府首脑首次访问印度尼西亚，体现了印度尼西亚在中国外交中的重要地位，表明在全面战略伙伴关系框架下，中国与印度尼西亚的合作将日益走向深入。

两国间建立了副总理级的对话机制，并有政府间双边合作联委会（外长牵头）、经贸合作联委会（商务部长牵头）、防务与安全磋商（副总长级）以及航天、农业、科技、国防工业等领域副部级合作机制。

二 经贸往来

中印尼经济互补性强，双方先后在农业、林业、渔业、矿业、交通、财政、金融等领域签署了一系列互惠互利的谅解备忘录。2019 年，中印尼"区域综合经济走廊"建设合作联委会第一次会议成功召开，双方围绕共建"一带一路"、产能合作、经济走廊合作规划、重点港口和产业园区合作等议题达成积极共识。

两国经贸合作成果丰硕。中国稳居印度尼西亚贸易伙伴首位，2019 年双边贸易额达 794 亿美元，较 2000 年增长 10 倍。印度尼西亚的棕榈油和农产品对华出口增长显著。双边贸易中印度尼西亚长期处于逆差地位，但逆差额 2019 年已有所回落。中国对印度尼西亚的投资额、投资项目在各国中增长最快，进入印度尼西亚的中资企业至 2018 年底超过了 1000 家。印度尼西亚方面的统计数据称其中大约

---

① 参见《驻印度尼西亚大使肖千发表署名文章〈风雨兼程七十载，携手共创新时代〉》，中国驻印度尼西亚大使馆网站，(2019-04-15) [2020-02-22]，http://id.chineseembassy.org/chn/sgsd/t1769895.htm。

170家企业从事建筑业，约150家从事矿业，约130家从事电力行业，其余分布于餐饮、金融、互联网、旅游、电子商务、商务咨询、农业开发等领域，约一半中企分布于爪哇地区①（见表1-5）。我国商务部的报告显示，中国企业对印度尼西亚的投资涵盖了三大产业，涉及农业、矿冶、电力、房地产、制造业、产业园区、数字经济和金融保险等广泛领域，遍布印度尼西亚各大主要岛屿。印度尼西亚长期是中国企业开展工程承包的前十大海外市场之一。2018年，印度尼西亚中国企业在印度尼西亚工程承包新签合同额和完成营业额分别达114亿美元和61亿美元。中国企业积极参与印度尼西亚的电站、高速公路、桥梁、水坝等项目建设，为增进印度尼西亚各地的互联互通、推进基础设施建设做出了积极贡献。当前，东南亚首条高铁——雅加达—万隆高铁、印度尼西亚单机容量最大的机组——爪哇7号燃煤电站项目等代表性项目正在稳步推进之中。②

表1-5　　　　　　　　中国近年对印度尼西亚投资一览

年份	投资额（亿美元）	项目数（个）	投资额排名
2015	6	1052	9
2016	27	1734	3
2017	34	1977	3
2018	24	1562	3
2019	47	2130	2

数据来源：印度尼西亚投资协调署。

---

① 参见《一千家中国公司在印度尼西亚运营》，（2018-11-27）[2020-03-19]，印度尼西亚安塔拉新闻网，https://en.antaranews.com/news/120842/one-thousand-chinese-companies-operate-in-indonesia。

② 参见中华人民共和国商务部《对外投资合作国别（区域）指南——印度尼西亚》，（2019-11）[2019-12-02]，http：//www.mofcom.gov.cn/dl/gbdqzn/upload/yindunixiya.pdf。

三 人文交往

"以心相交，方能成其久远。"人文交流是推动中国与印度尼西亚双边关系健康发展的重要力量。基于这一认识，中国和印度尼西亚政府高度重视人文交流。双方立足长远，致力于把人文交流推向机制化轨道。在区域多边层面，两国充分利用中国—东盟文化部长会议、中国—东盟科技伙伴计划、中国—东盟教育交流周等平台加强合作。各层次的双边机制也逐渐建立起来，两国近年签署了20余项人文交流领域的双边合作协议。中国与印度尼西亚副总理级人文交流机制是两国人文交流合作的主要平台，覆盖教育、科技、文化、卫生、体育、旅游、青年、传媒八个合作领域。2015—2017年，中国与印度尼西亚副总理级人文交流机制连续举办了三次会议。

两国在上述领域的人文交流全面深化。中国是印度尼西亚最主要的国际游客来源地之一，2019年共约207万中国游客访问了印度尼西亚。中国还是印度尼西亚学生第二大海外留学目的地，现有印度尼西亚留学生1.5万余名。大熊猫已"落户"印度尼西亚，受到当地人民的喜爱。两国共建了7所孔子学院，越来越多的印度尼西亚民众对中国文化产生兴趣，参加汉语学习和考试的印度尼西亚学生人数逐年增加。高校合作更加紧密，中国开设印度尼西亚语专业的高校到2019年已增加到15所。中国的北京外国语大学、华中师范大学，印度尼西亚大学、印度尼西亚加查马达大学等两国多所高校联合成立"中国—印度尼西亚高校智库联盟"，为两国在人才培养、学术交流与合作等方面搭建了平台。2019年，中国教育部中外人文交流中心主办了"2019中印度尼西亚人文交流发展论坛"。

四 "一带一路"与"全球海洋支点"的对接

2013年10月，中国国家主席习近平对印度尼西亚进行国事访问，在印度尼西亚国会发表演讲首次提出共建"21世纪海上丝绸之路"的倡议。2014年10月，印度尼西亚总统佐科提出"全球海洋支点"

战略构想。印度尼西亚"全球海洋支点"战略与中国"一带一路"倡议高度契合。两国以战略对接为主线，全面深化政策沟通，推动设施联通、贸易畅通、资金融通与民心相通，各领域务实合作和友好交流不断取得新成果，为双边关系注入强劲动力。

2017年5月，佐科出席第一届"一带一路"国际合作高峰论坛并与习近平主席举行会谈，两国元首共同见证了落实全面战略伙伴关系行动计划，经济技术合作、基础设施建设等领域合作文件的签署。①2018年10月，两国政府正式签署共同推进"一带一路"和"全球海洋支点"建设谅解备忘录，标志着双方对接发展战略合作步入新阶段。2019年4月，习近平主席会见来华出席第二届"一带一路"国际合作高峰论坛的印度尼西亚副总统卡拉时指出："近年来两国以共建'一带一路'为契机，双边关系取得新进展，各领域合作成效显著。"②卡拉表示，印度尼西亚是"一带一路"国际合作的重要伙伴，愿同中国加强贸易、投资、教育等交流合作，开展好"区域综合经济走廊"建设，以助力印度尼西亚的工业化进程。2019年6月，在日本大阪G20峰会期间，习近平主席会见佐科时强调"双方要加强治国理政经验交流，建设好雅万高铁、'区域综合经济走廊'，拓展职业培训合作，推动共建'一带一路'合作提质升级"，佐科表示"印度尼西亚方愿同中方共建'一带一路'，深化经贸关系，推进雅万铁路等重点项目建设，密切在多边框架内的沟通配合，支持东盟国家深化同中国的协调合作"③。

中印尼发展战略对接第一阶段的标志性项目是雅万高铁。该项目连接首都雅加达和第四大城市万隆，全长142.3公里，是境外第一条采用中国高铁技术标准合作建设和管理的时速350公里高速铁路和海

---

① 参见《习近平会见印度尼西亚总统佐科》，(2017-05-14) [2020-03-19]，新华网，http://www.xinhuanet.com/politics/2017-05/14/c_1120970347.htm。
② 参见《习近平会见印度尼西亚副总统卡拉》，(2019-04-25) [2020-03-19]，新华网，http://www.xinhuanet.com/politics/2019-04/25/c_1124417423.htm。
③ 参见《习近平会见印度尼西亚总统佐科》，(2019-06-28) [2020-03-19]，新华网，http://www.xinhuanet.com/politics/leaders/2019-06/28/c_1124685059.htm。

上丝绸之路互联互通的重点项目。项目 2016 年 1 月开工，2018 年年中开始全面推进实施。2019 年 4 月，双方签署共建中国与印度尼西亚高铁技术联合研究中心的谅解备忘录，这对支撑印度尼西亚雅万高铁建设、推动印度尼西亚高铁技术能力提升等具有重要意义。2020 年 4 月三号隧道顺利贯通，全线土建工程进入决战决胜关键时期。雅万高铁预计 2021 年实现全线通车，届时从雅加达到万隆的时间将从原来的约 4 个小时缩短至 40 分钟左右，对带动高铁沿线的就业、综合开发和经济发展将起到极大的促进作用。

佐科总统 2017 年出席"一带一路"国际合作高峰论坛时提出建设"区域综合经济走廊"倡议，即在北苏门答腊、北加里曼丹、北苏拉威西和巴厘四个省建设综合经济走廊，这是两国发展战略对接第二阶段标志性工程。海洋统筹部长卢胡特领导的工作小组在倡议提出后研究并编写了"一带一路"倡议下的优先实施项目清单。中方本着"政府引导、企业主体、市场化运作"的原则给予支持。2018 年 5 月，两国签署共建"区域综合经济走廊"的谅解备忘录，正式启动有关合作。10 月底，卢胡特访华期间双方签署建立联合指导委员会的谅解备忘录，"经济走廊"合作的机制化建设迈出坚实一步。2018 年 11 月，在巴布亚新几内亚 APEC 第二十六次领导人非正式会议期间，习近平主席会见佐科总统并强调中方重视区域综合经济走廊倡议，愿同印度尼西亚方早日启动实质性合作。2019 年 3 月，联合指导委员会首次会议召开，双方就共建"一带一路"合作、产能合作、走廊合作规划、重点港口和产业园区重大项目等合作事宜交换意见，达成积极共识。《雅加达邮报》透露，印度尼西亚政府计划向中国投资者推出 28 个优先投资项，价值达 911 亿美元。4 月，两国签署区域综合经济走廊建设合作规划。

区域综合经济走廊建设规划包括 6 个工业园、2 个观光项目、2 个机场、2 个港口、水电项目、收费公路。根据已签署的合作协议，中方在北加里曼丹省的投资项目包括投资额 20 亿美元的卡扬水电站，7 亿美元的二甲醚转化煤制气工业，178 亿美元的卡扬水电站合资公司；在巴厘岛投资16亿美元设立合资公司共建电站；投资12亿美元合建炼钢厂。两国还将在北加里曼丹省合作发展电动车电池厂，合建达纳古宁曼古帕迪工业园等。目前，双方在北苏门答腊瓜拉丹戎港（Kuala Tanjung）、双溪芒克（Sei Mangkei）工业区、瓜拉纳穆国际机场（Kualanamu）、北加里曼丹双溪卡扬（Sungai Kayan）地区的清洁能源开发、北苏拉威西比通（Bitung）专属经济开发区、巴厘省库拉库拉岛（Kura-Kura）等领域的合作项目有序推进。

中印度尼西亚双方基于互补优势，正在探讨推进工业化合作。这有望成为未来两国发展战略对接合作的新亮点。

第二章

印度尼西亚中资企业调查技术报告

印度尼西亚成为中国企业"走出去"的重要目的国和海外市场之一。目前印度尼西亚各类中资企业发展势头良好，生产运营基本平稳，社会形象构建逐步推进，本土影响力不断提升。在"一带一路"建设向纵深推进之际，全面、深入了解印度尼西亚营商环境与劳动力素质十分必要。本章介绍课题组赴印度尼西亚多地开展实地调查的方案、基本概况，分析中资企业主要特征，阐述中资企业印度尼西亚员工的基本特征，为后续章节企业数据与员工数据的进一步分析提供基础。

第一节 调查方案

云南大学"一带一路"沿线国家综合数据库建设项目组建"印度尼西亚中资企业课题组"并组织实地调研，旨在借助科学的调查理念、规范的技术指导、合理的人员配备和先进的设备，支持构建功能完备、时效性强、涵盖领域广泛的数据信息采集与分析系统，为深化中资企业赴印度尼西亚投资合作、改善经营环境、改进管理方法、提升企业效益提供现实帮助。

一 项目背景、宗旨与主要内容

（一）项目背景

当前，中国与印度尼西亚关系正处于历史最好时期，在"21世纪海上丝绸之路"和"全球海洋支点"战略对接背景下，大量中资企业被印度尼西亚的投资潜力吸引。两国全方位、多层次、宽领域的战略对接给中资企业带来良好的发展机遇，同时要看到，双边经贸合作是在复杂的现实中开展的。印度尼西亚国情迥异于中国，其政党政治多样，地区间经济发展不平衡，宗教信仰多元化，风俗习惯差异较大，基础设施水平亟待提高。印度尼西亚政府行政效率低下，法律体系尚不健全，劳动仲裁与纠纷沟通、协调机制运行不畅，这些都将给中资企业的投资、运营带来一定挑战。印度尼西亚作为"展望五国"之一[①]，因其丰富的自然资源、突出的人力资源优势、对引进外资持积极态度以及不断崛起壮大的中产阶级消费市场而吸引全球投资者的目光，发展成为全球重要的投资地之一。中国的竞争者不仅包括亚洲地区的日本、韩国、新加坡等，还有美国、英国、澳大利亚、法国、荷兰等西方国家。竞争一定程度上影响中国企业的运营，例如中国与日本在雅万高铁项目上的激烈竞争，使得中方中标的条件更为苛刻，项目获益空间被压缩。

特朗普政府提出的"印太战略"加剧了亚太地区的竞争局势。"印太战略"下，美方主导的针对性军事体系稳步构建，支撑性经济计划逐步成型，日本、澳大利亚、新西兰、印度以及东盟区内的印度尼西亚采取不同形式和程度的合作态度。美国遏制中国的姿态更加明显、措施愈加多元、力度不断强化。中资企业在印度尼西亚市场将面临更强的环境复杂性和更多的外部风险性。中资企业如何保持自身优势并实现可持续经营，值得深入探讨。知己知彼，方能百战不殆，实

---

① "展望五国"，英文 VISTA Countries，是由越南（Viet Nam）、印度尼西亚（Indonesia）、南非（South Africa）、土耳其（Turkey）、阿根廷（Argentina）的英文首字母组成谐音英文单词 Vista，"展望、眺望"之意。此概念是由日本"金砖四国"（BRICs）经济研究院负责人门仓贵史于 2007 年提出。"展望五国"是继"金砖四国"之后最具发展潜力的新兴国家代表，被认为未来几十年内经济将会有飞速的发展。据推算，从 2005 年至 2050 年西方七大工业国的经济规模以美元计算的话最多扩大到 2.5 倍，"金砖四国"扩大到 20 倍，"展望五国"预计可扩大到 28 倍。

施针对印度尼西亚营商环境与劳动力素质的调查研究具有现实的迫切性与必要性。

（二）项目宗旨

立足以上背景与现实需求，为实现本课题研究的目标，印度尼西亚中资企业课题组确立了以下调查与研究宗旨。

第一，推动构建东南亚国别投资数据信息采集与分析系统。2016年5月17日，习近平总书记在全国哲学社会科学工作座谈会上指出："要运用互联网和大数据技术，加强哲学社会科学图书文献、网络、数据库等基础设施和信息化建设，加快国家哲学社会科学文献中心建设，构建方便快捷、资源共享的哲学社会科学研究信息化平台。"[①]"一带一路"沿线国家中资企业与东道国员工综合调查项目积极响应新时期国家哲学社会科学建设号召，围绕现实需求建立涵盖社会调查、统计分析、案例集合等功能的专题数据库系统。本课题作为上述项目的一部分，参与并致力于为相关信息采集与分析系统的开发做出贡献。

第二，全面了解印度尼西亚中资企业发展现状。深入印度尼西亚不同地区和行业领域，了解各类中资企业行业分布、实际投资环境、经营管理成效、社会责任履行、本土形象构建等现实状况；努力把握中企在印度尼西亚经营发展过程中面临的市场竞争压力、行业标准规范差异、制度性困难等现实挑战；重点收集、归纳调研过程中反映较多的问题，并结合印度尼西亚的现实情境作进一步分析。

第三，系统调研印度尼西亚营商环境质量与劳动力素质水平情况。通过对中资企业印度尼西亚籍正式雇员作一对一的访谈，全面了解本地员工的基本信息、受教育水平、具备的专业技能、持有的工作态度等。借助访谈问卷收集员工信息，最大限度地掌握本地雇员的劳动力素质水平。通过本地雇员的视角，反映现阶段中企社区的形象与

---

① 参见《习近平：在哲学社会科学工作座谈会上的讲话》，《人民日报》2016年5月19日第2版。

社会影响力现状，获取有关中国国家形象认知及地区间大国竞争与影响力的信息。

第四，建立开放、共享的印度尼西亚中资企业调查数据库。以高时效性，高质量水平，全面真实的信息、数据、案例为政府部门科学决策提供依据，为关注和研究印度尼西亚的专家、学者、研究人员提供翔实、可靠的第一手材料，为在印度尼西亚开展经营的中国企业提升管理水平、改善经营绩效提供现实指导，为将赴印度尼西亚投资的中资企业制定战略布局和发展规划提供典型案例参考。

（三）主要内容

本次调查共设置两套问卷，即企业问卷与员工问卷。两套问卷有机关联，企业问卷为主问卷，员工问卷为子问卷。具体如下。

企业问卷涵盖四个主题内容：①基本信息，包括中资企业基本信息及管理人员基本情况；②企业经营状况，主要指企业生产经营、融资、固定资产、绩效等；③企业运营环境，由中资企业社会责任履行、投资风险、公共外交开展、企业活动对中国国家形象影响等模块构成；④企业具体指标，例如公司人员构成、具体经营指标等。

员工问卷由六个方面构成：①员工人口统计学特征，包括年龄、性别、民族、婚姻状况、宗教信仰、受教育水平等；②职业发展与工作条件，具体指职业经历、工作环境、职业培训与晋升、工会组织、社会保障等；③个人与家庭收支，由个人工资收入、家庭总收入、家庭经济地位、耐用品消费等构成；④社会交往与认知态度，主要为社会交往、社会距离、企业评价、公共议题等；⑤企业对社区的影响；⑥员工对大国软实力评价，诸如媒体使用行为、大国影视文化产品接触、家庭耐用品消耗产地、对中国制造的认知和评价、各大国影响力评价等。

本次印度尼西亚中资企业调查，以中国商务部境外（印度尼西亚）投资备忘录名录中的企业为主、印度尼西亚中国商会名录中的企业为辅作为抽样的总体参考样本，选择已经在印度尼西亚开展投资经营时长一年以上的中资企业作为访谈对象。其中企业问卷的调查对象特指中国籍的中高层管理人员，员工问卷的调查对象选定为在中资企业连续工作3个月以上且年满18周岁的印度尼西亚籍（含印度尼西亚华人）员工。课题组一共获得企业问卷50份，东道主员工问卷500多份。

二 实地调查模式、路线及行业

本次调查采取课题组长负责制，课题组成员接受组长的统一领导和安排。赴印度尼西亚开展实地调查时，课题组采取了"3＋N"的小组模式，即1位组长、1位访问督导、1位后勤人员、数位印度尼西亚语访员。课题组组长带领组员分赴印度尼西亚各地的中资企业作访谈，同时根据受访中资企业的规模、员工人数、所在地区等因素灵活调配印度尼西亚语访员。

为保证课题调研工作安全、顺利、按时、有效、高质量地完成，课题组充分考量政治素养、语言水平、专业基础、社交能力、身体素质等因素选定三组人员。一是以广西民族大学东盟学院的师生作为第一组的核心访员、督导及后勤人员；二是以印度尼西亚大学经济学院的师生作为第二组访员；三是以印度尼西亚卡查玛达大学经济与商业学院的中国留学生及在印度尼西亚工作的中方雇员作为第三组访员。第一组访员先后四次入境印度尼西亚，分赴雅加达特区、东爪哇省、西爪哇省、中爪哇省等地开展调研。第一次为预调查阶段，对在印度尼西亚开展调查过程中出现的问题做了预判和分析梳理，根据调查的初步结果调整调研计划、调研方法、调研路线、人员配置，以提升后续调查效率和质量。正式调查期间，第二组访员数次在雅加达特区、苏门答腊岛的朋古鲁省进行调查。第三组访员先后数次分赴雅加达特区、日惹特区、中爪哇省、苏门答腊岛的朋古鲁省访谈中资企业。

课题组所调查的中资企业涵盖互联网金融、电子商务、矿产、商务咨询、工程建筑、加工制造业、木材加工业、人力资源业、煤矿贸易等行业领域。

三 质量控制

印度尼西亚中资企业课题组按调查活动的不同阶段,分别采取事前、事中和事后质量控制。同时调查过程中使用了计算机辅助个人访谈（Computer Assisted Personal Interviewing, CAPI）技术/系统收集、录入数据,以确保调查数据的真实性、有效性、完整性和及时性。

（一）调查前的质量控制

1. 访员遴选与培训

鉴于此次课题调查意义重大,任务艰巨,课题组结合三组访员的实际情况有针对地作了为期3—5天不等的系统培训。培训的主要内容包括:①印度尼西亚中资企业营商环境与劳动力素质调查的目的、意义;②CAPI系统规范化使用方法与说明;③调查问卷的结构、内容及其阐释;④调查课题组成员职责与义务;⑤访员基本行为规范;⑥商务礼仪与访谈技巧;⑦情景模拟与访谈练习;⑧访谈优化与质量控制;⑨突发情况应急预案与演练;⑩后勤保障与协调。

2. 问卷翻译

为尽可能减少访问过程之中因语言偏差出现的错误,课题组第一组、第二组及第三组的访员们在中文版、英文版的基础上对问卷尤其是雇员问卷中的各个模块作了翻译和交叉互校。第一组和第三组访员重点在中文版问卷的基础上对问卷内容作了印度尼西亚语版本翻译。第二组访员重点在英语版问卷的基础上对问卷内容作了熟悉与确认。

（二）调查过程的质量控制

在印度尼西亚开展实地调查期间,课题组以"3+N"（即1位组长、1位访问督导、1位后勤人员及若干名访员）的模式分成若干调研小组分赴各地。调研小组由小组长带领前往事先联系好的中资企业并在访问督导的监督下进行面对面访谈。访问督导通过重点考察拒访率、单份与多份问卷完成的时间、随机陪访监督等对访谈数据收集的质量作严格控制。访问督导就访谈过程中观察到的问题同组长、访员作及时沟通并加以解决。

本课题组根据"'一带一路'沿线国家中资企业调查"项目的总体要求,每天撰写调研日志与调研报告,对当天访谈工作做详细记录,对课题任务进度进行报告。同时,课题组特别要求每一位访员完整记录调研过程中发现的问题、观察到的重要细节以及访员自身的感受和思考,作为后期调查研究和调查报告撰写的补充参考资料。在印度尼西亚期间,课题组每天调研结束后碰头,成员汇报调研情况,访问督导及时总结和协助解决问题并部署第二天的访谈任务,督促访员核查并回传问卷数据。

此外,考虑到实地调查工作的辛劳,本课题组一般在完成5天调查访谈工作后安排访员1—2天时间的休整,后勤保障小组根据实际情况尽可能为访员提供食宿及出行方便,为调查工作的顺利推进奠定基础。

(三)调查后的质量控制

本课题组访谈数据回传至云南大学访问终端之后,及时进行数据核查和质控。相关工作组成员包括数据处理人员、计算机技术人员、课题协调人员等。数据核查和质控小组对每次传回的录音文件、照片和文件数据按照15%的比例进行随机抽样核查,确保调查所获得的第一手资料真实、有效。在核查过程中,就发现的问题随时与课题组长、访问督导及访员进行沟通核实。实地调查结束后,本课题组的编辑团队与先前的数据核查、质控小组对访谈所获的全部资料进行了二次核对、检查及修正。

第二节 印度尼西亚中资企业概述

本节将对受访的印度尼西亚中资企业的基本信息与企业特征作描述性统计分析,主要从企业内部特征和企业外部特征两个方面对相关变量的数据进行一般统计性描述,为后续章节有关企业数据的详细分析作铺垫。企业内部特征主要指受访者职务、女性高层情况、企业注册与运营时间、在中国商务部备案与否、是否加入印度尼西亚中国商会、是否建立工会、国有控股情况、中国母公司概况。企业外部特征包括企业规模、所属行业类型、是否位于经济开发区。

一 企业内部特征

从印度尼西亚中资企业受访者的职务来看（见表2-1），副总经理及以上的职务占受访比例的64.7%，其中企业所有者占23.53%，总经理或CEO达33.33%，受访者职务较集中于企业高层。这与课题组前期积极的沟通、充分的协调、合理的计划工作密不可分。高层受访对象一般对企业的发展历史、生产规划、经营策略、财务现状、人力概况、市场布局等核心信息较为熟知，可在很大程度上保证访谈的质量，使得本次调查所得数据真实、有效。

表2-1　　　　　　　　　受访者职务及占比　　　　　　　（单位:%）

受访者职务	占比
企业所有者	23.53
总经理或CEO	33.33
副总经理	7.84
其他	35.29

从高层性别上进一步分析，如表2-2所示，超过一半（58.82%）的印度尼西亚中资企业拥有女性高管，反映出公司中女性的地位与管理作用。伴随中国赴印度尼西亚投资剧增，社会人文风险也是需要认真对待的，对印度尼西亚当地多元部族社会缺乏深入了解，对复杂人际关系缺乏全面研究，对社会心理缺乏细致观察等，都会导致投资受损。深入认识和研究印度尼西亚国民性有助于化解在印度尼西亚的社

会人文风险，减少不必要的投资成本，提高投资效益。① 事实上，女性所具有的"柔性"特质与印度尼西亚的包容、和谐、互助等传统价值观念相契合，或更有利于管理工作的顺利展开。

表 2-2　　　　　　　　　公司高层有无女性占比　　　　　　　（单位：%）

有无女性高管	占比
是	58.82
否	41.18

2000 年之后，伴随经济全球化的发展趋势以及印度尼西亚国内投资环境的改善，中国对印度尼西亚的投资逐步规模化。由表 2-3 可知，1995 年之前在印度尼西亚注册及运营的中国企业占比不足二十分之一（4.08%、4.55%）。1996—2000 年，因亚洲金融危机以及印度尼西亚国内政治动荡，印度尼西亚未新增注册及运营的中国企业。2005 年 4 月两国元首宣布双方建立战略伙伴关系之后，中国与印尼经济关系进入一个新阶段。2006 年以来，在印度尼西亚注册与运营的中资企业呈现递增趋势，其中 2011—2015 年间注册的中资企业比例达 32.65%、运营比例达 27.28%。2016—2019 年在印度尼西亚注册的企业比例接近一半（46.94%），而超过一半（52.27%）的中企开展了运营活动。

表 2-3　　　　　　　　　企业注册与运营时间分布　　　　　　（单位：%）

时间	注册时间	运营时间
1995 年以前	4.08	4.55
1996—2000 年	0.00	0.00

---

① 许利平：《"一带一路"背景下印度尼西亚国民性研究》，《云南社会科学》2018 年第 5 期。

续表

时间	注册时间	运营时间
2001—2005 年	6.12	4.54
2006—2010 年	10.21	11.36
2011—2015 年	32.65	27.28
2016 年以来	46.94	52.27

针对越来越多的中国企业"走出去",参与全球投资,中国政府给予充分的投资引导、风险预警及权益保护。根据2014年中华人民共和国商务部第3号令颁布的《境外投资管理办法》的规定,商务部对境外投资主体为在中华人民共和国境内依法设立的企业进行商务备案。[①] 如表2-4所示,有四成的印度尼西亚中资企业在中华人民共和国商务部作了备案,其余的六成未作备案。通过调查,课题组得知中华人民共和国商务部对申请备案的企业有明确的资质要求,例如非企业法人在境外设立机构、自然人境外投资等均不属于商务部的境外投资管理范畴。此外,在与中企的高层管理人员交谈时也发现,部分企业因对市场信息、同业竞争等商业安全产生顾虑而主动选择不作备案。

表2-4　　　　　企业在中华人民共和国商务部备案情况　　　（单位:%）

是否在中华人民共和国商务部备案	占比
是	40.00
否	60.00

印度尼西亚中国商会是非官方性质的组织,为中企提供获知国家大政方针、及时反映问题、互通信息、形象宣传、拓展市场网络、寻求帮助的平台。印度尼西亚中国商会现有会员单位260多家,下设火

---

① 中华人民共和国商务部2014年第3号令:《境外投资管理办法》,(2014-09)[2020-04-25],http://www.mofcom.gov.cn/article/b/c/201409/20140900723361.shtml。

电、水电新能源、机电设备、农业、金融、石油石化、轨道交通、水工、建筑建材、矿业冶金、物流运输、房地产等12个行业分会及1个地区分会（巴厘岛分会）。如表2-5所示，近六成（58.82%）受访的印度尼西亚中资企业未加入商会。有小型中资企业负责人表示，他们有加入商会的意愿，但囿于企业性质、经营规模、行业代表力度、社会影响力等问题而未获批准。印度尼西亚中国商会在广泛吸收中企成员方面仍有提升的空间。

表2-5　　　　企业加入印度尼西亚中国商会情况　　　（单位:%）

是否加入印度尼西亚中国商会	占比
是	41.18
否	58.82

工会对于企业而言是一把"双刃剑"：现代企业制度下，工会在协调劳动关系、维护职工合法权益、调动职工积极性和创造性、促进企业发展、提高企业经济效益等方面发挥着重要的作用；但同时，工会具有"劳动关系和社会经济矛盾的产物"这一属性。由表2-6可知，受访的印度尼西亚中资企业中仅18%拥有自身工会，未建立工会的企业超过八成（82%）。印度尼西亚在经济后苏哈托时期的改革后，民众的自主意识较强，行会、工会等组织众多并组织了大量以争取合法权益为名的游行、示威、集会等抗议活动。因此，不少中国企业对待工会的态度谨慎。

表2-6　　　　　　企业自身工会情况　　　　　　（单位:%）

是否有自身工会	占比
是	18.00
否	82.00

从企业股权情况来看，如表2-7所示，国有控股企业占比不足

两成（17.65%），非国有控股企业超过八成（82.35%）。当前中资企业在印度尼西亚发展迎来有利的大环境：一是印度尼西亚经济发展稳定，后期有望加速；二是中印尼关系处于最好时期，两国领导人互访频繁，双方以建交70周年为契机，进一步增进两国全面战略伙伴关系。[①] 越来越多私有企业走进印度尼西亚，投资设厂、创办企业、开展经营。

表2-7　　　　　　　　　企业控股情况　　　　　　　　（单位：%）

是否为国有控股	占比
国有控股	17.65
非国有控股	82.35

此次受访的印度尼西亚中资企业中，拥有中国母公司的企业与无中国母公司的比例大体持平，如表2-8所示，前者占比接近一半（49.02%），后者占50.98%。一般而言，在中国境内拥有母公司的企业规模较大，资金较为雄厚，企业管理水平较高，公司治理体系较为成熟。

表2-8　　　　　　　企业是否有中国母公司占比　　　　　（单位：%）

是否有中国母公司	占比
有中国母公司	49.02
没有中国母公司	50.98

受访企业的中国母公司中私营企业和国有企业分列第一和第二位，分别占比44.00%与24.00%。该两种类型的母公司占据总比重

[①] 参见《印度尼西亚中国商会总会2019会员大会换届选举》，（印度尼西亚）《国际日报》2019年12月16日第A8版，http://www.guojiribao.com/shtml/gjrb/20191216/1511394.shtml。

的近七成（68%），说明私人企业和国有企业在中国企业"走出去"的发展过程中发挥着支柱作用。尤其是私人企业，逐步成为"一带一路"倡议下中国企业"走出去"的"先锋"，并在对象国优化资源配置、维护供需平衡、扩大市场就业等方面发挥重要作用。此外，集体企业、股份合作企业均占比8.00%，其余四种母公司类型企业均各占4.00%的比例，在印度尼西亚投资的中资企业呈现多元化类型态势。

表2-9　　　　　　　　企业中国母公司类型　　　　　　　　（单位：%）

中国母公司类型	占比
国有	24.00
集体	8.00
股份合作	8.00
有限责任公司	4.00
私营企业	44.00
私营有限责任公司	4.00
与港、澳、台商合资经营	4.00
中外合资经营	4.00

二　企业外部特征

对印度尼西亚中资企业外部特征的分析可在一定程度上把握其所处的经济、社会、市场、行业等外部环境的情况，了解中企与外部环境的互动关系，以进一步认识中资企业在印度尼西亚投资、经营的优势与劣势。

受访印度尼西亚中资企业相对集中分布于第三产业（见表2-10），半数以上（54.90%）的中企从事服务业，包括物流业、商务咨询、零售业、旅游业、餐饮业、互联网金融业等。其余分布在工业领域，涵盖采矿业（金属与非金属）、制造业（纺织品制造、服装与皮革制造、木材制品等）、建筑业等具体行业。

表2-10　　　　　　　　企业所属行业类型　　　　　　　（单位：%）

行业类型	占比
工业	45.10
服务业	54.90

从受访企业所在区位分布来看超过八成（82.00%）的中国企业未选择经济开发区，近两成的企业基于自身营商的需要选择其他区位（见表2-11）。近年来印度尼西亚政府不断推动境内经济开发区的建设，试图通过良好的投资条件、便利的国际贸易准则、一站式的海关服务、宽松的税收监管等措施吸引更多的外国投资。中资企业较多从事服务业，地理位置是营商必须考量的核心因素之一，而经济开发区往往位于临近机场、高速公路等交通通达性较好的地区，远离城市中心及人口密集区，中企不选择经济开发区作为生产、经营、办公之地是合理的。

表2-11　　　　　　　是否在经开区企业占比　　　　　　　（单位：%）

是否在经开区	占比
不在经开区	82.00
印度尼西亚经开区	2.00
其他	16.00

从企业规模大小来看，超过半数（52.94%）的受访对象为大型企业，反映出中国企业在印度尼西亚投资、经营具有较强的实力和规模（见表2-12）。中型企业与小型企业分别占比29.41%和17.65%。现阶段，在印度尼西亚开展运营的中企形成了以大型企业为主、中型企业适中、小型企业适度的合理的、梯度式的企业规模结构。

表 2-12　　　　　　　　不同规模企业占比　　　　　　　（单位:%）

企业规模	占比
小型企业	17.65
中型企业	29.41
大型企业	52.94

第三节　员工样本特征分析

中资企业印度尼西亚籍员工访谈及数据统计是本课题调查的核心任务之一，中企本地员工的基本人口统计特征、劳动力素质概况、对企业的认可程度、对中国形象的认知和态度等对中资企业对投资、经营以及"一带一路"倡议的持续推进产生影响。本节主要以性别和年龄作为两大基础指标，分别结合印度尼西亚员工的族群、宗教信仰、婚姻状况、出生地、受教育程度等基本人口统计特征作分析。

一　按性别划分员工基本人口统计特征

选择按性别划分的印度尼西亚员工年龄、受教育程度、族群分布、宗教信仰、婚姻状况和出生地分布等基本人口统计特征，具体分析本次调查所获印度尼西亚员工数据的概况和一般特性。

如图 2-1 所示，在 515 个有效样本中：26—35 岁受访员工占比近一半（49.51%），其中该年龄段的男性员工（53.50%）比女性员工（42.47%）多出 11.03 个百分点；19—25 岁员工占比超过三成（34.37%），但该年龄段的女性员工比例接近半数（48.39%），远多于占比为 26.44% 的男性员工；36 岁以上员工占受访总数的 16.12% 且女性员工不足一成（9.14%）。基于上述分析可知，19—35 岁员工占比高达 83.88%，说明印度尼西亚中资企业本地男性及女性雇员都以青壮年劳动力为主，也反映出印度尼西亚丰富的劳动力资源优势，处于人口红利持续释放阶段。

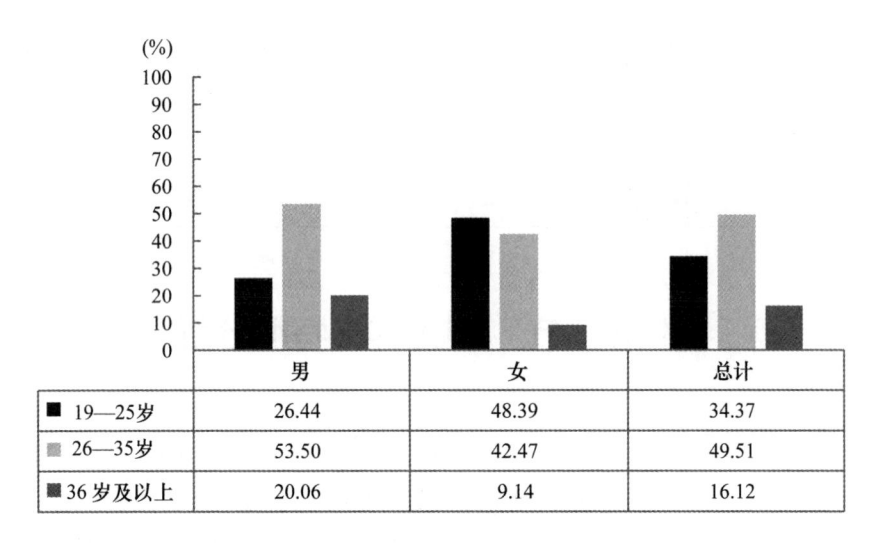

	男	女	总计
19—25岁	26.44	48.39	34.37
26—35岁	53.50	42.47	49.51
36岁及以上	20.06	9.14	16.12

图 2-1 按性别划分的员工年龄分布（$N=515$）

按性别划分员工受教育程度来看（见图 2-2），在 514 个有效样本中，中学及以上学历的员工占比高达九成以上（96.49%），其中具有本科学历的员工接近一半（48.05%），硕士及以上学历占 2.53%，具有本科及以上学历的员工超过半数（50.58%）。当前，印度尼西亚拥有超 4000 所高等教育机构，涵盖综合性大学、专门性学院、学院、理工学院、专科学院及社区学院等类型，国内高等教育已步入大众化阶段，政府推行的《国家教育体系法》《国家教育标准》《高等教育质量保障制度手册》等一系列质量保障措施有效地促进了本国高等教育的进一步发展。[①] 以性别差异划分，具有中学学历的男性员工占比高达 51.83%，超出女性员工 16.35 个百分点。但本科及以上学历中女性员工多于男性员工，其中具有本科学历的女性员工超过六成（60.22%），而男性员工仅为 41.16%。具有硕士及以上学历的女性员工比男性员工多 1.1 个百分点。基于

---

① 郑佳：《印度尼西亚的高等教育质量保障：历史进程与体系建设》，《世界教育信息》2018 年第 23 期。

数据分析可知,未上过学、小学学历、硕士及以上三种受教育程度的员工比例很小,印度尼西亚中资企业员工的学历集中分布在中学及本科教育水平阶段。中企本地员工素质总体好于本地企业,企业偏向招募受过中高等教育的员工。

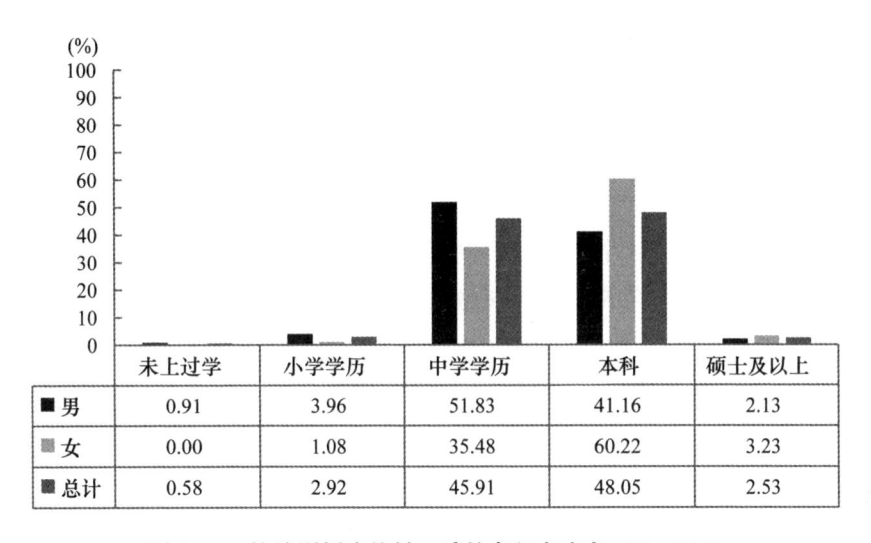

	未上过学	小学学历	中学学历	本科	硕士及以上
男	0.91	3.96	51.83	41.16	2.13
女	0.00	1.08	35.48	60.22	3.23
总计	0.58	2.92	45.91	48.05	2.53

图 2-2　按性别划分的员工受教育程度分布（$N=514$）

从族群分布来看（见表 2-13）,在 507 个有效样本中,爪哇族所占比例最高,达 42.21%。其他族群占比超过三成。巽他族也占有一定比例,为 15.78%,马来族、马都拉族及巴达克族占比较少,均低于 5%。印度尼西亚中资企业本地员工的族群分布与印度尼西亚多民族国家且爪哇族是第一大民族的实际情况相吻合。依据性别划分可知,爪哇族的男性与女性员工基本持平,其中男性员工占 42.55%,女性员工占 41.62%。其他族群的男、女性别员工也基本保持平衡状态,女性员工仅比男性员工略高 0.59 个百分点。巽他族的男性员工占比和女性员工占比基本一致,男性员工稍比女性员工多出 0.16 个百分点。巴达克族的女性员工比例高出男性员工 3.15 个百分点,是本次调查的印度尼西亚员工族群分布中性别差异最大的一组。

表2-13　　　　　按性别划分的员工族群分布（$N=507$）　　　　（单位:%）

族群	男	女	总计
爪哇族	42.55	41.62	42.21
巽他族	15.84	15.68	15.78
马来族	5.59	3.24	4.73
马都拉族	0.31	0.00	0.20
巴达克族	2.80	5.95	3.94
其他	32.92	33.51	33.14

印度尼西亚是一个宗教多元的国度，政府倡导宗教信仰自由。基于表2-14分析，在515个总有效样本中，信仰伊斯兰教的员工占八成以上（82.14%），这与印度尼西亚是世界最大的伊斯兰教国家的特征相符。信仰基督教的员工占比不足一成（8.35%），信仰天主教和其他教的员工占比基本上持平，前者占4.47%，后者占4.27%，受访的员工中信仰印度教的比例最小，仅为0.19%。依照性别差异具体来看，信仰伊斯兰教的男性员工比例多于女性员工，两者相差14.11个百分点。但是，在基督教、天主教和其他宗教的信奉情况上，女性员工的比例均高于男性员工，其中信仰基督教的女性员工高出男性员工6.29个百分点，信仰其他宗教的女性员工也高出男性员工5.93个百分点。

表2-14　　　　　按性别划分的员工宗教信仰分布（$N=515$）　　　　（单位:%）

宗教信仰	男	女	总计
伊斯兰教	87.23	73.12	82.14
基督教	6.08	12.37	8.35
天主教	3.95	5.38	4.47
印度教	0.30	0.00	0.19
其他	2.13	8.06	4.27
无宗教信仰	0.30	1.08	0.58

从员工的婚姻状况看，如图2-3所示，在515个有效样本中，超过半数（53.59%）的受访员工处于单身/未婚状态，而已婚状态的员工占比44.85%，其余为离婚（1.17%）及同居状态（0.39%）。按照性别差异划分，单身/未婚的女性员工占比超过七成（74.19%），远远多于男性员工的比例（41.95%），两者占比相差32.24个百分点。在已婚的状态中，男性员工的比例高达56.53%，而女性员工比例仅为24.19%，前者比后者高出32.34个百分点。从统计数据上可以看出，单身/未婚的员工比例稍高于已婚员工，而且单身/未婚的女性员工多于男性员工。已婚状态的男性员工的比例远高于女性员工比例。

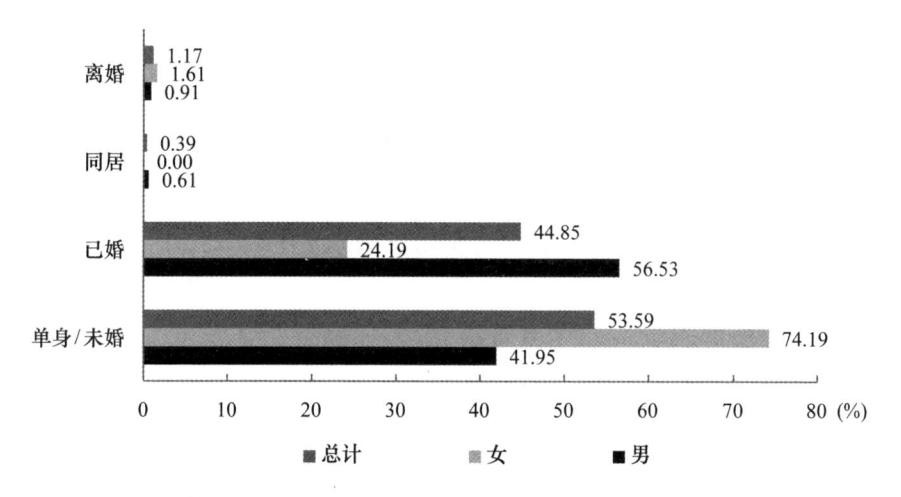

图2-3　按性别划分的员工婚姻状况分布（N=515）

离婚：1.17 / 1.61 / 0.91
同居：0.39 / 0.00 / 0.61
已婚：44.85 / 24.19 / 56.53
单身/未婚：53.59 / 74.19 / 41.95
（■总计　■女　■男）

企业管理人员因性别而形成的心理状态、个性特征等差异会对企业的日常管理形成一定影响。在512个有效样本中，一共有42.09%的印度尼西亚受访员工参与中资企业的管理活动，其中男性管理人员占22.63%，略多于女性管理人员（19.46%）。相较于管理人员，非管理人员的比例更高，其中男性非管理人员比例高达77.37%，女性非管理人员比例更是超过八成（80.54%）。但无论是男性管理人员还是女性管理人员，本地员工占比仍略少，中资企业的"本土化"管理水平有待进一步提高。

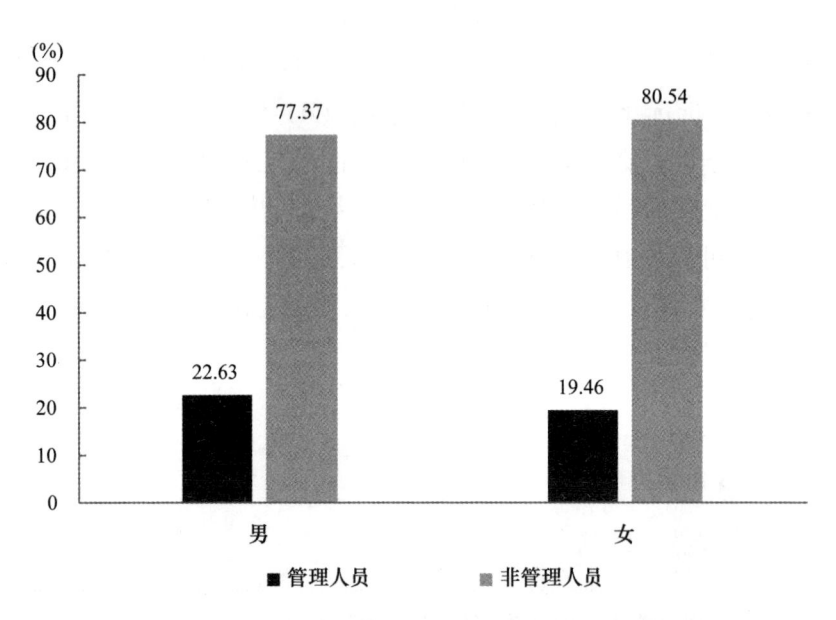

图 2-4 管理人员与非管理人员的性别差异（$N=512$）

二 按年龄组划分员工基本人口统计特征

对比上文按照性别差异分析印度尼西亚员工的人口统计特征，本小节将按不同的年龄阶段划分印度尼西亚员工的族群差异、受教育程度与出生地分布，通过年龄组的划分进一步分析印度尼西亚中资企业本地雇员的基本特征，以加深对其认识和了解。

首先，按照年龄段的分布来看受访员工的族群差异，如表 2-15 所示，在 507 个有效样本中，爪哇族员工中 19—25 岁、26—35 岁、36 岁及以上三个年龄段的占比基本上保持一致，36 岁及以上的员工比例最高（42.68%），19—25 岁的员工占比紧随其后（42.44%），26—35 岁的员工占比（41.90%）略低于前两个年龄段。对比爪哇族，巽他族各年龄段的员工比例随着年龄递增而依次减少，19—25 岁的员工占比接近两成（19.77%），26—35 岁的员工比例减少至

14.62%,36 岁及以上的员工比例再次减少为 10.98%。与巽他族相反,其他族群的员工比例随着年龄递增逐步增加,三个年龄段的员工比例依次为 30.23%、33.99% 以及 36.59%。马来族中,36 岁及以上年龄段的员工所占的比重最大,接近一成(8.54%)。巴达克族中,26—35 岁年龄段的员工占比(5.53%)高于另外两个年龄段的员工比重。

表 2-15　　　按年龄段分布的受访者族群差异(N=507)　　　(单位:%)

族群	19—25 岁	26—35 岁	36 岁及以上	总计
爪哇族	42.44	41.90	42.68	42.21
巽他族	19.77	14.62	10.98	15.78
马来族	4.07	3.95	8.54	4.73
马都拉族	0.58	0.00	0.00	0.20
巴达克族	2.91	5.53	1.22	3.94
其他	30.23	33.99	36.59	33.14

其次,从各个年龄段受教育程度的分布来看,在 514 个有效样本中,具有中学学历各年龄段的员工比例与持有本科学历的各年龄阶段的员工比例恰好呈现相反的分布态势(见表 2-16)。具有中学学历的员工中,19—25 岁年龄段的比例为 44.07%,之后随着年龄阶段的递增而员工的占比增加,即 26—35 岁员工比例增至 45.28%,36 岁及以上的员工比例超过半数(51.81%)。同上述分布态势相反的是,具有本科学历的员工比例随着年龄阶段的增加而递减,19—25 岁年龄段的员工比例接近五成(49.72%),随后逐次递减为 48.43%(26—35 岁)和 43.37%(36 岁及以上)。可见,随着印度尼西亚国民高等教育水平不断提升,适龄国民接受本科教育的比例增加。

表 2-16　按年龄组划分的员工受教育程度分布（$N=514$）　（单位：%）

受教育程度	19—25 岁	26—35 岁	36 岁及以上	总计
未上过学	0.56	0.39	1.20	0.58
小学学历	4.52	2.76	0.00	2.92
中学学历	44.07	45.28	51.81	45.91
本科	49.72	48.43	43.37	48.05
硕士及以上	1.13	3.15	3.61	2.53

最后，按照年龄组划分的员工出生地分布来看，在514个有效样本中，出生地为城市的受访员工比例超过六成（63.62%），36.38%员工出生于农村（见表2-17）。出生地为城市的员工中19—25岁年轻人占比重最高，接近七成（69.32%）；26—35岁的员工比例次之，但也超过了六成（61.18%）；36岁及以上的员工比例少于六成（59.04%）。出生于农村的受访员工中，36岁及以上年龄段占比最大，超过四成（40.96%）；其次是占比为38.82%的26—35岁年龄组的员工；占比最少的是最年轻的受访年龄组（19—25岁）的员工，占比仅为30.68%。数据表明，印度尼西亚中资企业的本地雇员以来自城市的青壮年劳动力为主，这与表2-10所示的中企集中分布于服务业的行业特征相符。在一定程度上，来自城市的青壮年劳动力较农村的劳动力能够更好地适应服务业的工作环境，熟悉业务流程，满足岗位要求。

表 2-17　按年龄组划分的员工出生地分布（$N=514$）　（单位：%）

出生地	19—25 岁	26—35 岁	36 岁及以上	总计
农村	30.68	38.82	40.96	36.38
城市	69.32	61.18	59.04	63.62

第 三 章

印度尼西亚中资企业生产经营状况分析

本章依据印度尼西亚中资企业调查问卷涉及的三个模块的问题，即中资企业基本情况、中资企业生产经营状况和中资企业融资状况，结合课题组针对企业高层管理人员的访谈数据作具体分析。对中资企业基本情况的分析主要选择注册及运营时间、注册及投资数额、股权结构及变动等六个变量，旨在对印度尼西亚中企的动态发展作一般性认识。中资企业生产经营状况是本章分析的重点，将对企业生产状况、市场竞争、销售渠道作深入分析。对中资企业融资状况的分析，试图了解企业所需资金的来源及用途。

第一节 运营基本状况

企业是市场经济的重要组成部分，通过分析企业的基本情况，可对企业所处的市场环境以及企业与市场的互动关系形成初步认识。本节对印度尼西亚中资企业注册与运营时间、注册资金与实际投资额、企业股权结构及变动、企业母公司类型、在商务部备案情况、企业参与海外中国商会情况等六个变量作描述性统计分析，对在印度尼西亚开展投资、经营活动的中国企业作基本介绍。

一 注册与运营时间分布情况

1998 年后印度尼西亚进入"民主转型"时期，国内政治、经济、社会等因素越发有利于外资发展。自 2000 年开始，进入印度尼西亚开展投资经营的中资企业稳定增长。2010 年中国和印度尼西亚迎来两国建交 60 周年暨"2010 中印尼友好年"，两国政府间和民间互访进入高潮。双方经贸关系发展迅速，双边贸易额达 427.5 亿美元，同比增长 50.6%，中方的投资明显加速。中国—印度尼西亚关系持续向好，印度尼西亚国内营商环境进一步完善，中资企业数量呈现几何倍数增长，接近一半（46.94%）是在近五年内完成的企业注册，超过半数（52.27%）是近五年内开展运营的（见图 3-1）。

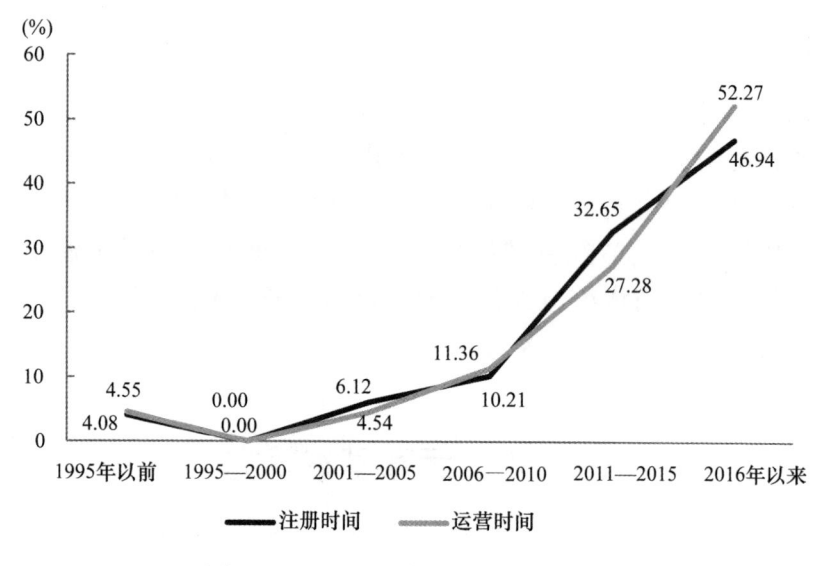

图 3-1　企业注册与运营时间年份分布

二　股权概况

印度尼西亚境内注册、运营的中企由私企、国企、合资企业构成。受访企业中私人企业可谓"独占鳌头"，成为中国企业"走出去"的典范，国有企业凭借资金、规模、技术以及政治资源优势也占有重要席位（见图 3-2）。在企业股权占比上，中国私人控股超过六成（66.12%），是国有控股的 4.6 倍，与"政府引导、企业主体、市场化运作"的指导原则相符。印度尼西亚私人控股占比 10.50%，是中资企业第三大股权来源。根据2007年第25号《投资法》规定，外资进入《禁止类、限制类投资产业目录》中的领域，股权比例受到严格限制，例如文化旅游领域中电影服务业的外资股权比例最高不得超过49%，外国投资者可与印度尼西亚的个人、公司成立合资企业。①

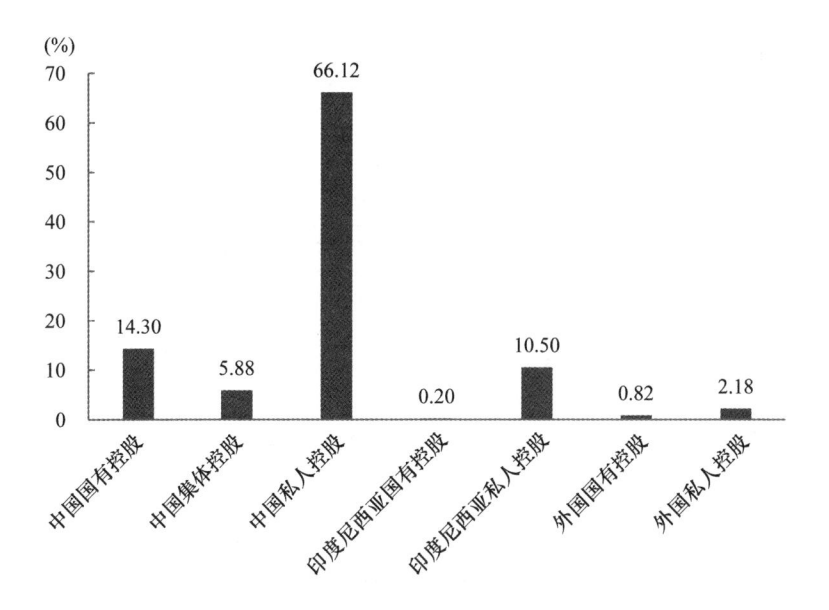

图3-2 企业股权占比分布

（数据：中国国有控股 14.30%，中国集体控股 5.88%，中国私人控股 66.12%，印度尼西亚国有控股 0.20%，印度尼西亚私人控股 10.50%，外国国有控股 0.82%，外国私人控股 2.18%）

股权结构是公司治理结构的基础，而公司治理结构又影响公司价值的提升。只有股权结构合理，才能形成完善的公司治理结构，从而为公司价值的提升创造可行性。从公司股权变化状况看，印度尼西亚中资企业经营十分稳健（见表3-1）。无论企业注册时长超过五年还是低于五年，中国股东一直控股占绝对比例（94.12%），与之形成鲜明对比的是，印度尼西亚股东一直控股的仅占5.88%。除中国及

---

① 参见中华人民共和国商务部《对外投资合作国别（地区）指南——印度尼西亚》（2019年版），［2020-05-08］. http：//www. fdi. gov. cn/CorpSvc/Temp/T3/Product. aspx? idInfo = 10000545&idCorp = 1800000121&iproject = 25&record = 391。

印度尼西亚股东之外，中资企业鲜有其他国家的股东。印度尼西亚《投资法》所鼓励、推荐的投资领域大多允许外资企业控股或独资经营，由图3－2可推知，中企相对集中分布于这些领域。

表3－1　　　　　　　　　企业的股权变化（一）　　　　　　　（单位：%）

	中国股东股权变化		印度尼西亚股东股权变化			其他国家股东股权变化	
	一直控股	一直不控	一直控股	一直不控	一直没有印度尼西亚股东	一直不控	一直没有其他股东
注册超过五年	91.30	8.70	8.70	65.22	26.09	47.83	52.17
注册低于五年	96.43	3.57	3.57	67.86	28.57	46.43	53.57
总计	94.12	5.88	5.88	66.67	27.45	47.06	52.94

拥有中国母公司的企业，股权一直由中国股东控制（见表3－2）。母公司拥有雄厚的资金链、先进的管理经验、高效的运营模式以及强大的人力资本，能够对海外子公司提供强有力的支持，其掌握控股权有利于海外公司经营的稳健性和收益性。无中国母公司的企业中，超过一成（11.54%）的企业股权一直由印度尼西亚股东控制。无论是否具有中国母公司，对除中国和印度尼西亚之外的第三国国家股东股权的变化影响不大，印度尼西亚中资企业的治理结构主要由中印尼双方的股权因素决定。

表3－2　　　　　　　　　企业的股权变化（二）　　　　　　　（单位：%）

	中国股东股权变化		印度尼西亚股东股权变化			其他国家股东股权变化	
	一直控股	一直不控	一直控股	一直不控	一直没有印度尼西亚股东	一直不控	一直没有其他股东
有中国母公司	100.00	0.00	0.00	72.00	28.00	56.00	44.00
无中国母公司	88.46	11.54	11.54	61.54	26.92	38.46	61.54
总计	94.12	5.88	5.88	66.67	27.45	47.06	52.94

企业经营过程中股权变更，投资人和各自持股比例会发生调整，一般不会影响公司的主体资格，但由于投资人的经营理念等发生变化，公司在治理结构和经营管理上可能会有变动，例如变更后的股东实力更加雄厚，拥有丰富的海外市场管理经验，对公司而言是利好。未来印度尼西亚中资企业在保持稳健经营的基础上，可以考虑进一步市场化，引入多元化的资本参与到企业的生产经营中，以增强企业的经营效率和市场收益。

三 母公司类型及区位交互

从调研企业的母公司类型分布来看（见图3-3），私营企业和国有企业所占比重分列第一、二位，该两种类型的母公司共占比近七成（68%）。此统计数据的特征与图3-2所示企业股权占比的特征一致，作为母公司的私人企业和国有企业对在印度尼西亚的中资企业拥有相应的控股权。在母公司所具有的优势方面，私营企业因其运营的灵活性、决策的可控性及市场的活跃性可对海外子公司给予及时、有效支持。国有企业可以超越单纯的商业利益目标，拥有特殊的融资渠道，

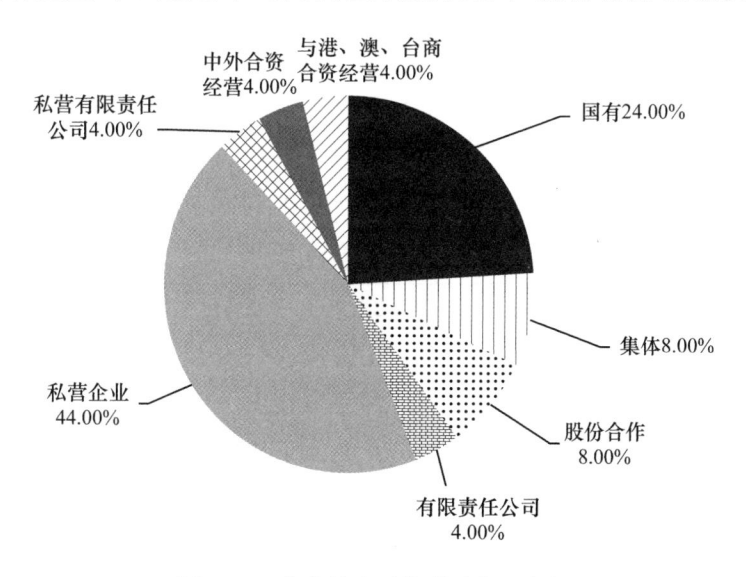

图3-3 企业母公司类型百分比分布

具有较高的信誉和稳固性且与政府有天然的"血缘"关系，可对海外运营的子公司提供强有力的保障。此外，集体、股份合作及其他类型的母公司占有小量比重，显示出印度尼西亚中企母公司类型呈现多元化发展趋势。

经济开发区通常是一国引进外资、扩大出口、吸引外商直接投资的重要载体。一般根据国家相关外资产业政策，对外国直接投资企业的鼓励类项目进行税收减免（如企业所得税的"两免三减半"），优惠提供工业用土地和其他一些优惠政策，吸引各种资金和实体投资办厂、办公司。经开区规划占地面积比较大，配套设施齐全，招商引资后能带动本地区发展。基于中资企业是否在经济开发区与母公司类型交互分析可知（见表3-3），近七成（66.67%）位于印度尼西亚经济开发区的是私营企业，说明母公司对其印度尼西亚子公司的投资区位选择作了充分考量。但经开区中国有企业比例不足两成（16.67%），这与国企在印度尼西亚主要从事基础设施建设、矿产资源开采及加工等类型的业务密切相关。道路、桥梁、机场、电厂等基建项目较少位于经开区。

表3-3　　　　　企业是否在经开区与该企业母公司类型交互　　　（单位:%）

	国有	集体	股份合作	有限责任公司	私营企业	私营有限责任公司	与港澳台合资	中外合资
不在经开区	27.78	11.11	11.11	5.56	33.33	5.56	5.56	0.00
在经开区	16.67	0.00	0.00	0.00	66.67	0.00	0.00	16.67

四　在商务部备案情况

2010年以来，全球经济逐步从金融危机中复苏，中国公司"走出去"步伐明显加快，并成为世界各国"招商引资"重要对象。与此同时随着中资企业海外投资、并购规模迅速发展，国际专业实践经验的匮乏以及对外了解不足问题开始显现。2014年，商务部颁布《境外投资管理办法》，对境外投资主体为在中华人民共和国境内依法设立的企业进行商务备案。此次调查数据显示，印度尼西亚中资企业集中在2010年之后选择备案，其中2011—2015年和2016年以来两个时段备案的企业各占一半（50.00%）。原因一方面是中国支持企业"走出去"的法律、法规、措施趋于完善，例如商务备案制度；另一方面是中企海外市场风险意识不断增强，有效化解风险需要国家的支持，选择商务备案是务实之举。

仍有相当部分企业未在商务部作备案，尤其是私人企业。有企业负责人指出一些企业商务备案的意识薄弱，认为选择商务备案等同于在一定程度上公开自身的商业信息，不利于企业后续的竞争发展。另外，数名受访者也表示想要申请商务备案，但不具备资质。未来，中国企业若要更成功进军海外，政府和企业需共同协作推进。

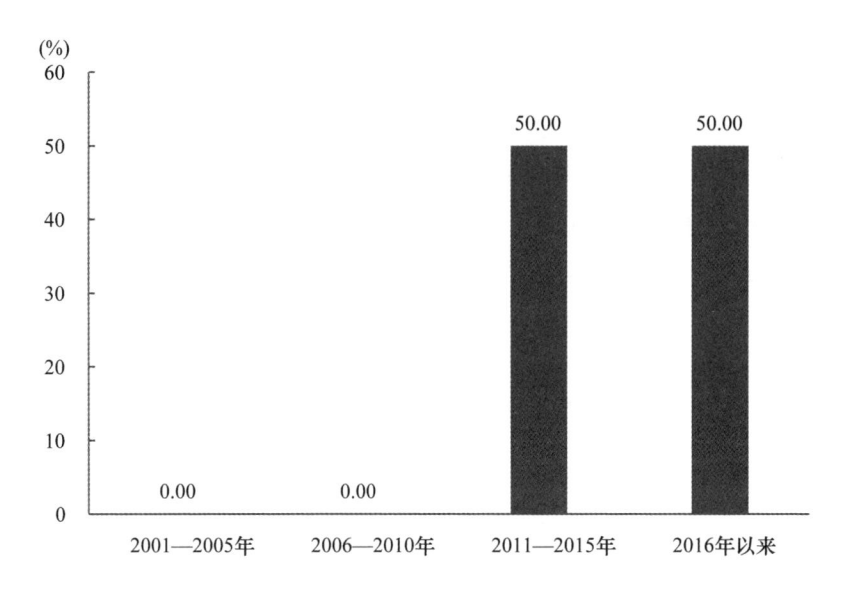

图 3-4　企业在中国商务部备案年份分布

第二节　生产与销售状况

本节将具体分析中资企业的营业时间、主营产品及市场份额、产品定价方式、产品出口类型、市场竞争、企业经营自主程度、印度尼西亚政府履约及销售渠道等多个变量,以进一步说明印度尼西亚营商环境水平和特征。

一 生产状况

生产与市场竞争是衡量企业运营好坏的两大主要指标。是否生产、产量多少、营业时间长短(见图3-5)可直观反映出企业生产状况。而市场竞争的激烈程度也在很大程度上影响企业的开工率。数据显示,二分之一的企业每周平均营业时间30—40个小时,遵循"5×8工作制",即每周工作5天,每天8个小时。但调研也发现,一定数量企业每天营业时间超过8个小时且工人每周单休或无休。这类企业集中分布于商务服务业、餐饮业、物流业、木材加工业、日化生产等行业。以木材加工业为例,受制于印度尼西亚气候,雨季时工厂基本不作大规模生产,原木采购及订单生产集中在每年5—10月的旱季,生产、晾晒、仓储、运输、销售等各环节紧密衔接,企业运营时长自然增加。因此,部分企业(14.59%)每周营业时间超过70小时的情况客观存在。企业负责人均表示会按照协议或合约支付相应的加班费和补贴。

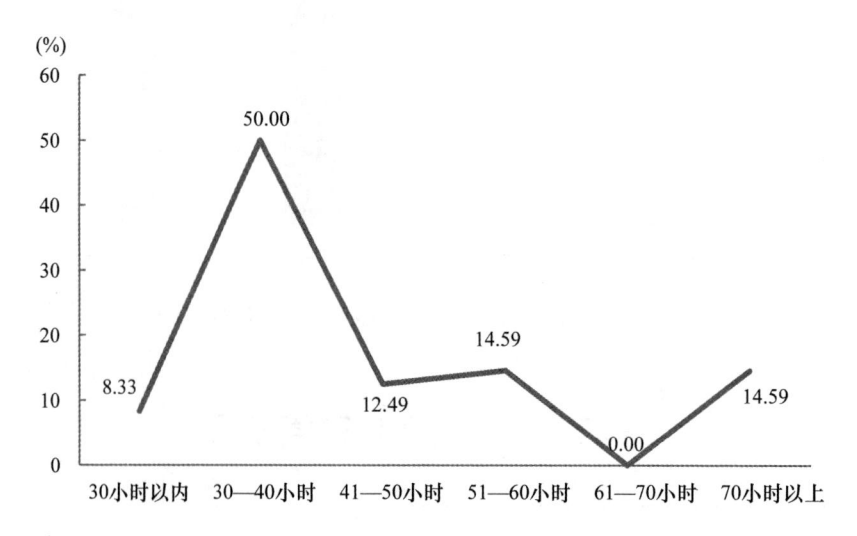

图3-5 企业每周平均营业时间分布

(30小时以内: 8.33%; 30—40小时: 50.00%; 41—50小时: 12.49%; 51—60小时: 14.59%; 61—70小时: 0.00%; 70小时以上: 14.59%)

二 主营产品及市场销售状况

在企业产品的市场销售上,中资企业的产品主要面向本地及印度尼西亚国内市场进行销售(见表3-4)。市场需求空间巨大及居民消费意识强是印度尼西亚吸引外资企业的优势因素。中国企业充分抓住上述两大利好条件,为印度尼西亚市场供应适销对路的产品。从变量的交互角度,企业注册时间超过五年,其产品销售市场类型更多样化,基本均衡分布于本地市场、印度尼西亚国内市场、中国市场及国际市场。但注册时间低于五年的企业其产品销售以本地(44.44%)和印度尼西亚国内(33.33%)市场为主。加入印度尼西亚中国商会以及在商务部备案与企业产品选择在印度尼西亚国内市场销售呈显著的正相关。此外,企业位于印度尼西亚经开区与其产品国际市场销售(37.50%)具有明显的正相关。经开区针对外资企业实施的产业、税收、出口、报关等优惠政策、措施有助于拓展产品的国际市场销售渠道。

表3-4　　　　　企业产品的主要销售市场状况　　　　　(单位:%)

	本地	印度尼西亚	中国	国际
注册时间超过五年	22.73	31.82	22.73	22.73
注册时间低于五年	44.44	33.33	7.41	14.81
不在经开区	37.50	32.50	15.00	15.00
中印尼合作园区	100.00	0.00	0.00	0.00
印度尼西亚经开区	12.50	37.50	12.50	37.50
商务部境外投资备案	5.88	47.06	11.76	35.29
未在商务部境外投资备案	46.15	26.92	19.23	7.69
加入印度尼西亚的中国商会	15.00	55.00	5.00	25.00
未加入印度尼西亚的中国商会	48.28	17.24	20.69	13.79

进一步分析可知(见表3-5),企业主营产品的市场份额中,本

地市场所占比重集中在 0—5%，50%—100% 市场份额占比仅为 25%。印度尼西亚国内市场份额占比集中分布于 10% 以下，其中低于 1% 的超过四成（42.86%）。本地及印度尼西亚国内市场仍有很大的市场发展空间。从中国市场和国际市场对比看，企业主营产品的中国市场份额尚有充足的提升空间，企业不应忽略中国这个全球超大的消费市场，同时应不断提高国际市场份额的占比。

表 3-5　　　　　　　企业主营产品的市场份额分布　　　　　　（单位：%）

	小于 1%	1%—10%	11%—20%	21%—30%	31%—50%	51%—70%	71%—100%
本地	0.00	25.0	8.33	25.00	16.67	8.33	16.67
印度尼西亚	42.86	28.57	7.14	7.14	7.14	7.14	0.00
中国	60.00	0.00	0.00	20.00	0.00	0.00	20.00
国际	28.57	28.57	28.57	0.00	14.29	0.00	0.00

价格是决定企业产品市场竞争优势大小的核心要素之一。一般而言，消费者习惯以"质优价廉"作为评判产品的标准并形成需求偏好。竞争激烈的市场中，消费者的需求价格弹性往往较高，对产品价格的变动较为敏感，因此企业对产品的定价比较谨慎。接受市场定价成为受访的印度尼西亚中资企业的普遍做法（见表 3-6），市场经济下，市场对资源的配置起决定性作用，需求与供给的持续互动促使产品价格形成。即使企业选择成本加成的方式决定价格，也要立足市场成本。在商务部备案以及位于印度尼西亚经开区的中资企业在一定程度上（分别为 22.22% 和 25.00%）选择买方议价的定价方式，更倾向于遵循市场规律，将市场需求及买方作为定价的关键影响因素。注册时间低于五年的中资企业也较偏好于买方议价（17.86%），反映出买方在交易上处于主动地位，有选择商品的主动权，说明企业在印度尼西亚的市场竞争力及议价能力尚待提升。

表3-6　　　企业产品在印度尼西亚的定价方式分布　　　（单位:%）

	市场定价	成本加成	根据进口商品定价	政府定价	买方议价	由商业联盟定价	其他方式
注册时间超过五年	56.52	13.04	8.70	4.35	8.70	4.35	4.35
注册时间低于五年	57.14	7.14	7.14	3.57	17.86	0.00	7.14
不在经开区	58.54	7.32	9.76	4.88	9.76	2.44	7.32
印度尼西亚经开区	50.00	25.00	0.00	0.00	25.00	0.00	0.00
商务部境外投资备案	44.44	16.67	5.56	5.56	22.22	0.00	5.56
未在商务部境外投资备案	62.96	7.41	7.41	3.70	7.41	3.70	7.41
加入印度尼西亚的中国商会	66.67	9.52	4.76	0.00	14.29	0.00	4.76
未加入印度尼西亚的中国商会	50.00	10.00	10.00	6.67	13.33	3.33	6.67

在印度尼西亚中资企业出口的产品类型中设备及产品出口占据较大比重，但设计制造类出口占比较小（见表3-7）。结合其他变量交互分析，注册时间低于五年入驻印度尼西亚的企业，品牌制造出口占比接近七成（66.67%），剩余比重为设备制造出口。在中国商务部备案的企业中，设备及品牌产品出口比重均占四成，这与加入印度尼西亚中国商会对产品出口的影响相同。位于印度尼西亚经开区有利于企业品牌的培育及产品出口（100.00%），这与经开区宽松的经营环境和优惠的政策措施密切相关。

表3-7　　　　　　企业产品出口类型分布　　　　　（单位:%）

	原始设备制造商	原始设计制造商	原始品牌制造商
注册时间超过五年	50.00	20.00	30.00
注册时间低于五年	33.33	0.00	66.67
不在经开区	50.00	16.67	33.33
印度尼西亚经开区	0.00	0.00	100.00
商务部境外投资备案	40.00	20.00	40.00
未在商务部境外投资备案	57.14	14.29	28.57
加入印度尼西亚的中国商会	50.00	0.00	50.00
未加入印度尼西亚的中国商会	42.86	28.57	28.57

三 市场竞争及行为现状

市场竞争力大小受多重因素共同作用，但不同行业面临的相同竞争压力来源之一就是同行竞争，即相同或相近的行业之间存在同质或相似的产品类型、市场定位、销售模式、宣传策略、议价方式等。行业门槛较低时，生产者众多，行业竞争特别激烈。如表3-8所示，受访的中资工业企业的竞争对手主要为印度尼西亚同行（65.22%），这一比例高于服务业企业（53.57%），说明印度尼西亚市场上内资与外资激烈的竞争关系。印度尼西亚自21世纪以来出现了早熟型去工业化问题，政府采取了多项措施以重新振兴本国制造业，力争在2025年成为工业化强国。2008年，印度尼西亚工业部发布的经济发展规划称，将在全国范围内优先发展35个工业集群，主要包括12个农基工业集群、4个交通运输设备业集群、3个电子和ICT产业集群、4个基础材料产业集群、2个机械工业集群、2个劳动密集型产业集群、3个创意产业集群和5个特定中小企业集群，以此推动制造业的技术更新和产业升级，提升印度尼西亚在区域生产价值链中的地位。[①]来自日本、韩国、欧美等国家和地区的外资同行也是中企在印度尼西亚市场面临的主要竞争者，尤其在服务业领域，中企面临更大的同行竞争压力。

表3-8　　　　不同行业类别竞争压力的主要来源　　　　（单位:%）

	印度尼西亚同行	外资同行
工业	65.22	34.78
服务业	53.57	46.43

表3-9以时间为轴，呈现了中企面临的主要竞争变化。近五年

[①] 林梅、那文鹏：《印度尼西亚早熟型去工业化问题探析》，《南洋问题研究》2018年第1期。

来半数以上的工业（52.17%）及服务业企业（64.29%）认为行业内竞争变得更加激烈。这是可以理解的，毕竟经济全球化及区域经济一体化步伐从未停止，市场开放的程度与竞争的程度成正比。此背景下，全球产业价值链持续延伸、重塑，激烈竞争和优胜劣汰是市场规律。从印度尼西亚市场开放程度看，佐科政府将"招商引资"促进经济发展列为重要施政目标，先后颁布、实施一系列具有较强优惠力度的外资发展政策及措施，国内营商环境得到进一步改善，外资市场竞争强度与日俱增。

表3-9　　　　　　近五年来企业的竞争状况变化情况　　　　　　（单位：%）

	更好经营	没有变化	竞争更激烈
工业	17.39	30.43	52.17
服务业	17.86	17.86	64.29
商务部境外投资备案	11.11	22.22	66.67
未在商务部境外投资备案	18.52	25.93	55.56
加入印度尼西亚的中国商会	4.76	47.62	47.62
未加入印度尼西亚的中国商会	26.67	6.67	66.67

分布于爪哇以外地区的企业，例如矿业企业、农业种植园企业，因远离雅加达、泗水、万隆、三宝垄等竞争的"主战场"，加之行业具有投资规模大、技术要求高、生产周期长等高门槛性质，一部分受访企业反映未感受到行业竞争压力。另有不少企业高层在访谈中提及，激烈的市场竞争不全然造成消极后果，通过市场竞争机制将一部分行业"弱者"淘汰，为"强者"拓展了生存空间。"物竞天择，适者生存"的准则提醒中资企业应将环境压力转变为企业创新发展的动力，以更加优质的产品、完善的服务、超前的战略、本土化的经营理念赢得印度尼西亚市场的青睐。

企业选择市场竞争的方式包括价格战、质量战、广告宣传战等，不同行业性质的企业选择竞争的手段各异，即使是同一行业在不同的时期也会有针对性地选择竞争方式。工业企业因地理分布、行业特性等因素，面临的市场竞争压力较服务业小。统计数据显示，一半的工业企业表示其竞争方式未发生变化，不足三成（27.27%）的企业感知到价格竞争更激烈（见表3-10）。相反，巨大的市场竞争压力下，服务业企业将质量视为胜出的"杀手锏"（33.33%），辅以低廉的价格和受众广泛的广告宣传，以期能在印度尼西亚市场中行稳致远。有印度尼西亚中国商会会员身份的企业更倾向于选择价格和质量作为竞争的着力点。

表3-10　　　　　近五年来企业的竞争方式变化情况　　　　　（单位:%）

	没有变	价格竞争更激烈	质量竞争更激烈	广告战更激烈	其他
工业	50.00	27.27	4.55	9.09	9.09
服务业	25.93	25.93	33.33	11.11	3.70
商务部境外投资备案	35.29	29.41	11.76	11.76	11.76
未在商务部境外投资备案	42.31	23.08	23.08	7.69	3.85
加入印度尼西亚的中国商会	45.00	25.00	20.00	0.00	10.00
未加入印度尼西亚的中国商会	31.03	27.59	20.69	17.24	3.45

在商务部备案的企业与加入印度尼西亚中国商会的企业在很大比例上认为市场竞争没有变化，可能原因之一是企业性质的影响。在既定的市场范围内其产品可替代性弱，企业对市场竞争的感知自然相对不强烈。

四　注册、运营时间与承担项目情况

复杂性科学理论认为，复杂适应组织是在动态、不确定、快速变化环境条件下能够得到较好生存和发展的一种组织形态。一般而言，组织存在的时间越长其环境的复杂适应能力越强，则组织运营能力也越强。表3-11与表3-12的统计结果部分程度上佐证了上述理论。

注册时间与运营时间均在五年以上的中资企业承担了更多印度尼西亚建筑、电力、公路、铁路项目。这类大型基建项目对企业的运营实力、行业资质、市场信誉、技术水平及项目管理能力提出了更加严格的要求。企业承担的项目能否按时、保质完工并验收合格交付使用，充分考验着企业的综合实力。

表 3-11　　企业注册时长与承担印度尼西亚各类项目情况　　（单位:%）

	注册时间超过五年		注册时间低于五年	
	是	否	是	否
建筑、电力	21.74	78.26	7.14	92.86
公路项目	60.00	40.00	50.00	50.00
铁路项目	60.00	40.00	50.00	50.00
水电项目	20.00	80.00	50.00	50.00
火电项目	40.00	60.00	50.00	50.00
航运项目	0.00	100.00	50.00	50.00
其他项目	20.00	80.00	50.00	50.00

但这并不意味着注册及运营时间低于五年的中资企业在印度尼西亚项目市场上被"边缘化"，数据显示该类企业承担更多的水电、火电、航运及其他项目。本届印度尼西亚政府深知发展经济和解决民生的迫切性和重要性，重点突破电力缺口等制约经济、民生发展的瓶颈问题，大力兴建电厂及输电设施，中企因时制宜，积极投标参与电力项目建设。2019年佐科连任后，计划在未来5年投入超过4000亿美元建设机场、发电厂和其他基础设施。中企投资印度尼西亚迎来新的机遇。

未来，中国企业投标印度尼西亚基建项目时可不断探索新的投融资及项目建设模式。在 BT、BOT、TT、TBT 等模式的基础上积极尝试 PPP、绿地投资、第三方市场合作等新型投资模式。① 尤其在印度尼西亚的第三方市场合作上，中国、日本、韩国、新加坡等国可积极探索联合投标、共同投资。中企还可与有关国家及其企业一道，扩大印度尼西亚第三方市场的合作范围，开拓投资生产经营的市场，积极创新合作模式。②

表 3-12　企业运营时长与承担印度尼西亚各类项目情况　（单位:%）

	运营时间超过五年		运营时间低于五年	
	是	否	是	否
建筑、电力	20.00	80.00	7.69	92.31
公路项目	60.00	40.00	50.00	50.00
铁路项目	60.00	40.00	50.00	50.00
水电项目	20.00	80.00	50.00	50.00
火电项目	40.00	60.00	50.00	50.00
航运项目	0.00	100.00	50.00	50.00
其他项目	20.00	80.00	50.00	50.00

五　企业视角下印度尼西亚政府履约程度

从项目合约主体责任履行看（见图 3-6），近七成（66.67%）的受访企业认为印度尼西亚政府不用催促可准时履约，履约程度尚可，超过三成（33.33%）的受访对象对其履约质量持消极态度。根

---

① BOT（Bulid-Operate-Transfer）即建造—运营—移交方式；BT（Build Transfer）即建设—移交；TOT（Transfer-Operate-Transfer）即转让—经营—转让模式；TBT，将 TOT 与 BOT 融资方式组合起来，以 BOT 为主的一种融资模式；PPP（Public-Private-Partnerships）即政府和社会资本合作；绿地投资，又称创建投资，是指跨国公司等投资主体在东道国境内设置的部分或全部资产所有权归外国投资者所有的企业，这类投资会直接导致东道国生产能力、产出和就业的增长。

② 2019 年中国两会政府工作报告首次在推动共建"一带一路"的内容中，提出了拓展第三方市场合作，即在加强与"一带一路"沿线国家两两合作的同时，推进中国、投资所在国和发达经济体及其他经济体企业之间的第三方合作，实现互利共赢。

据世界银行发布的 *Doing Business 2020* 报告，2020 年印度尼西亚总体营商环境便利度得分 69.6（注：百分制，下同），在 190 个经济体中排名 73 位。在施工许可办理、财产登记、跨境贸易、合同执行等多个指标上得分均低于 70，尤其在合同执行方面，得分仅为 49.1，排名 139。部分企业负责人访谈提及印度尼西亚政府部门及其执法者有不作为、乱作为甚至是公然索贿的情况，这些问题多发于餐饮、木材加工等行业的中资私人企业。整体而言，印度尼西亚在构建诚信、清廉的政府形象上尚有不小提升空间。

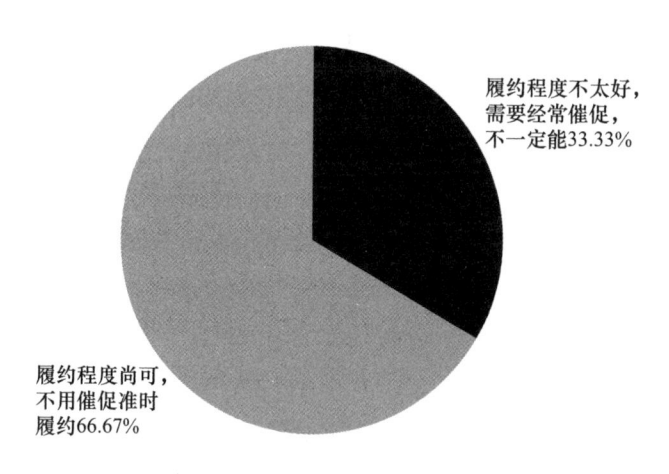

图 3-6 印度尼西亚政府履约程度

六 销售渠道及广告投放分析

市场销售渠道与企业的经营收益息息相关。随着互联网技术的发展和普及，线上购物、数字支付等互联网平台技术蓬勃发展，深刻地影响着企业的销售模式。服务业以服务为导向、以顾客为中心，服务多样且存在不确定性，因此选择互联网作为销售渠道可提升产品和服务的时效性并节约运营成本。相较服务业而言，印度尼西亚中资工业企业偏重传统销售渠道（见表 3-13）。在商务部备案的企业中，选择传统销售渠道的比例接近七成（66.67%），是未备案企业的两倍之多。可能原因在于，在商务部备案的企业类型中工业企业较多，其行业性质与实际运营需要决定了传统市场渠道。而未备案的企业多从事服务业，倾向于选择互联网销售。

表 3－13　　　　企业的互联网销售渠道和传统渠道比较　　　（单位:%）

	互联网更高	传统渠道更高	差不多	不清楚
工业	12.50	75.00	0.00	12.50
服务业	52.63	36.84	5.26	5.26
在商务部备案	22.22	66.67	0.00	11.11
未在商务部备案	53.33	33.33	6.67	6.67

印度尼西亚是东南亚最重要的电商市场。印度尼西亚互联网协会（APJII）的调查显示，截至2019年初，印度尼西亚的互联网普及率已经达到64.8%，拥有1.71亿网民，其中55%网民分布于爪哇地区。[①] 预计到2022年，印度尼西亚的网购用户将达到4389万，但这个数字还不到该国总人口的1/5，电商市场的潜力有待进一步发掘。根据谷歌和新加坡投资公司淡马锡控股的预测，印度尼西亚电子商务市场到2025年可达460亿美元。佐科政府十分重视数字经济发展，2017年8月聘请阿里巴巴集团创办人马云担任政府电商顾问，协助推动印度尼西亚电子商务和中小企业的发展。

投放广告被视为企业的产品宣传、形象构建、市场拓展的常规策略。其中电视仍是企业广告投放重要的载体，但企业是否选择投放电视广告受多种因素制约。如表3－14所示，受访的对象中，工业企业未投放电视广告，仅14.29%的服务业企业存在投放电视广告的行为，同时接近三成（25.00%）的商务部备案企业选择投放电视广告，比例稍高于未备案的中资企业。

---

① 参见印度尼西亚投资网《印度尼西亚互联网用户达到1.71亿》，（2019－06－13）［2020－05－10］，https://www.indonesia-investments.com/news/todays-headlines/number-of-internet-users-in-indonesia-rises-to-171-million/item9144。

表3-14　　　　　　　企业投放电视广告情况　　　　　　（单位:%）

	是	否
工业	无	无
服务业	14.29	85.71
在商务部备案	25.00	75.00
未在商务部备案	14.29	85.71

总体来看，企业在印度尼西亚选择电视广告的程度较低，近七成（69.57%）企业表示无须采用电视广告，另有一部分企业（13.04%）因高支出费用而放弃投放电视广告（见图3-7）。

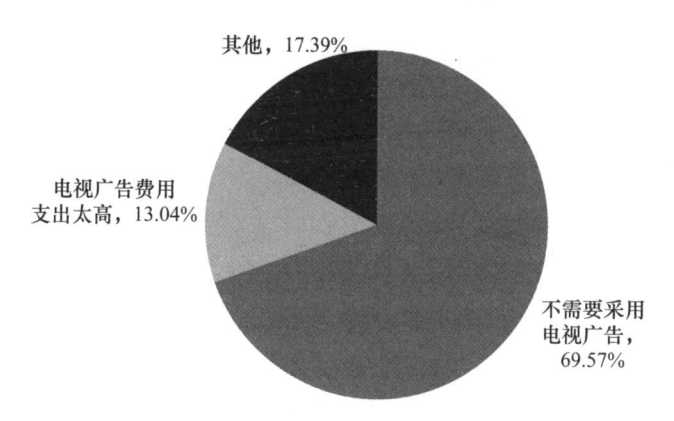

图3-7　未投放电视广告的原因

第三节　融资状况分析

本节将对中资企业在印度尼西亚投资、经营过程中的自主程度和资金来源作分析，结合世界银行发布的 *Doing Business 2020* 报告进一步认识企业在印度尼西亚的市场行为。

一　自主程度及影响因素

企业生产的连续性和复杂性以及社会需求的多变性和多样性，要求赋予企业更大的经营管理自主权。同时，现代化的生产需要及时对资源实行最优配置，这客观上对企业自主程度提出了要求。适度的自主权有助于企业及时感知市场信号，对其生产经营行为进行自动调节。

企业自主程度的大小体现在产品生产、产品销售、技术开发、新增投资及员工雇用等具体事项（见表3-15）。服务业在上述五个指标上拥有比工业更大的自主权限，尤其体现在百分百的自主权上。服务经济，是以人力资本作为基本生产要素形成的经济结构、增长方式和社会形态。数据说明，印度尼西亚中资服务类企业较工业更加重视人力资本的作用，将"人"的自主性、能动性、创造性、可塑性及价值性通过赋予更大的自主权而得到释放，进而形成企业的竞争力与经济效益。工业生产中原材料、设备、资金、技术等要素发挥重要的作用，人作为生产要素的重要性相对减弱。以新增投资为例，在印度尼西亚政治、经济、社会、文化环境多样、复杂的背景下，工业企业母公司以及子公司不得不谨慎行事，充分考量得失，再三权衡利弊，听取多方面建议，作出可行决策，因此只能在一定程度上（31.82%）满足企业自主决策的需求。

表3-15　　　　　　　　不同行业类型的企业自主程度　　　　　　（单位:%）

行业类型	自主程度	0—19%	20%—39%	40%—49%	50%—59%	60%—69%	70%—79%	80%—89%	90%—99%	100%
产品生产	工业	0.00	4.35	4.35	13.04	4.35	4.35	17.39	8.70	43.48
	服务业	3.70	0.00	0.00	0.00	3.70	0.00	11.11	11.11	70.37
产品销售	工业	4.35	0.00	4.35	13.04	4.35	8.70	13.04	4.35	47.83
	服务业	3.70	0.00	0.00	3.70	0.00	0.00	7.41	14.81	70.37
技术开发	工业	13.64	4.55	0.00	4.55	0.00	9.09	9.09	9.09	50.00
	服务业	10.71	10.71	0.00	0.00	3.57	0.00	7.14	7.14	60.71
新增投资	工业	4.55	9.09	4.55	13.64	4.55	4.55	13.64	13.64	31.82
	服务业	7.14	3.57	7.14	10.71	0.00	0.00	17.86	3.57	50.00
员工雇用	工业	0.00	0.00	0.00	4.35	4.35	13.04	4.35	21.74	52.17
	服务业	0.00	0.00	0.00	0.00	0.00	0.00	17.86	17.86	64.29

企业选择商务部备案与其自主程度呈显著的负相关（见表3-16），企业自主程度越大，两个变量之间的负相关越显著。例如，在新增投资方面未在商务部备案的中资企业的完全自主权占比（51.85%）较备案的中企（29.41%）高出22.44个百分点。企业自主权受到一定程度制约并非坏事，一方面，企业的生产、经营行为被严格规范，可避免企业因盲目投资甚至是违法、违规的经营而遭受直接损失。另一方面，企业在印度尼西亚的投资经营代表着中国以及中国企业的形象，良好的行为规范可塑造良好的中国形象及负责任的中企形象，形成国家认知与企业形象相互促进的外部环境。

表3-16　　　　　商务部备案与否和企业自主程度关系　　　（单位:%）

		0—19%	20%—39%	40%—49%	50%—59%	60%—69%	70%—79%	80%—89%	90%—99%	100%
产品生产	是	0.00	0.00	0.00	11.11	11.11	5.56	11.11	11.11	50.00
	否	3.85	3.85	0.00	0.00	0.00	0.00	15.38	11.54	65.38
产品销售	是	0.00	0.00	0.00	16.67	5.56	11.11	5.56	5.56	55.56
	否	7.69	0.00	0.00	0.00	0.00	0.00	11.54	15.38	65.38
技术开发	是	11.76	5.88	0.00	0.00	5.88	11.76	5.88	5.88	52.94
	否	11.11	7.41	0.00	0.00	0.00	0.00	11.11	11.11	59.26
新增投资	是	11.76	5.88	11.76	11.76	5.88	5.88	11.76	5.88	29.41
	否	3.70	3.70	3.70	7.41	0.00	0.00	22.22	7.41	51.85
员工雇用	是	0.00	0.00	0.00	0.00	5.56	5.56	11.11	22.22	55.56
	否	0.00	0.00	0.00	0.00	0.00	7.41	14.81	14.81	62.96

表3-17显示了企业是否加入印度尼西亚中国商会与其自主程度的交互影响。在技术开发和员工雇用方面，商会会员身份与企业百分之百拥有自主权显著正相关，反映出会员企业更加重视新技术的研发创新及人力资源管理。但在产品生产、销售、新增投资方面，拥有完全自主权的非会员企业占比多于会员企业。印度尼西亚中国商会的260多家会员单位集中分布于火电、水电新能源、机电设备、农业、金融、

石油石化、轨道交通、水工、建筑建材、矿业冶金、物流运输、房地产等行业，一般而言规模较大，管理规范，市场行为受到多方约束。

表3-17　加入印度尼西亚中国商会与否和企业自主程度关系　（单位:%）

		0—19%	20%—39%	40%—49%	50%—59%	60%—69%	70%—79%	80%—89%	90%—99%	100%
产品生产	是	0.00	0.00	0.00	9.52	0.00	4.76	19.05	9.52	57.14
	否	3.45	3.45	3.45	3.45	6.90	0.00	10.34	10.34	58.62
产品销售	是	0.00	0.00	0.00	9.52	4.76	4.76	14.29	9.52	57.14
	否	6.90	0.00	3.45	6.90	0.00	3.45	6.90	10.34	62.07
技术开发	是	5.00	5.00	5.00	5.00	5.00	5.00	5.00	10.00	65.00
	否	16.67	10.00	0.00	3.33	0.00	3.33	10.00	6.67	50.00
新增投资	是	10.00	5.00	10.00	10.00	5.00	5.00	10.00	10.00	35.00
	否	3.33	6.67	3.33	13.33	0.00	0.00	20.00	6.67	46.67
员工雇用	是	0.00	0.00	0.00	0.00	4.76	9.52	9.52	9.52	66.67
	否	0.00	0.00	0.00	3.33	0.00	3.33	13.33	26.67	53.33

二　融资来源

从资金来源看（见图3-8），中国母公司拨款成为企业最主要的融资方式，比重接近一半（48.00%）。超过两成受访企业选择中国或印度尼西亚银行及金融机构贷款。其他类型的融资比例接近三成（26.00%）。中资企业融资呈现出以母公司拨款为主、多种方式并存的市场特征。

在企业未申请银行及正规金融机构贷款一事上（见图3-9），统计数据显示，无贷款需求的企业占比超过七成（72.50%），显见印度尼西亚营运的中资企业资金较充足。但是，对于有贷款需求的企业而言，其申而不得的原因主要包括申请程序复杂、贷款利率过高、担保要求过高以及资质要求过高等。世界银行发布的 *Doing Business 2020* 报告中指出，在获得信贷指标上，印度尼西亚得分仅70。印度尼西亚信贷市场在合法权利力度、信贷信息深度及信贷登记机构覆盖方面仍需进一步提升便利度。在金融支持企业尤其是中小企业"走出去"方面,我国银行及金融信贷机构还需不断调整贷款政策,以实际优惠条件和便利措施助力企业更好地"出海"。

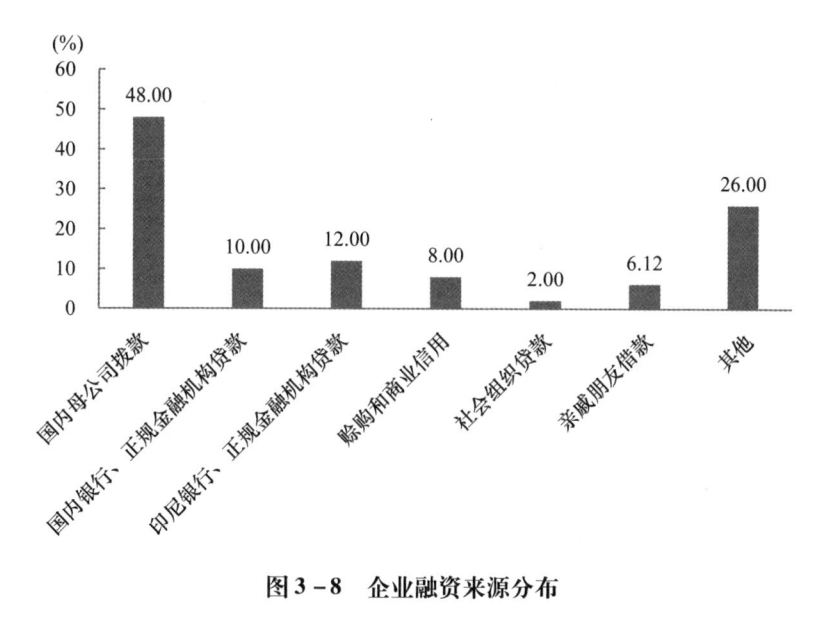

图 3-8 企业融资来源分布

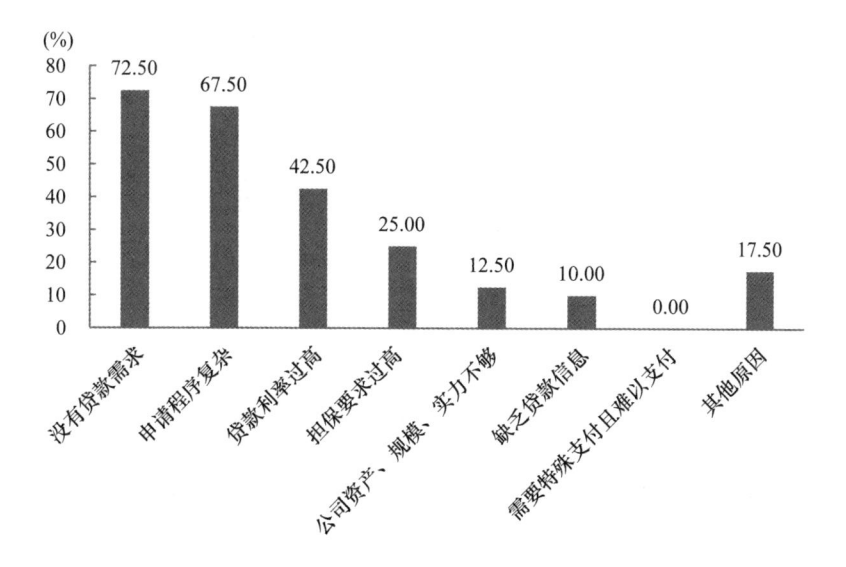

图 3-9 企业未申请贷款的原因

第四章

印度尼西亚营商环境和中国企业投资风险分析

营商环境是影响市场主体行为的一系列综合发展环境的系统总和，一般包括政治环境、经济环境、社会文化及宗教习俗环境等影响因素。营商环境质量是政府、市场与社会共同作用的结果。良好的营商环境不仅是一国经济软实力的重要体现，也是市场竞争力的表现，更是吸引外资的核心优势。随着全球经济深度融合，国际市场竞争日趋加剧，世界各国与地区高度重视营商环境的建设。本章将从中资企业视角分别对印度尼西亚的基础设施供给、公共服务供给、公共服务治理评价作详尽分析，以期全面、客观、深入地呈现印度尼西亚营商环境的质量与发展水平，进而明晰中资企业的投资风险。

第一节 基础设施供给分析

基础设施是企业开展市场活动的"粮草"，"兵马"的活动范围及水平在很大程度上取决于"粮草"能否先行。本节对中资企业在印度尼西亚投资及运营过程中的供水、供电、网络及建筑使用情况作分析，并按照企业的区位及行业所属进一步比较其中异同。

一 企业基础设施申请概况

水、电、网、建筑是企业开展营运的基本设施，企业所在的地理区位及其行业类型显著影响着申请比例。如表 4-1 所示,经开区内的基础设施条件完善,企业入驻无须提交水、电、网及建筑使用申请。中国—印度尼西亚经贸合作区是经中华人民共和国国家商务部、国家发改委批准,由广西农垦集团承建,是中国在印度尼西亚设立的第一个集工业生产、仓库、贸易为一体的经济贸易合作区。合作区位于雅加达以东贝卡西县"绿壤国际工业中心"内,交通便利,区位辐射优势明显。当前,一期项目建设完成,招商引资合作建设取得阶段性成果,中海油、中国西电、蒙牛等 25 家中资企业已入园开展运行,成为中国境外经济合作园区建设的典范。近几年,中国企业到印度尼西亚建设的工业园区越来越多,仅爪哇岛就有多个。不过,课题组仅成功访谈了中印尼合作园区内的极少数企业,这可能对下文相关数据的代表性有一定影响。

表 4-1　　　　　按是否位于开发区划分的企业提交
水、电、网、建筑申请比例　　　　　　（单位:%）

	水		电		网		建筑	
	是	否	是	否	是	否	是	否
不在经开区	22.50	77.50	35.00	65.00	87.80	12.20	26.83	73.17
中印尼合作园区	0.00	100.00	0.00	100.00	0.00	100.00	0.00	100.00
印度尼西亚经开区	42.86	57.14	75.00	25.00	100.00	0.00	87.50	12.50

但对比之下,印度尼西亚经开区的企业对水、电、网和建筑的申请比例远远高于中印尼合作园区及非经开区。一定程度上反映出印度尼西亚经开区内基础设施尚待进一步完善,尤其在网络开通和建筑使用方面。非经开区的企业,在网络开通事务上提交申请的比例（87.80%）远大于其他三项,说明网络对企业运营的重要性。地域分散是制约印度尼西亚互联网发展的最大瓶颈,分散的地理基础带来了巨大的互联网基础设施成本,网络通达度亟待提高。

相较于服务业,工业企业对水、电、网及建筑的依赖性更大（见

表4-2）。实物性产品的生产、加工、制造、仓储、运输、分销使得企业对上述基础设施条件的要求更高。服务业因其产品和服务的无形性、异质性、易逝性以及生产和消费的同步性使得对基础设施的依赖程度较小，但对网络表现出较高的需求。信息时代，互联网已经成为市场经济发展的核心要素，并深刻影响着企业的发展。

表4-2　按行业划分的企业提交水、电、网、建筑申请比例　（单位:%）

	水		电		网		建筑	
	是	否	是	否	是	否	是	否
工业	33.33	66.67	59.09	40.91	91.30	8.70	56.52	43.48
服务业	21.43	78.57	25.00	75.00	82.14	17.86	17.86	82.14

二　发生断水、断电、断网情况

基础设施的完善与否不仅仅包括静态上的存在与否，也体现为动态上运行是否顺畅。日常运营过程中发生的水、电、网中断问题会影响企业正常的生产作业和运行管理。从调查数据上看（见表4-3），印度尼西亚经开区网络中断问题表现较突出，超过六成（62.50%）受访企业表示经历过断网。中印尼合作园区企业经历过断水情况。

表4-3　按是否位于开发区划分的企业发生
断水、断电、断网情况　　（单位:%）

	断水		断电		断网	
	是	否	是	否	是	否
不在经开区	14.63	85.37	53.66	46.34	65.85	34.15
中印尼合作园区	100.00	0.00	0.00	100.00	0.00	100.00
印度尼西亚经开区	25.00	75.00	25.00	75.00	62.50	37.50

非经开区企业的断网问题也同样突出。进一步分析可知（见表4-4），工业和服务业两大领域的企业不同程度地经历过断水、断电

和断网情况。其中电力供应的通畅性与稳定性、网络连接的持续性与平稳性依然是影响企业日常营运的关键问题，印度尼西亚整体基础设施水平亟待提升。实际调研中发现，爪哇地区中企经历电力供应问题、网络连接问题的频率少于其他岛区，说明爪哇地区基础设施水平高于外岛，这也与其印度尼西亚经济中心的地位相符。

表4-4 按行业划分的企业发生断水、断电、断网情况 （单位:%）

	断水		断电		断网	
	是	否	是	否	是	否
工业	17.39	82.61	56.52	43.48	69.57	30.43
服务业	21.43	78.57	42.86	57.14	60.71	39.29

三 企业基础设施申请非正规支付情况

印度尼西亚中资企业面临不同程度的非正规支付成本（见表4-5和表4-6）。非正规支付将增加企业的运营成本，反映出企业所在地投资环境的优劣、政府治理水平的高低。调查显示，在基础设施申请的非正规支付方面，印度尼西亚经开区的政府属性减少了企业在上述事项申请过程中的非正规支付比例，而非经开区的企业遭遇了更大比例的行政机构或政府人员的"寻租"行为。

表4-5 按是否位于开发区划分的企业提交水、电、网、
建筑申请的非正规支付比例 （单位:%）

	水		电		网		建筑	
	是	否	是	否	是	否	是	否
不在经开区	33.33	66.67	50.00	50.00	20.00	80.00	63.64	36.36
印度尼西亚经开区	0.00	100.00	50.00	50.00	12.50	87.50	57.14	42.86

相较于水、电、网，工业企业和服务业企业在建筑申请上发生的非正规支付比重最高，分别达到53.85%和80.00%。印度尼西亚复

杂的土地所有权延伸出复杂的建筑权、使用权、租赁权,为政府部门及其人员在建筑使用许可方面创造了较大的"寻租"空间。在印度尼西亚开展投资经营,"征地难"与"用地难"已是一个不争的事实,不仅内资企业头疼,外资企业更是无奈,有时连印度尼西亚政府部门都无计可施。法律法规"汗牛充栋"与执法主体"部门林立"是导致该情形的关键原因。良好的投资环境,有赖于政府机构的"善治"(Good governance),政府机构的有法不依、执法不严等"不作为"或"乱作为",也诱发了企业申请过程中的非正规支付。

表4-6　　　　　　按行业划分的企业提交水、电、网、
建筑申请的非正规支付比例　　　　　　（单位:%)

	水		电		网		建筑	
	是	否	是	否	是	否	是	否
工业	16.67	83.33	54.55	45.45	25.00	75.00	53.85	46.15
服务业	33.33	66.67	42.86	57.14	13.04	86.96	80.00	20.00

第二节　公共服务供给分析

公共服务供给是指公共服务主体投入资金、人力、技术、设施等资源并将其转化为具体公共服务绩效的过程。市场与企业的视角之下,有效的公共服务供给是政府"善治"的外在表现,也是市场有序运行、企业有效运营的必要条件。伴随全球治理的发展,近年来印度尼西亚政府积极转变理念,致力于改革公共服务供给方式,完善公共服务体系,推进政府购买公共服务,以期提升公共服务供给的质量。但公共服务具有专业性、公益性等特点,加之市场失灵、监管不足以及印度尼西亚复杂的社情等原因,政府公共服务"失准"、低效等现象一直存在,影响了受众群体的满意度。"凡益之道,与时偕行",印度尼西亚政府还需"顺应社会治理精细化的大势,处理好政

府、市场、社会三者的关系，着力推动公共服务供给的社会化、多元化、个性化，不断提升公共服务水平"①。

一 与当地政府部门互动及非正规支付情况

市场经济下，政府以"监督者"的身份通过税务、海关等行政执法部门开展日常经济活动和市场行为的监管与治理，并在此过程中回应市场的需求，提供公共服务，与不同的市场主体开展互动。如表4-7所示，印度尼西亚税务机构主动开展走访或检查的频率一般，各有超过半数的受访中资工业企业和服务业企业表示未经历印度尼西亚税务机构的走访或检查。但位于印度尼西亚经开区内的中企会接受税务机构定期与不定期的走访、检查（见表4-8），同印度尼西亚税务部门的互动频率远高于非经开区的中资企业。仅有不足一成（6.67%）的服务业企业表示有过非正规支付行为，说明印度尼西亚税务机构执法较为规范。

表4-7　按行业划分的企业税务机构检查与非正规支付比例　（单位:%）

	税务机构走访或检查		税务机构非正规支付	
	是	否	是	否
工业	38.89	61.11	0.00	100.00
服务业	45.45	54.55	6.67	93.33

部分中企在应对印度尼西亚税务机构季度、年度例行检查过程中存在主动封"红包"的行为，名为"咖啡钱"，数额在20万盾至100万盾不等（约合人民币100—500元），目的在于换取对方在税务检查中给予所谓的方便。中国传统文化中的"破财免灾""拿钱办事"的观念与印度尼西亚的"小费"文化相向而行。从长远而言，这种习

---

① 参见社论《公共服务供给应注重"耦合度"》，《人民日报》2015年12月22日第5版。

惯可能给企业带来适得其反的结果，合法经营、规范管理才是中企的底气来源。

表 4-8　　按是否位于开发区划分的企业税务机构
　　　　　检查与非正规支付比例　　　　　　　（单位:%）

	税务机构走访或检查		税务机构非正规支付	
	是	否	是	否
不在经开区	41.18	58.82	3.57	96.43
印度尼西亚经开区	100.00	0.00	0.00	100.00

相较于税务机构的执法检查，印度尼西亚海关及其相关部门在进出口许可申请事务上的表现不尽如人意（见表4-9）。印度尼西亚经开区内近九成（87.50%）的中资企业具有原材料、生产设备等物资进口的现实需求，但在进口许可申请过程中四成的企业经历过非正规支付，与非经开区的中企持平。从行业所属看（见表4-10），工业企业因其巨大的原材料、生产装备等进口需求，在进口许可申请中拥有更高比例（56.25%）的非正规支付。服务业企业对原材料、技术设备等生产物资的进口依赖较小，因而发生的非正规支付比例较低。以印度尼西亚作为国际贸易出口的"跳板"是中资企业的战略选择之一。利用印度尼西亚廉价劳动力、丰富原材料进行生产加工，借势

表 4-9　　按是否位于开发区划分的企业进出口
　　　　　许可申请与非正规支付比例　　　　　（单位:%）

	进口许可申请		进口许可申请中非正规支付	
	是	否	是	否
不在经开区	52.50	47.50	40.00	60.00
中印尼合作园区	100.00	0.00	100.00	0.00
印度尼西亚经开区	87.50	12.50	40.00	60.00

其所享有的东盟地区优惠关税权、最惠国待遇、国民待遇等拓展国际市场。但是，印度尼西亚海关、环境监察、移民局等政府机构的"乱作为"给中企的生产和出口带来了不少麻烦。

2019年11月19日，课题组在三宝垄对一家中资木材加工出口企业作访谈时，工厂负责人A女士向调研小组成员谈及了其与印度尼西亚政府部门打交道的"心酸"经历。2018年，三宝垄的环境执法部门联合海关查扣了其出口印度市场的4个标准集装箱的木材成品，扣押已经一年之余仍未给予明确的处理答复。移民局、环境执法部门时常到其工厂检查，借检查之名，索要钱物。即使中国员工持有合法、合规的工作签证，移民局也常找理由没收护照，如希望取回必须支付少则100万盾，多则三五百万盾的费用。A女士的女性身份更加使得执法人员有恃无恐，甚至在不打招呼的情况下直接闯入其办公室或休息室。A女士表示，2019年工厂一直在亏钱，她已经决定关闭工厂返回中国，其感慨在印度尼西亚开工厂的这4年最大的感受就是"难"。她的经历加深了课题组对印度尼西亚营商环境现状的感受。

表4-10　按行业划分的企业进出口许可申请与非正规支付比例　　（单位:%）

	进口许可申请		进口许可申请中非正规支付	
	是	否	是	否
工业	86.36	13.64	56.25	43.75
服务业	39.29	60.71	27.27	72.73

二　当地劳动力素质、市场规则及其影响

丰富的劳动力资源是印度尼西亚吸引外资企业的主要优势之一。为进一步释放人力资本潜力，一方面，印度尼西亚劳工部通过新技能培训、技能提高、技能再训等提升就业人员的劳动技能。另一方面，印度尼西亚拥有完备的劳动法制度，且具有很强的执行力，印度尼西亚劳工部先后颁布以《劳工法》为核心的多项旨在保护本国就业人员权益的劳动法律和法规。但印度尼西亚《劳工法》中的部分规定

过于偏袒劳方，大幅提高了劳工成本，并给资方的生产、运营带来了不同程度的影响（见图4-1）。2006年，印度尼西亚政府拟修订该法，后因劳方强烈的示威抗议而作罢。

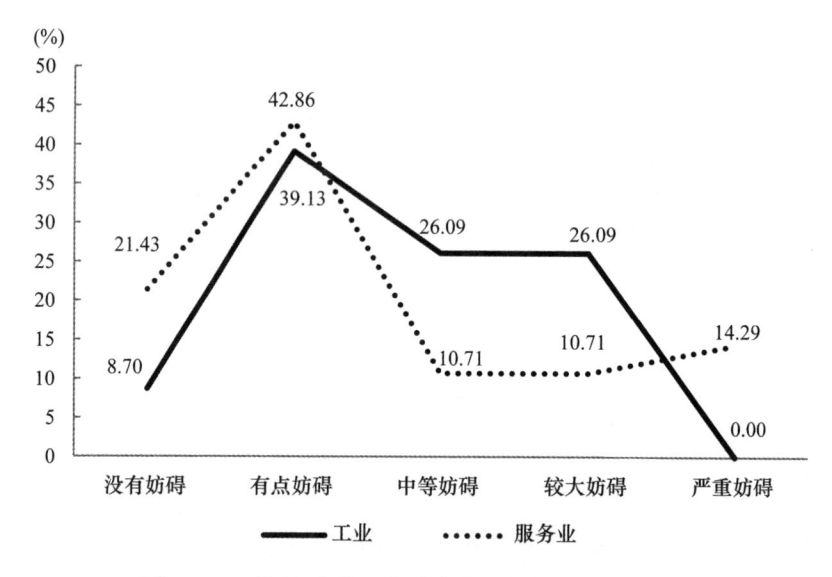

图4-1 不同行业类型劳动力市场规制政策影响程度

妨碍程度	工业	服务业
没有妨碍	8.70	21.43
有点妨碍	39.13	42.86
中等妨碍	26.09	10.71
较大妨碍	26.09	10.71
严重妨碍	0.00	14.29

印度尼西亚劳动力市场规制政策对工业的消极影响大于服务业，这与工业的行业属性和特质息息相关。但这并不等于说上述劳动力市场的法律法规对服务业不存在妨碍，数据显示，近三成（25.00%）的受访服务业企业表示，印度尼西亚现行的劳动法规及制度对自身存在较大及严重影响。

员工素质对工业及服务业企业具有不同程度的妨碍，其中对工业企业造成的中等妨碍占比最大（52.17%），较大妨碍影响占比近两成（17.39%），但不存在没有妨碍和严重妨碍级别的影响。服务业企业因其经营方式多样、涵盖领域广泛的特性，因而受劳工素质的影响面较广。从无妨碍至严重妨碍五个级别均有涉及，其中受中等妨碍与较大程度妨碍影响的中资企业占比超过七成（75.00%），说明印度尼西亚劳动力素质与数量相比不相称，员工受教育程度和职业技能掌握程度有限（见图4-2）。

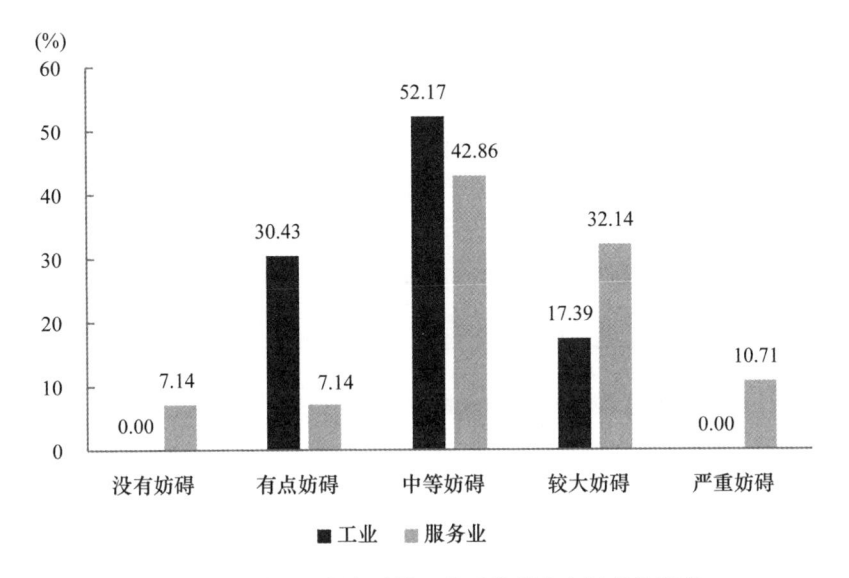

第四章　印度尼西亚营商环境和中国企业投资风险分析 / 79

图 4-2　不同行业类型员工素质妨碍生产经营的程度

专业技术人员的易得性对中企生产经营的影响大致呈现正态分布特征（见图 4-3）。这一统计分布特征与管理人员（见图 4-4）和技能人员（见图 4-5）的易得性对中资企业生产经营的影响程度相似。上述三类人员的招聘难度主要对企业的生产经营产生了中等及以上程度的妨碍影响。按行业划分看，专业技术人员对工业生产、制造的作用不言而喻，因此近七成（69.56%）受访的中资工业企业表示印度尼西亚专业技术人员招聘的难度对自身的生产经营产生了中等及以上的妨碍影响。同样，随着印度尼西亚电子商务、互联网金融、现代服务业的快速发展，对专业技术人员的需求快速增长。[①] 专业技术人员招聘难度对服务业领域的影响体现得较为明显，中等及以上的妨

---

① 现代服务业主要包括四大类：1. 基础服务（包括通信服务和信息服务）；2. 生产和市场服务（包括金融、物流、批发、电子商务、农业支撑服务以及中介和咨询等专业服务）；3. 个人消费服务（包括教育、医疗保健、住宿、餐饮、文化娱乐、旅游、房地产、商品零售等）；4. 公共服务（包括政府的公共管理服务、基础教育、公共卫生、医疗以及公益性信息服务等）。

碍影响比例在统计数据上超过八成，达到85.71%，其中超过一成（10.71%）的企业认为专业技术人员招聘的难易程度会严重影响自身的生产与经营活动。

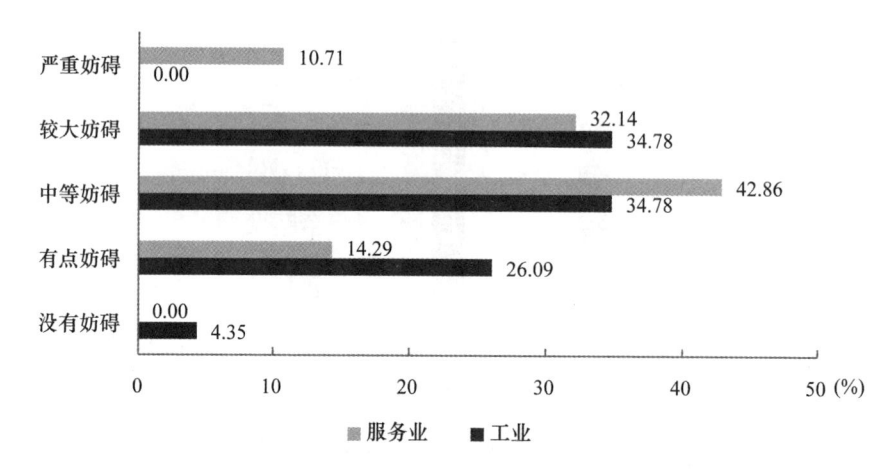

```
严重妨碍   服务业 10.71
           工业   0.00
较大妨碍   服务业 32.14
           工业   34.78
中等妨碍   服务业 42.86
           工业   34.78
有点妨碍   服务业 14.29
           工业   26.09
没有妨碍   服务业 0.00
           工业   4.35
```

图4-3　不同行业类型专业技术人员招聘难度妨碍生产经营的程度

如图4-4所示，管理人员的招聘可得性对工业与服务业类中资企业的影响呈现典型的正态分布特征，中等影响占据最大比重。对比图4-3，管理人员对工业的影响大于专业技术人员，诸如公路、铁路、电厂、桥梁、水电站、机场等基建类项目对项目管理人员的需求较大，故管理人员招聘难度与生产经营的难易程度成正比。管理人员可得性对服务企业的日常活动影响更大，尤其是现代服务业的快速发展对高素质、高智力的人力资源结构需求更大。[①] 近一半（42.85%）的受访服务业企业表示管理人员招聘难易会给自身生产经营带来较大以及严重的影响。激烈的市场竞争不仅依赖于企业的产品、技术创新，也依赖于企业的管理创新。科学管理、高效管理的实施与管理人员密不可分。

---

① 现代服务业具有"两新四高"的特征，即：新服务领域；新服务模式；高文化品位和高技术含量；高增值服务；高素质、高智力的人力资源结构；高感情体验、高精神享受的消费服务质量。

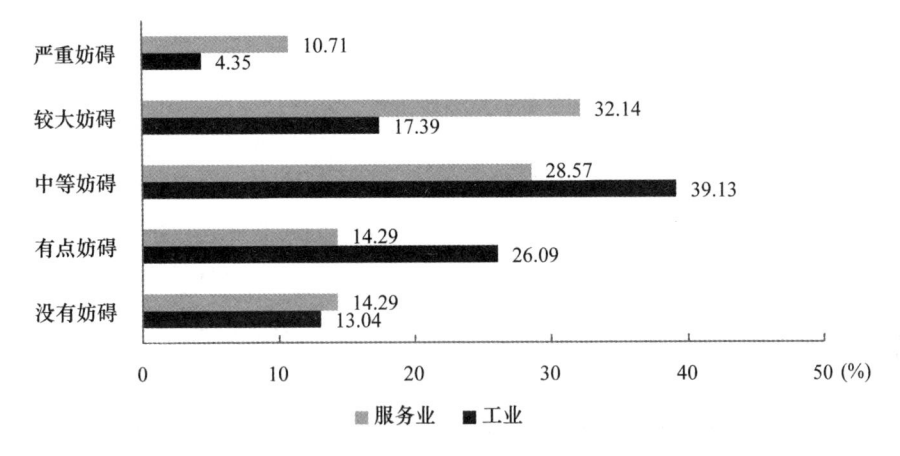

图 4-4 不同行业类型管理人员招聘难度妨碍生产经营的程度

妨碍程度	服务业	工业
严重妨碍	10.71	4.35
较大妨碍	32.14	17.39
中等妨碍	28.57	39.13
有点妨碍	14.29	26.09
没有妨碍	14.29	13.04

技能人员可得性对在印度尼西亚开展生产经营的中资工业及服务企业带来了较大的负面影响。如图 4-5 所示，技能人员招聘的难度对服务业企业的总体影响程度大于工业企业。超过八成（82.15%）的工业企业认为技能人员招聘的难度会对企业生产经营带来中等及以上的妨碍，其中 14.29% 的工业企业表示存在严重妨碍。

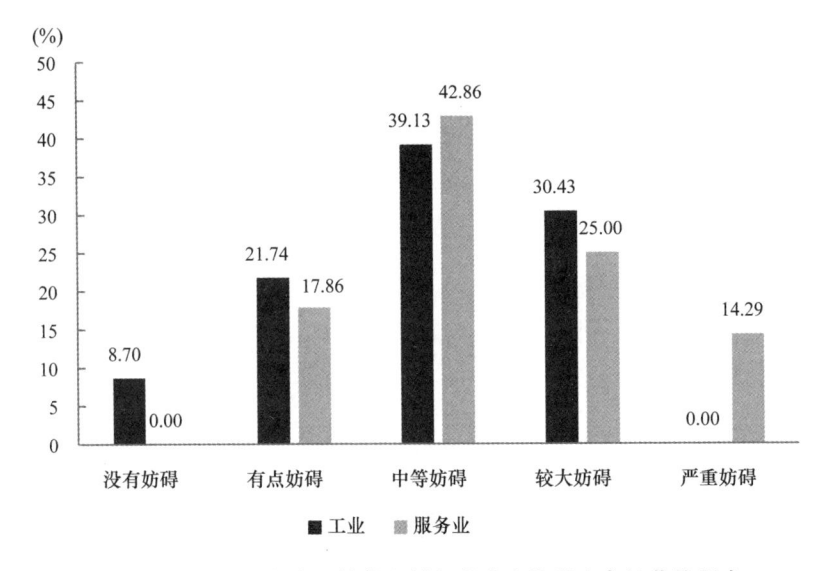

图 4-5 不同行业类型技能人员招聘难度妨碍生产经营的程度

妨碍程度	工业	服务业
没有妨碍	8.70	0.00
有点妨碍	21.74	17.86
中等妨碍	39.13	42.86
较大妨碍	30.43	25.00
严重妨碍	0.00	14.29

三 企业所在区位与影响生产经营的因素及程度

基于上文所述,印度尼西亚劳动力市场规制政策、员工素质、专业技术人员可得性、管理人员的可得性以及技能人员的可得性对工业及服务业类中企带来不同程度的影响,从侧面反映出印度尼西亚劳动力素质水平和受教育程度亟待提升的现实情况。本节引入区位因素以进一步分析上述问题对中企日常的生产经营带来的影响。

印度尼西亚劳动法律法规对非经开区的中资企业影响远小于经开区内的中企(见图4-6),说明经济开发区这一特定区位因素对企业的用工有着相应的规范与约束。超过四成(41.46%)的非经开区的中企认为印度尼西亚劳动法规及政策对自身的生产经营仅有点影响,这一比例与经开区内企业形成了对比。位于经开区内的中企因更加严格和规范的用工规定而承受更大程度的影响。其中,位于中印尼合作园区内的中资企业(100.00%)表示该规制政策对自身生产经营存在较大的妨碍,但仅有一半(50.00%)位于印度尼西亚经开区的中企持有相同的观点。近四成(37.50%)位于印度尼西亚经开区的企业认为上述规制政策有点妨碍自身生产经营活动。但有近一成(9.76%)的不在经开区中企受访对象表示严重妨碍了企业运营。

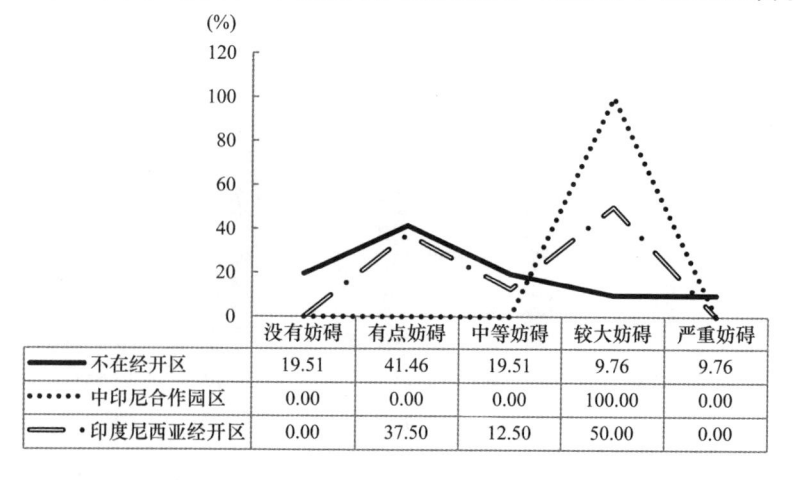

	没有妨碍	有点妨碍	中等妨碍	较大妨碍	严重妨碍
不在经开区	19.51	41.46	19.51	9.76	9.76
中印尼合作园区	0.00	0.00	0.00	100.00	0.00
印度尼西亚经开区	0.00	37.50	12.50	50.00	0.00

图4-6 所在区位与劳动力市场规制政策妨碍生产经营的程度

中印尼合作园区内企业（100.00%）反映生产经营较大程度受员工素质的影响（见图4-7），相同程度下，印度尼西亚经开区内的中企仅占25.00%的比例。一半（50.00%）受访的印度尼西亚经开区中资企业感到员工素质对日常营运存在中等程度妨碍，12.50%的企业认为这一因素会对自身生产经营产生严重影响。非经开区的中资企业受影响程度集中在中等和较大层面，两个层面的企业共占比超过七成（73.17%）。综合来看，员工素质对于经开区与非经开区中企的营运都存在中等及以上强度影响。

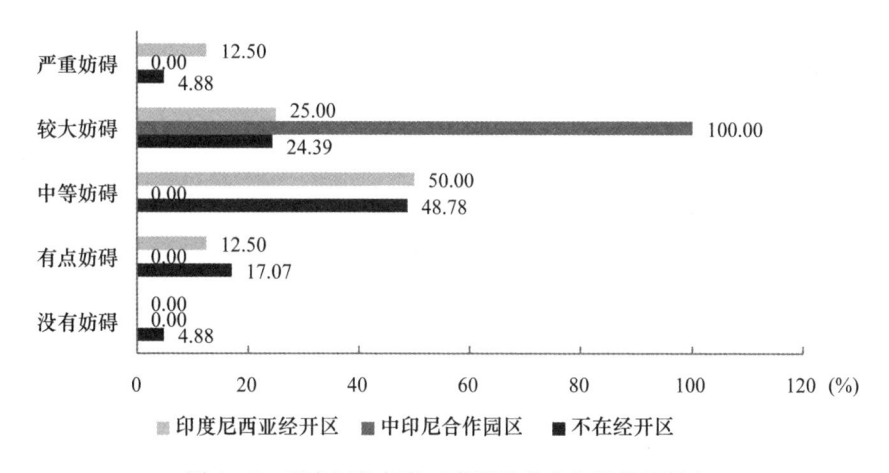

妨碍程度	印度尼西亚经开区	中印尼合作园区	不在经开区
严重妨碍	12.50	0.00	4.88
较大妨碍	25.00	100.00	24.39
中等妨碍	50.00	0.00	48.78
有点妨碍	12.50	0.00	17.07
没有妨碍	0.00	0.00	4.88

图4-7 所在区位与员工素质妨碍生产经营的程度

从印度尼西亚中企的区位所在与各类雇员招聘难度对生产经营的影响关系看（见图4-8、图4-9、图4-10），位于中印尼合作园区内的中资企业表现出异于另外两种类型企业的统计特征。首先，专业技术人员对中印尼合作园区内企业具有较大的影响，并表现为其招聘难度在较大程度上妨碍了企业的生产经营。但是管理人员招聘难度对其日常生产活动没有影响（见图4-9），反映出中印尼合作园区内的企业具备较为完善的人力资源结构，企业管理人员较完备。另外，技能人员的易得性对其自身运营具有影响，但幅度较小。

对于印度尼西亚经开区内的中资企业，管理人员（见图4-9）

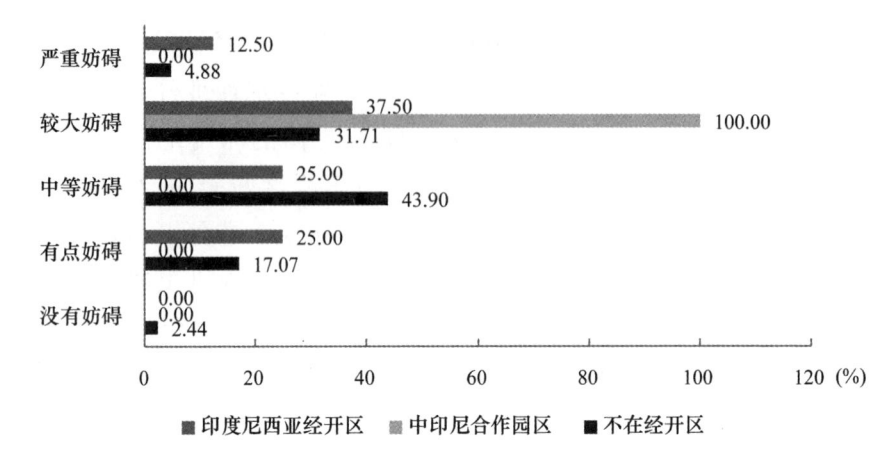

图 4-8 所在区位与专业技术人员招聘难度妨碍生产经营的程度

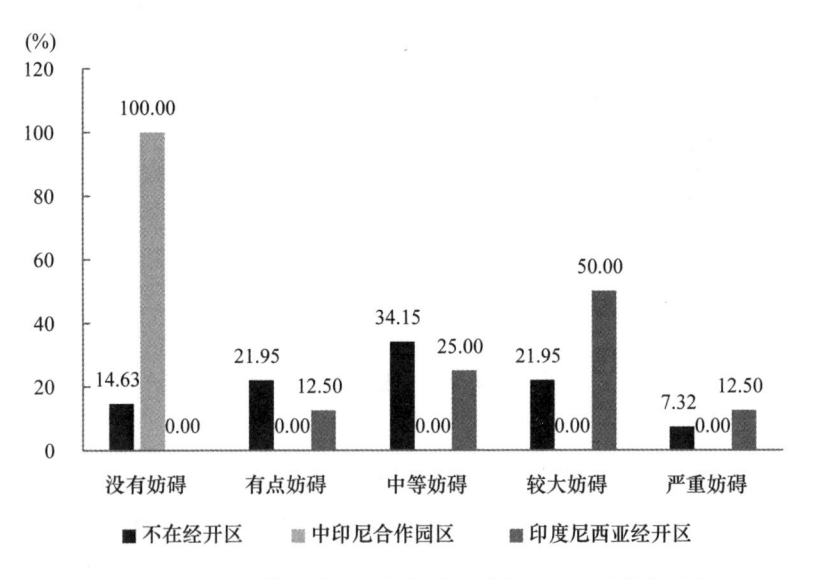

图 4-9 所在区位与管理人员招聘难度妨碍生产经营的程度

与技能人员（见图4-10）的招聘难度对其日常营运具有较大影响，从统计数据上看，持有此观点的受访企业占一半（50.00%）。此外，对于上述两类人员，认为"严重妨碍"的企业占有相同的比例（12.50%）。但是，专业技术人员对印度尼西亚经开区中企的整体影响较管理和技能人员而言稍小一些。

上述三类人员招聘难度对非经开区中资企业的影响呈正态分布特征。以"中等妨碍"为中心分别向坐标轴两端递减。统计数据表明，非经开区内的中企所受的用工规制及政策的约束相对较小，企业拥有更多的招聘渠道，因而专业技术人员、管理人员及技能人员招聘难度妨碍生产经营的程度整体低于经开区内的企业。但是，仍有一定比例的企业认为三类人员的招聘难易与否在较大程度上影响企业的运行。

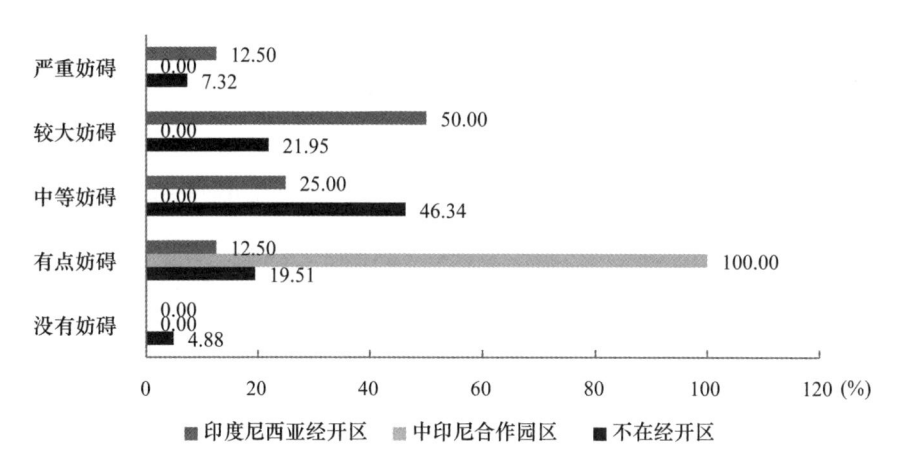

严重妨碍　12.50　0.00　7.32
较大妨碍　50.00　0.00　21.95
中等妨碍　25.00　0.00　46.34
有点妨碍　12.50　100.00　19.51
没有妨碍　0.00　0.00　4.88

图4-10　所在区位与技能人员招聘难度妨碍生产经营的程度
（■印度尼西亚经开区　■中印尼合作园区　■不在经开区）

四　工会影响生产经营因素及其程度

工会组织的存在对于中资企业而言是一把"双刃剑"，尤其考虑到印度尼西亚复杂的宗教、文化习俗及社情因素。调研过程中课题组能够感知到中企对待工会普遍持有保守及谨慎的态度，如非必要则不设立企业工会，甚至部分企业负责人明确表示不会或不允许成立工会组织。工会亦是印度尼西亚劳动力市场法规政策发生作用的载体之一，拥有工会的中资企业因此会受到不同程度的影响（见图4-11）。在有自身工会的受访企业中，近七成（66.66%）的企业表示劳动力市场规制政策对自身生产经营具有中等及以上程度的影响。与之相对的是，无工会的企业受此影响程度较低，近一半（43.90%）的受访对象表示上述规制政策对自身营运存在微小影响。

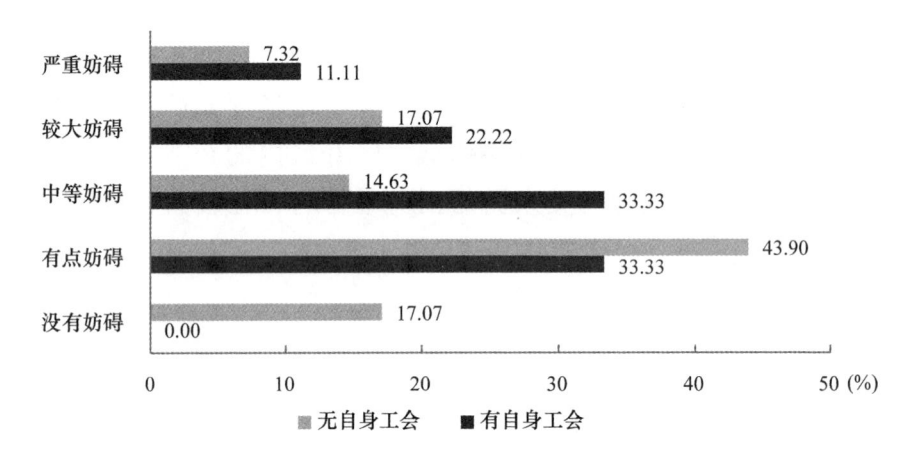

```
严重妨碍    7.32
           11.11
较大妨碍   17.07
           22.22
中等妨碍   14.63
           33.33
有点妨碍   43.90
           33.33
没有妨碍   0.00
           17.07
```

图 4-11　企业有无自身工会与劳动力市场规制政策妨碍生产经营的程度

如图 4-12 所示，统计数据表明，企业拥有工会与员工素质妨碍生产经营的程度具有一定的关联。近一半（44.44%）有自身工会的受访中企表示员工素质对在印度尼西亚的运营产生中等程度的妨碍，另外超过三成（33.33%）的企业表示员工素质对生产经营起到较大消极影响。无自身工会的中企员工素质影响企业运行的程度统计分布较为广泛，基本呈现正态分布。中等影响的占比接近一半（46.34%），所占比重最大，其次为较大程度的妨碍（24.39%）。严重妨碍与无妨碍所占比重较小。从实际调研情况来看，包括国有企业在内的拥有自身工会组织的中资企业在规模上、实力上都具有较大的优势，对雇员的素质要求相对较高，因此员工素质对自身的生产经营活动影响较大。

从印度尼西亚中资企业是否拥有自身工会与专业技术人员、管理人员、技能人员的招聘难度对生产经营的影响关系看（见图 4-13、图 4-14、图 4-15），拥有自身工会的企业自身规模较大、实力较强、经营理念较先进，因此对高素质劳工的需求较大，尤其是对各类技术、管理专业人才的要求较高，此举使得企业易受上述人员招聘难

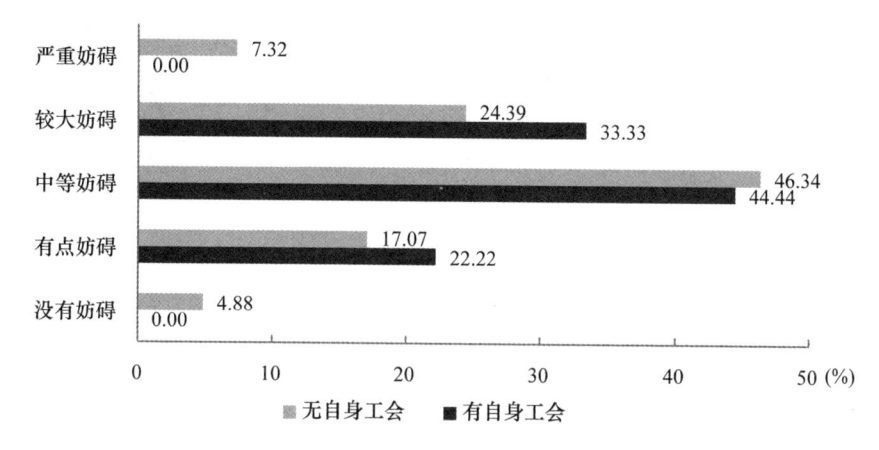

图 4-12　企业有无自身工会与员工素质妨碍生产经营的程度

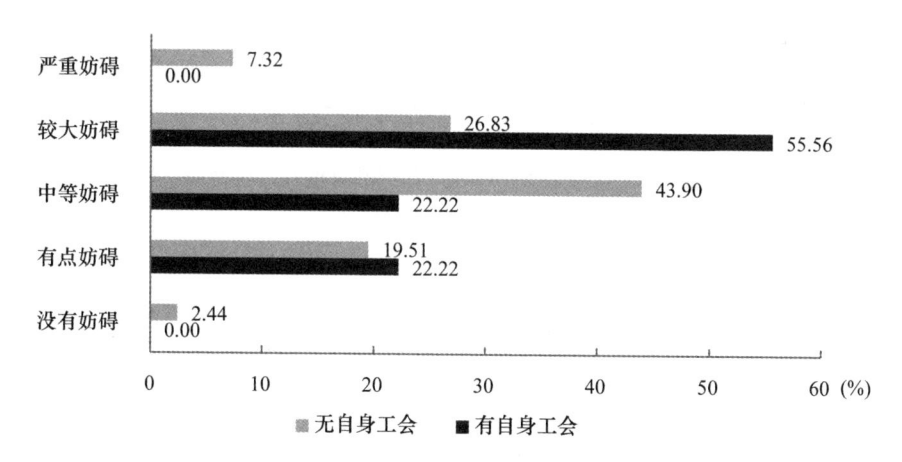

图 4-13　企业有无自身工会与专业技术人员招聘难度妨碍生产经营的程度

度的影响。统计数据显示，拥有自身工会的企业普遍受此影响较大，且影响程度集中在中等和较大两个层级。其中，从"较大妨碍"层面的影响看，专业技术人员招聘的难度对拥有自身工会企业的运营影响程度最大（55.56%），技能人员（44.44%）紧随其后，最后是管理人员（33.33%）。一定程度上说明，设立工会的中资企业具有较为完善的管理人员结构和梯度，使得企业生产与经营较小受制于招聘。课题组在调研的过程中注意到存在的另一种情形，即中资企业的管理人员以中国雇员为主，可从国内招聘，此类岗位较少依赖印度尼西亚劳动力市场。上述三类人员对工会企业的影响程度彼此存在差异，但整体来看，技术类、管理类人才对较大规模的中资企业的运营起到重要作用。

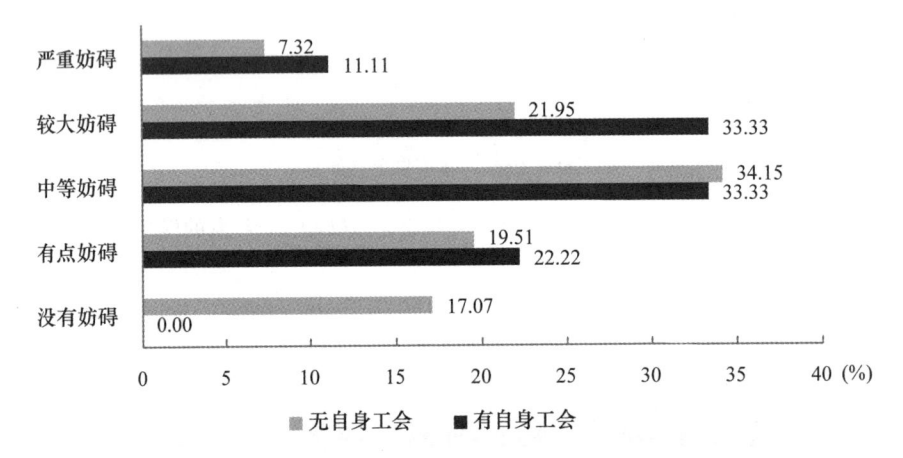

图4-14　企业有无自身工会与管理人员招聘难度妨碍生产经营的程度

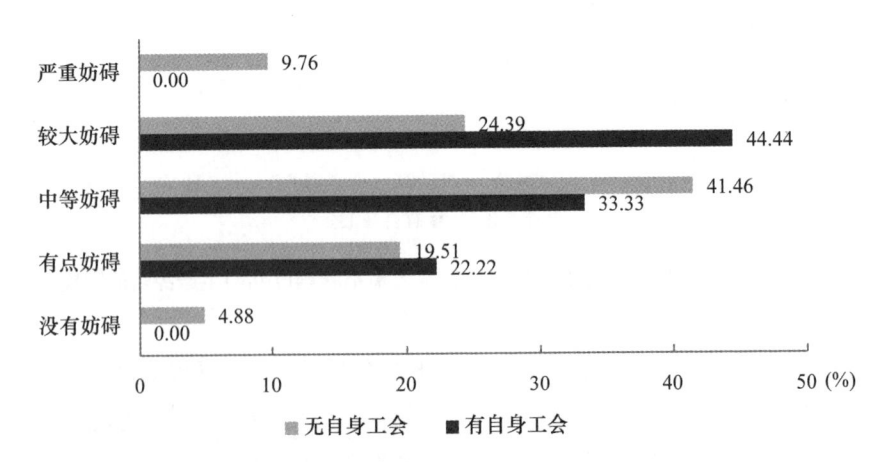

程度	无自身工会	有自身工会
严重妨碍	7.32	11.11
较大妨碍	21.95	33.33
中等妨碍	34.15	33.33
有点妨碍	19.51	22.22
没有妨碍	17.07	0.00

图4-15　企业有无自身工会与技能人员招聘难度妨碍生产经营的程度

程度	无自身工会	有自身工会
严重妨碍	9.76	0.00
较大妨碍	24.39	44.44
中等妨碍	41.46	33.33
有点妨碍	19.51	22.22
没有妨碍	4.88	0.00

无自身工会的中企自身生产经营在多个程度上受到上述三类技

及管理人员招聘难易的影响（见图4-13、图4-14、图4-15）。具体表现为，受访的企业集中认为专业技术人员（43.90%）、管理人员（34.15%）和技能人员（41.46%）招聘的难度对自身运营活动产生了中等妨碍。在无工会中资企业中中等程度的影响所占比重最大，其次是较大程度妨碍影响。持有轻微妨碍观点的受访企业也占一定比例。

如图4-14所示，近两成（17.07%）受访的无工会企业认为管理人员招聘的可得性对自身生产经营活动不存在影响。究其原因，很大程度上是企业管理人员大部分来自中国国内。

五 女性高管影响生产经营因素及其程度

高管是企业管理层重要的组成部分，其行为在很大程度上决定企业的决策并影响绩效。当前，企业管理中"她力量"崛起，越来越多的女性突破"玻璃天花板"现象进入高管团队，参与企业的生产经营决策与战略部署，甚至在关键时刻发挥"扶大厦之将倾"的作用。既有的实证研究表明，女性高管参与比例提升有助于企业提出创新战略，提高企业创新投入，尤其在非国有企业，女性高管比例的增加更有利于企业创新。[1]进一步研究显示，年长的女性高管对风险比较敏感，倾向于稳健；年轻的女性高管敢于承担风险，更加愿意创新；高学历与任期长的女性高管更有利于企业绩效增长。[2]

根据内部控制理论，高管的特质通过影响内控体系中其他要素功能的发挥进而内控质量。女性相较于男性更厌恶风险，使得女性高管在管理过程中倾向于谨慎；同时女性对道德水平的要求更高，会更多

---

[1] 刘婷、杨琦芳：《"她力量"崛起：女性高管参与对企业创新战略的影响》，《经济理论与经济管理》2019年第8期。

[2] 史玉凤、李阿莉：《女性高管异质性与企业绩效之间的相关性研究——基于上市公司中小民营企业的经验数据》，《当代经济》2019年第6期。

地考虑公众利益，更加关注企业行为的合法与合规性。① 上述观点在图 4-16 中得到佐证，调研数据表明八成（80.00%）有女性高管的中企不同程度上受到印度尼西亚劳动力市场规制政策的影响，其中近三成（30.00%）受访对象表示，印度尼西亚劳动力市场规制政策对自身生产经营产生较大及严重妨碍。无女性高管的中资企业受上述规制政策的影响较小且程度微弱（47.62%）。

严重妨碍　4.76 / 10.00
较大妨碍　14.29 / 20.00
中等妨碍　23.81 / 13.33
有点妨碍　47.62 / 36.67
没有妨碍　9.52 / 20.00

■ 无女性高管　■ 有女性高管

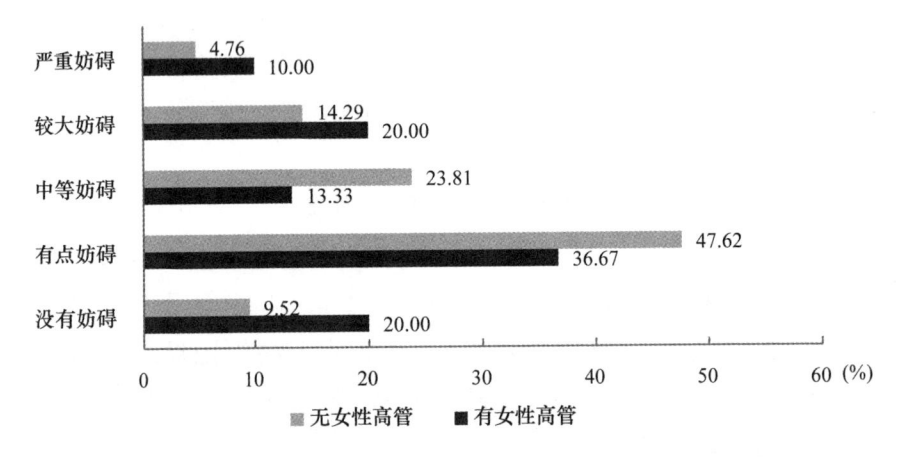

图 4-16　有无女性高管与劳动力市场规制政策妨碍生产经营的程度

员工素质对拥有女性高管的中企的日常运行产生影响。超过八成（83.34%）的受访企业表示员工素质对自身生产经营活动具有中等及以上程度的妨碍。其中，近三成（26.67%）为较大程度的影响。女性领导风格理论认为，女性领导者更加注重协调、沟通、集体成功及良好的人际关系。② 上述管理的实现都需要通过"人"发挥作用，员工素质的高低直接影响企业管理目标实现与否。在该议题上，无女性高管的中企受劳动力素质影响集中为中等级别（42.86%），统计

---

① 彭忆、胡涵哲：《女性高管对企业内部控制与盈余管理的影响文献综述》，《市场研究》2019 年第 10 期。

② Sally Helgesen, *The Female Advantage: Women's Ways of Leadership*, Doubleday Currency, New York, 1990.

数据呈现出正态分布特征。整体来看，员工素质更多影响到有女性高管的印度尼西亚中资企业（见图4-17）。

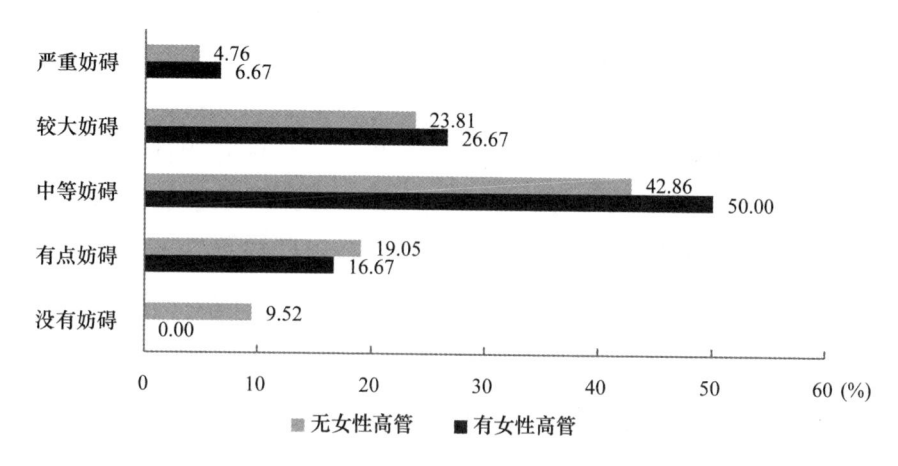

图4-17　有无女性高管与员工素质妨碍生产经营的程度

高管作为公司的主要决策者，对公司的战略与经营绩效具有显著影响，而高管的决策行为又深受其个人经历、价值观、性格特征等因素的影响。[①] 因此，女性高管具有的更强社会责任感和保守、风险规避等性格特征将影响企业的决策及经营绩效。从女性高管与公司劳动投资效率视角看，实证研究表明，在涉及劳动投资决策时，女性高管的保守特质对投资效率的消极影响大于其伦理观和性格特征对投资效率的积极影响，使企业在作出劳动投资决策时过度谨慎，最终削弱了劳动投资效率。[②]

上述结论可通过印度尼西亚中资企业人力资源招聘事项得到相应的验证（见图4-18、图4-19及图4-20）。综合来看，专业技术人

[①] Hambrick, D. C. & Mason, P. A., "Upper Echelons: The Organization As a Reflection of Its Top Managers", *Academy of Management Review*, Vol. 9, No. 2, 1984, pp. 193–206.

[②] 秦璇、陈煜、方军雄：《女性高管与公司劳动投资效率》，《金融学季刊》2020年第1期。

员、管理人员以及技能人员招聘的难度对女性高管所在的企业的生产经营构成的影响普遍大于无女性高管的中企。统计数据表现为，专业技术人员和技能人员的可得性直接影响女性高管所属企业的运营，且中等及以上程度的影响均超过八成。这一统计特征与无女性高管的中资企业形成了鲜明对比。依据高阶理论，当中企的女性高管面对印度尼西亚人力资源招聘市场的复杂性与未知性，其保守的性格特征更可能选择规避风险的立场或者犹豫不决，影响企业劳动投资决策因时因势作出及时且正确的调整，进而影响企业的生产经营。

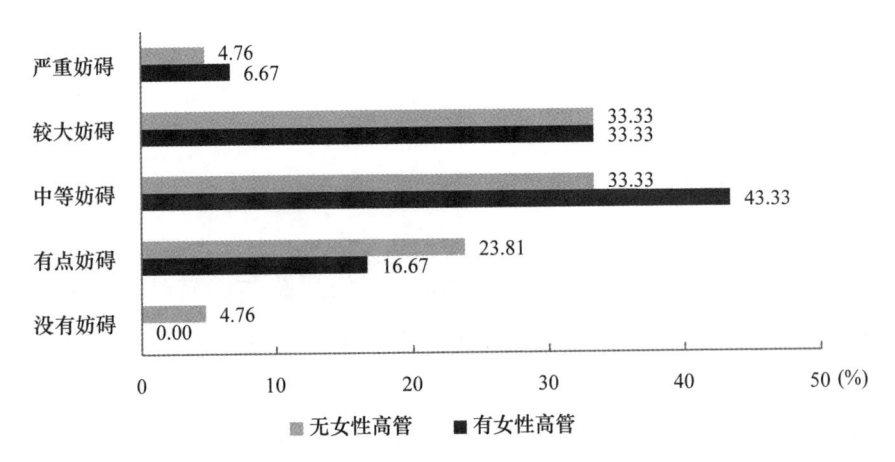

妨碍程度	无女性高管	有女性高管
严重妨碍	4.76	6.67
较大妨碍	33.33	33.33
中等妨碍	33.33	43.33
有点妨碍	23.81	16.67
没有妨碍	4.76	0.00

图 4-18　有无女性高管与专业技术人员招聘难度妨碍生产经营的程度

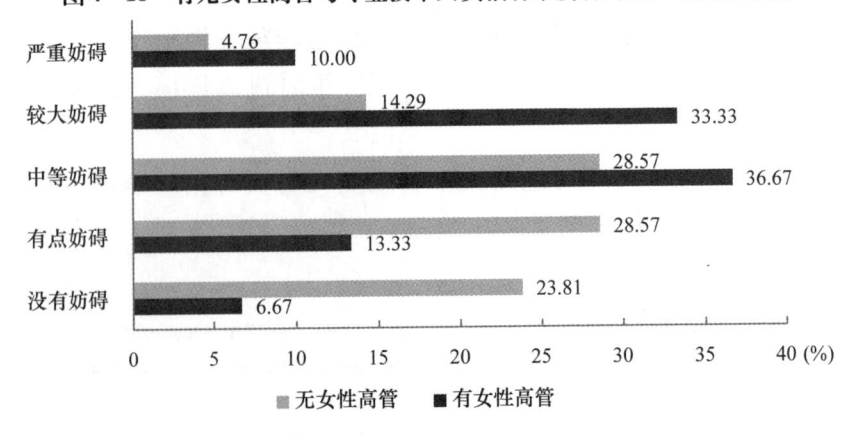

妨碍程度	无女性高管	有女性高管
严重妨碍	4.76	10.00
较大妨碍	14.29	33.33
中等妨碍	28.57	36.67
有点妨碍	28.57	13.33
没有妨碍	23.81	6.67

图 4-19　有无女性高管与管理人员招聘难度妨碍生产经营的程度

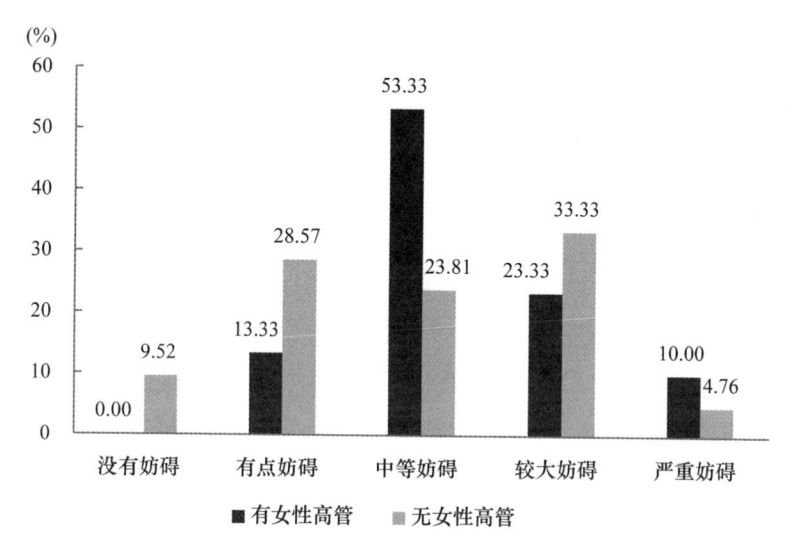

第四章　印度尼西亚营商环境和中国企业投资风险分析 / 93

图 4-20　有无女性高管与技能人员招聘难度妨碍生产经营的程度

第三节　中资企业对印度尼西亚公共服务治理的评价

基于上文第一、二节对印度尼西亚基础设施供给与公共服务供给的分析，本节结合统计数据系统说明中资企业在印度尼西亚开展投资、运营过程中对本地税务、工商、政治稳定性、政府清廉性等公共服务治理的感受及评价。同时，按照工业与服务业两种行业属性进一步分析印度尼西亚公共服务质量及其对中资企业营运的影响。

一　企业所在区位与对当地公共服务治理的评价

在税收收入结构上，印度尼西亚以直接税为主，但间接税也是其重要的税收收入来源。印度尼西亚实行中央与地方两级课税制度，但税收立法权与征收权主要集中在中央。印度尼西亚开征生产型增值税、企业所得税与个人所得税并实行综合所得税制和超额累进税率，对中小企业有所照顾。税率直接影响企业的利润率，一国税率的高低也是影响外资企业进驻与否、运营周期长短及经营管理质量好坏的关键因素。

近年来印度尼西亚税制改革不断推进，逐步降低公司所得税率，企业最高边际税率由之前的45%降至35%。目前，印度尼西亚实行内外资统一的企业所得税制，税率为25%，高于东盟成员中的文莱（18.5%）、新加坡（17%）、越南（20%）、泰国（20%）和柬埔寨（20%）的企业所得税率。调研数据显示（见图4-21），印度尼西亚现行税率对中资企业产生不同程度的影响。结合企业区位分析，位于印度尼西亚经开区内的中企所受税率的影响较小，近四成（37.50%）的企业表示不受影响，这与印度尼西亚政府给予经开区的优惠政策有关。位于中印尼合作园区的受访企业认为税率对自身生产经营影响不大。超过七成（73.17%）的非经开区企业表示自身营运受到了印度尼西亚税率的影响，其中两成以上（21.95%）为较大和严重妨碍影响。

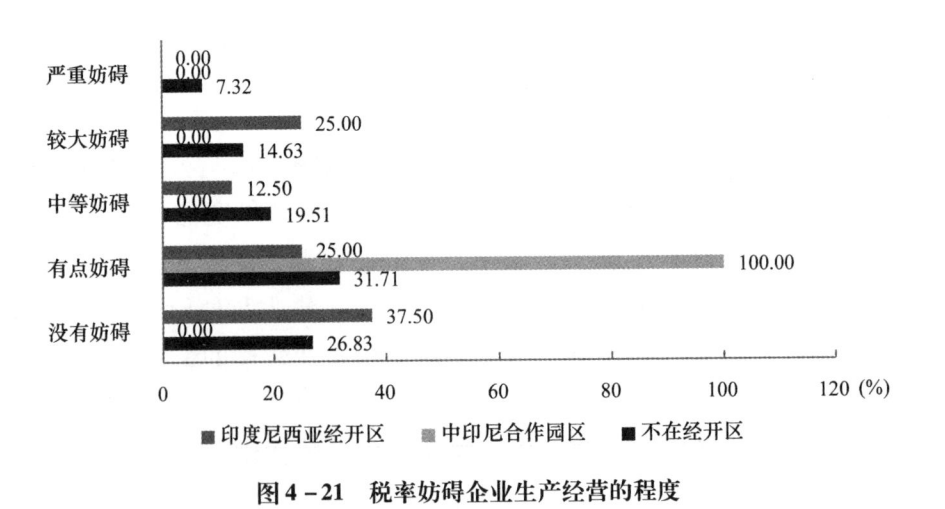

妨碍程度	印度尼西亚经开区	中印尼合作园区	不在经开区
严重妨碍	0.00	0.00	7.32
较大妨碍	25.00	0.00	14.63
中等妨碍	12.50	0.00	19.51
有点妨碍	25.00	100.00	31.71
没有妨碍	37.50	0.00	26.83

图4-21 税率妨碍企业生产经营的程度

世界银行《2020年营商环境报告》显示，印度尼西亚在纳税（Paying taxes）事项上得分为75.8分（满分为100分），在190个经济体中排名81位。具体指标为：每年纳税次数26次；每年纳税时长

191小时；总税金和纳税率占利润的30.1%；事后备案指数得分68.8分（满分为100分）。① 印度尼西亚在全球190个经济体的税务法规及其执行方面排名居中。图4-22显示，印度尼西亚税务机构的税收征收对非经开区的中资企业影响最大，近八成（78.05%）受访企业表示受此影响。中印尼合作园区内的企业受税收征收的影响较微弱。总体上，印度尼西亚经开区内的中企因享受"特定区域投资享受10年以下亏损结转和加速折旧优惠"等税收优惠待遇受其影响一般。

中国与印度尼西亚已于2001年11月7日签订避免双重征税和防止偷税漏税的协定，明确了双方对于居民及常设机构的定义，分税种论述两国避免重复征税的事项，并对信息交换和协商程序的细则作了说明。协定于2003年8月25日生效，并于2004年1月1日开始执行。但是，印度尼西亚政府在简化税制、拓宽税基、降低税负、强化征管、优化本国税制上仍有一段路要走。如何实现税收征管法制化、税务服务优质化、税收监控现代化、税务稽查审计化是摆在印度尼西亚中央及地方政府面前现实的问题。

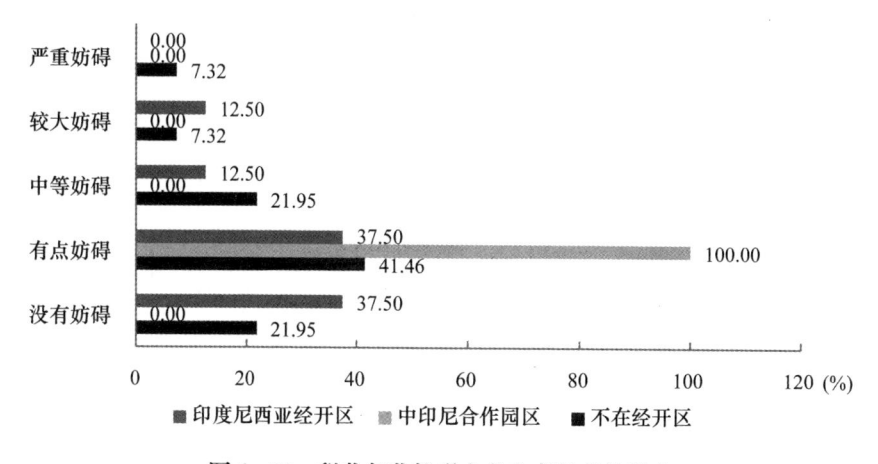

妨碍程度	印度尼西亚经开区	中印尼合作园区	不在经开区
严重妨碍	0.00	0.00	7.32
较大妨碍	0.00	12.50	7.32
中等妨碍	0.00	12.50	21.95
有点妨碍	37.50	100.00	41.46
没有妨碍	0.00	37.50	21.95

图4-22 税收征收妨碍企业生产经营的程度

---

① 参见 World Bank Group：Doing Business 2020 – Economy Profile of Indonesia，[2020 – 05 – 30]. https://www.doingbusiness.org/en/data/exploreeconomies/indonesia。

根据世界银行《2020 年营商环境报告》中对雅加达的案例分析，在雅加达申请"单一营业编号"耗费时间为 1 天。① 申请公司住所证明耗费 2 天时间，同一事项在泗水需花费 4 天时间。此外，外资开办企业还需要申请纳税人注册号及增值税征收号、申请工人社会保障计划和医疗保险计划、向人力部申请注册并提交劳动报告、向法律和人权部申请批准营业契据、向法律和人权部申请公司名称许可等事项。印度尼西亚工商许可在很大程度上妨碍了中资企业的生产经营（见图 4-23），分别有近三成的印度尼西亚经开区企业和非经开区企业表示工商许可产生了较大妨碍。中印尼合作园区内企业认为产生了中等妨碍。

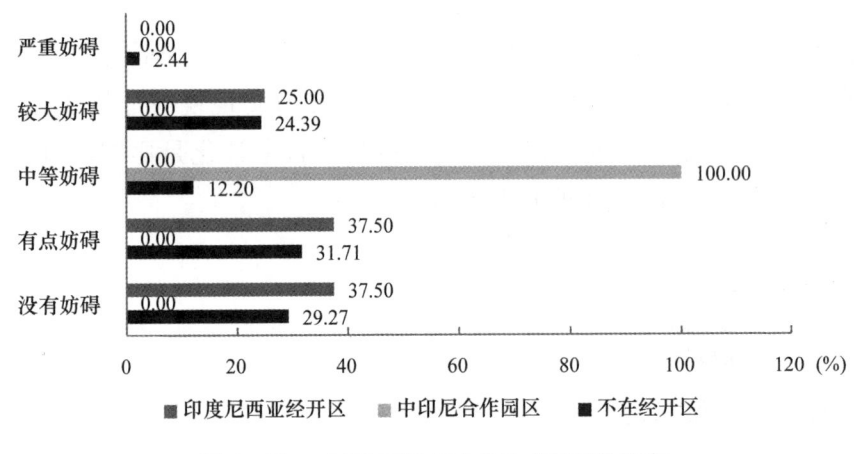

妨碍程度	印度尼西亚经开区	中印尼合作园区	不在经开区
严重妨碍	0.00	0.00	2.44
较大妨碍	25.00	0.00	24.39
中等妨碍	0.00	100.00	12.20
有点妨碍	37.50	0.00	31.71
没有妨碍	37.50	0.00	29.27

图 4-23　工商许可妨碍企业生产经营的程度

印度尼西亚总统佐科擅用"爪哇智慧"，牵制对手力量，调和各派利益冲突，避免了政治矛盾向社会动荡传导。印度尼西亚军方及警

---

① 2018 年 7 月，印度尼西亚政府将永久商业交易许可证（Surat Izin Usaha Perdagangan，SIUP）与公司注册证书（Tanda Daftar Perusahaan，TDP）合并为单一证书，即单一营业编号（NIB）。2018 年 7 月 9 日，印度尼西亚在线单次提交门户（Online Single Submission，OSS）网站投入运营，在印度尼西亚的外资企业可通过网上申请新的电子综合业务许可服务。

察的职业化改革较为彻底，在大选及重大政治事件中严守中立。这些在很大程度上保证了印度尼西亚政治的稳定性。当然印度尼西亚政治环境时有波动，对中资企业的生产经营造成了不同程度的影响（见图4-24），其中中印尼合作园区的企业认为造成较大妨碍的比例最高。此外，政局波动对非经开区中企的生产经营妨碍大于印度尼西亚经开区内的中资企业。印度尼西亚经济开发区一般由政府设定，一般具有代表性和示范性，带有政治与官方色彩，或可在一定程度上减少不稳定因素干扰。

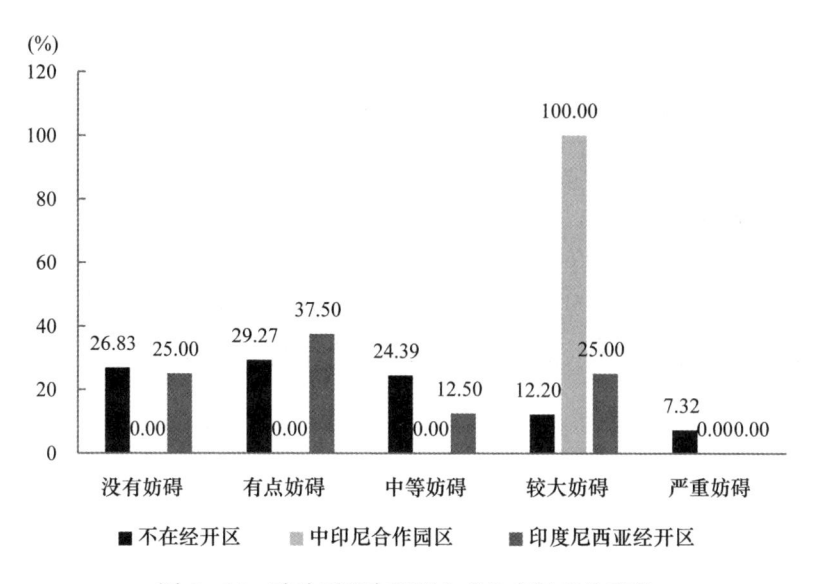

图4-24 政治不稳定妨碍企业生产经营的程度

从调研统计数据上看（见图4-25），中印尼合作园区的企业表示不受腐败的影响，可能与其特别的区位背景有关。中印尼合作园区是两国经贸合作的典范，企业在生产经营过程中遇到索贿等行为的概率低于其他区位的中资企业。超两成（25.00%）的印度尼西亚经开区中企受较大程度腐败的影响。近四成（39.02%）的非经开区中资企业表示印度尼西亚的腐败问题对自身的生产经营有点影响。

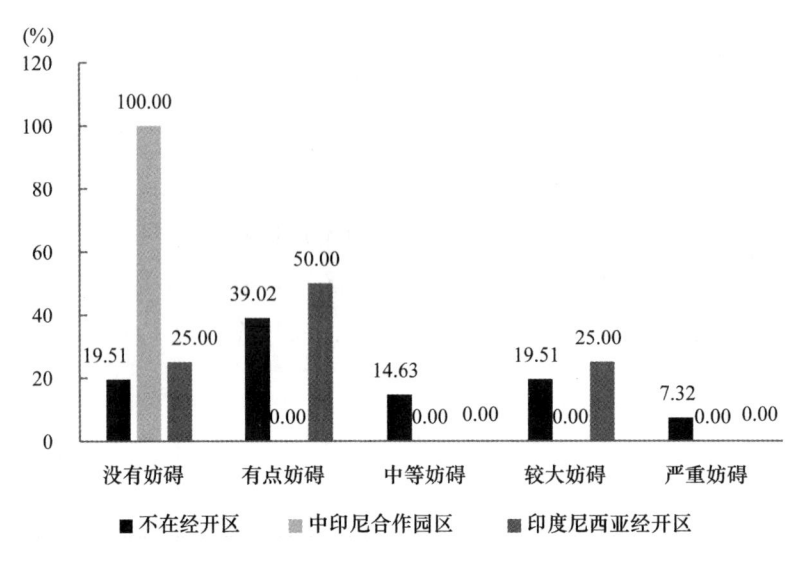

图 4-25 腐败妨碍企业生产经营的程度

印度尼西亚土地许可对不同区位下的中资企业生产经营产生了不同程度的妨碍影响（见图 4-26），中印尼合作园区内的企业认为受此影响较大，但超过六成（62.50%）的印度尼西亚经开区企业表示

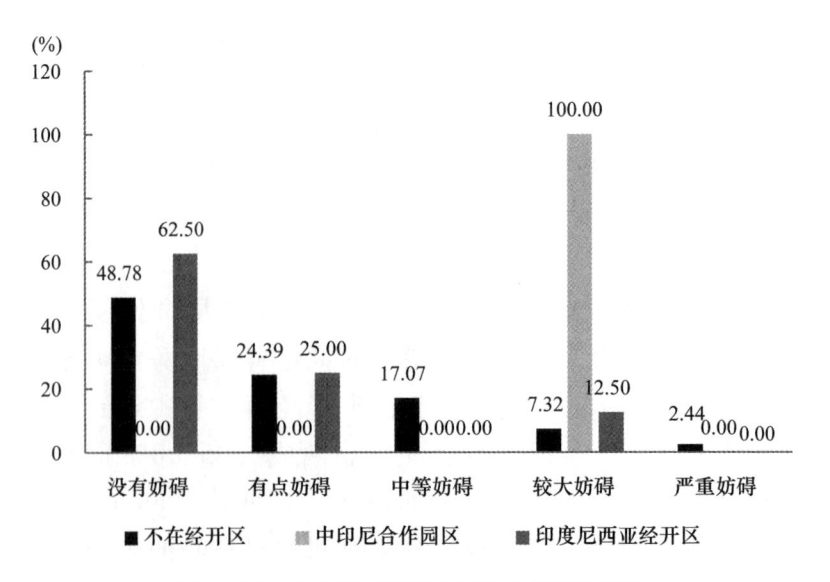

图 4-26 土地许可妨碍公司生产经营的程度

土地许可并不妨碍自身营运，近一半（48.78%）的非经开区中企持有相同观点，土地许可不影响企业的生产经营活动。究其原因，中印尼合作园区自身建设就需要涉及土地许可事宜，园区内企业的生产经营活动也相应地受此影响。印度尼西亚经开区内的企业不需要或较少涉及土地许可申请的事项，故受其影响较小。

以外资企业在雅加达办理建筑许可为例，依据世界银行的营商环境考核体系，雅加达办理建筑许可的程序得分不及格，只达到48分，耗时得分52.4分，成本得分76分。雅加达在建筑许可事项中总得分仅为67.4分（满分为100分），而其邻国马来西亚在同一事项上的得分高达89.9分。[①]

印度尼西亚政府管制与审批较复杂，申请程序较为烦琐，耗时较长，各项成本偏高。在印度尼西亚"一亩三分地"上建设中印尼合作园区受政府的各项管制较多，所受影响也较大（见图4-27）。与

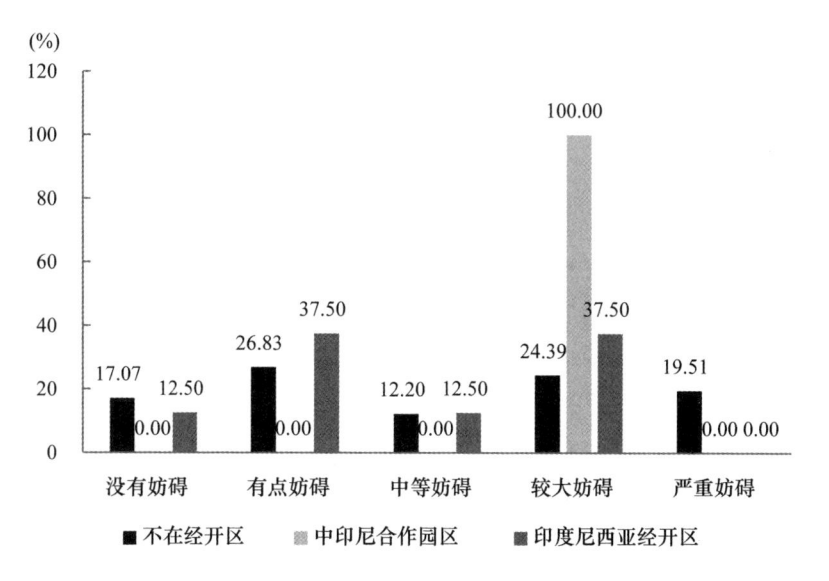

图4-27 政府管制与审批妨碍公司生产经营的程度

---

① 参见 World Bank Group：Doing Business 2020 – Economy Profile of Indonesia，[2020 – 05 – 30]．https：//www.doingbusiness.org/en/data/exploreeconomies/indonesia。

此同时，近两成（19.51%）的非经开区中资企业表示生产经营受到了政府管制与审批严重妨碍。面对印度尼西亚政府的管制与审批工作，也有一半（50.00%）印度尼西亚经开区内的中企认为自身运营受到了中等及较大程度的消极影响。

二 企业所属行业与对当地公共服务治理的评价

政府公共治理效果的好坏与营商环境质量的高低密切相关。在营商环境建设的过程中，政府的责任具有历史、理论与实践三重内在逻辑，即政府建设责任的逐步明晰、营商环境建构及治理结果的公共产品属性和营商环境建设的顶层设计到地方政策落实。[①]

市场经济背景下，不同的行业具有不同的属性与特质，对行业发展的环境要求也不尽相同。即使是相同的市场环境下，不同行业领域内的企业的生产经营活动也各有差异。从中资企业所属行业类型视角进一步分析印度尼西亚公共服务治理的情况，有助于深度了解当下印度尼西亚营商环境的质量水平。

首先，印度尼西亚现行的税率对工业企业的生产经营造成的波动大于服务业（见图 4-28）。超过三成（30.43%）的工业企业表示不受其影响，但也有近四成（39.13%）的同行认为现行税率对自身产生了轻微妨碍，近两成（17.39%）企业感受到来自税率的较大妨碍。相比工业领域，75.00%的服务业企业表示收到了不同程度的妨碍，其中超过一成（10.71%）企业表示遭受了严重妨碍。

其次，如图 4-29 所示，印度尼西亚税务机关的征收行为对服务业领域的妨碍程度大于工业领域。超过两成（21.42%）的服务业企业表示生产经营受此影响较大及严重。而同等条件下，工业领域仅有 4.35% 的受访企业表示受到了较大妨碍。工业领域内，接近半数（43.48%）的企业认为生产经营活动受税收征收行为轻微的

---

① 郭燕芬、柏维春：《营商环境建设中的政府责任：历史逻辑、理论逻辑与实践逻辑》，《重庆社会科学》2019 年第 2 期。

影响。但也有超过三成（30.43%）的同行表示不受其妨碍。

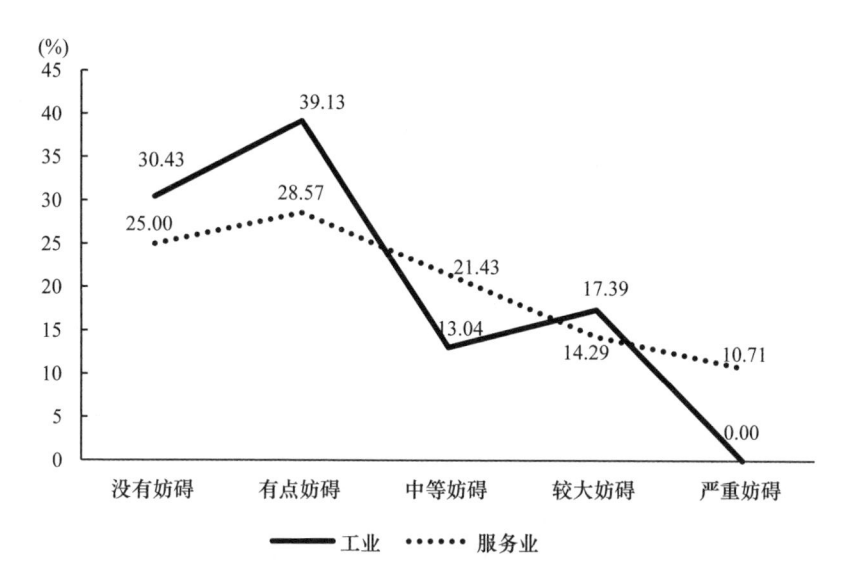

图 4-28　按行业划分的税率妨碍企业生产经营的程度

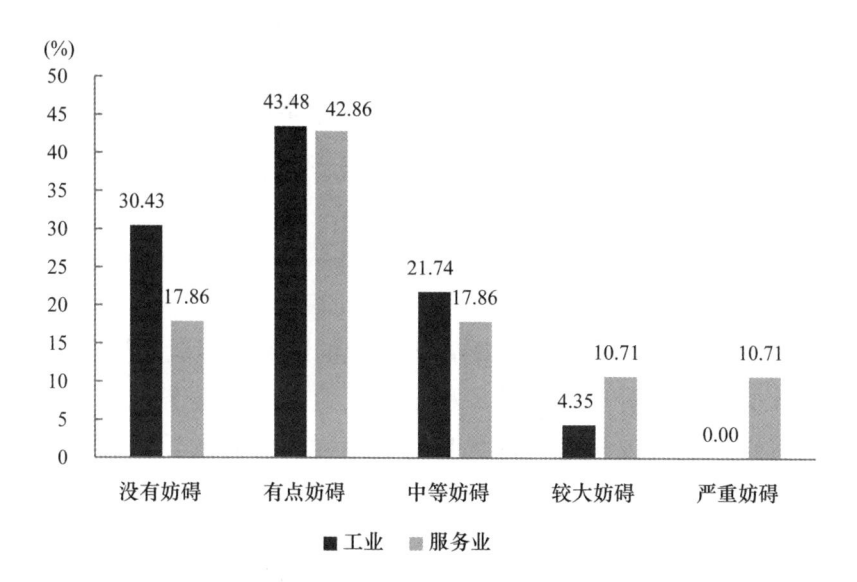

图 4-29　按行业划分的税收征收妨碍企业生产经营的程度

再次，因服务业经济活动范围的广泛性、分散性及产品、服务的综合性等特征，故客观上与工商执法机构的互动较多，受其影响程度也较大（见图4-30）。统计数据表明，中资服务业企业受印度尼西亚工商许可中等以上级别的妨碍比重超过四成（42.86%）。同等条件下，工业企业所占比例不足四成（34.78%）。就工业领域看，接近四成（34.78%）的中资企业表示印度尼西亚工商许可对自身的生产经营没有妨碍，同时超过三成（30.43%）的同行企业认为在此事项上仅受到很小的影响。

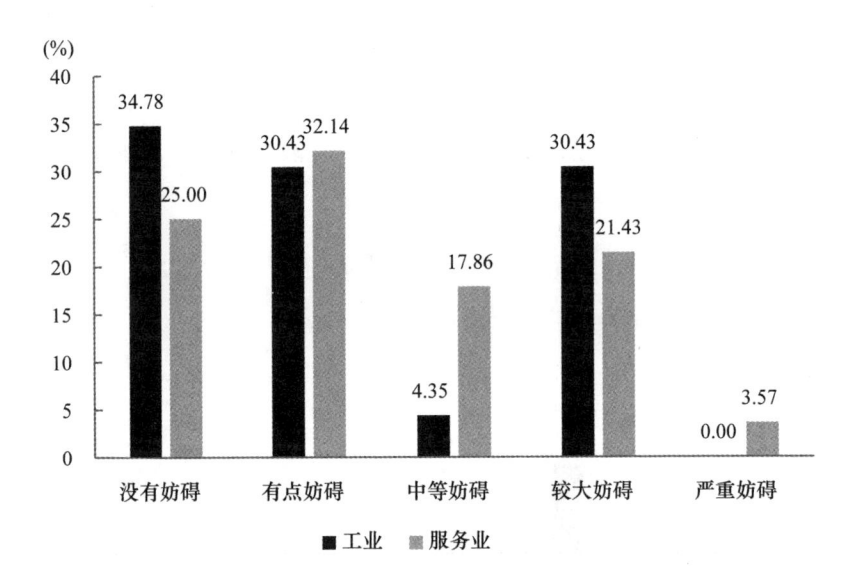

图4-30 按行业划分的工商许可妨碍企业生产经营的程度

最后，印度尼西亚政治环境对两大行业的影响较相似（见图4-31）。从统计数据上可以看出，政治不稳定对工业企业和服务业企业在各个级别的妨碍影响大致相等，尤其是受中等程度妨碍的比重，两者近乎相等，工业为21.74%，服务业为21.43%。不同的是，超过三成（30.43%）工业企业表示不受政治动荡的影响，高出服务业企业近10个百分点。一般而言，政治环境的影响范围较广，因此不论是工业还是服务业，都会受到政治动荡的影响。

图表数据:

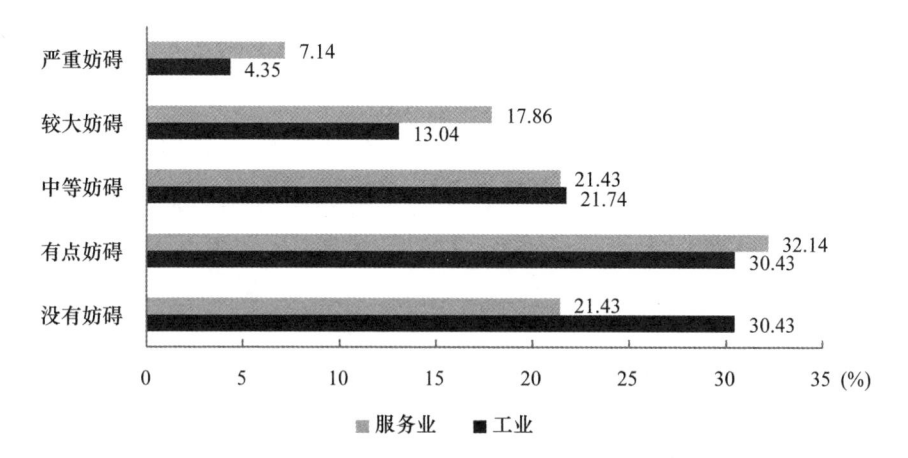

图 4-31 按行业划分的政治不稳定妨碍企业生产经营的程度

程度	服务业	工业
严重妨碍	7.14	4.35
较大妨碍	17.86	13.04
中等妨碍	21.43	21.74
有点妨碍	32.14	30.43
没有妨碍	21.43	30.43

公共部门的腐败问题直接影响公务服务供给的效率和质量，进而影响企业的日常营运（见图 4-32）。印度尼西亚的腐败问题对服务业的运行和发展产生了更大的阻碍作用，近两成（17.86%）的中资服务业企业感受到腐败问题给自身生产经营带来的中等妨碍，更有接近三成（28.57%）同类企业表示受到了较大及严重的妨碍。与之形成鲜明对比的是，超过四成（43.48%）工业领域内的中企表示自身

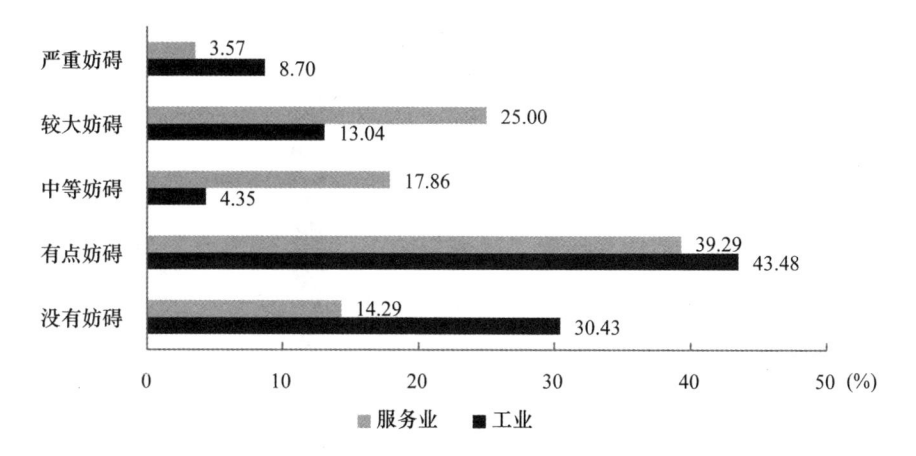

图 4-32 按行业划分的腐败妨碍企业生产经营的程度

程度	服务业	工业
严重妨碍	3.57	8.70
较大妨碍	25.00	13.04
中等妨碍	17.86	4.35
有点妨碍	39.29	43.48
没有妨碍	14.29	30.43

运营仅受到轻微的影响,同时超过三成(30.43%)的表示印度尼西亚的腐败问题与自身生产经营无关。由此看来,腐败问题对印度尼西亚第三产业的发展影响更大。

综合来看印度尼西亚土地许可(见图4-33)、政府管制与审批(见图4-34)对两类行业中资企业的生产营运影响程度,依据统计

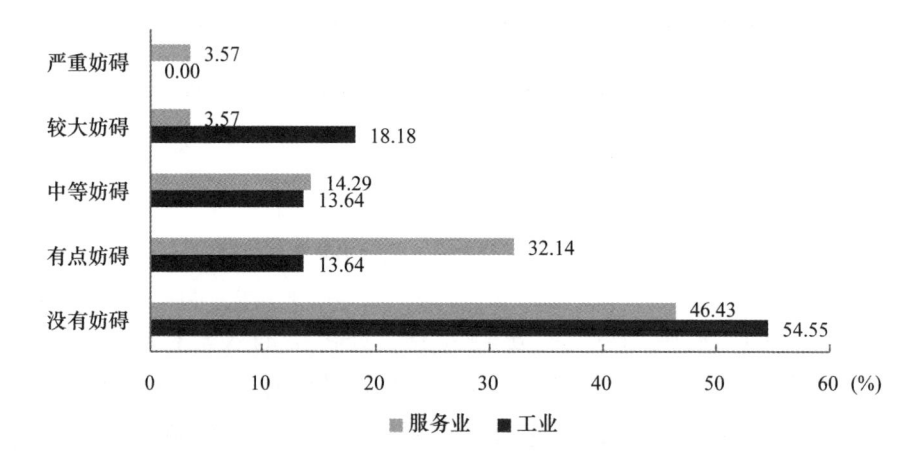

妨碍程度	服务业	工业
严重妨碍	3.57	0.00
较大妨碍	3.57	18.18
中等妨碍	14.29	13.64
有点妨碍	32.14	13.64
没有妨碍	46.43	54.55

图4-33 按行业划分的土地许可妨碍企业生产经营的程度

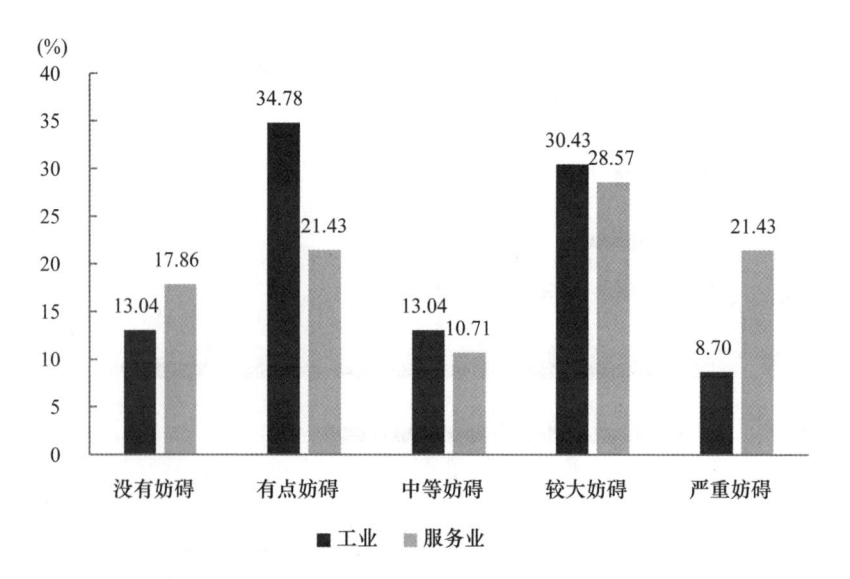

妨碍程度	工业	服务业
没有妨碍	13.04	17.86
有点妨碍	34.78	21.43
中等妨碍	13.04	10.71
较大妨碍	30.43	28.57
严重妨碍	8.70	21.43

图4-34 按行业划分的政府管制与审批妨碍企业生产经营的程度

数据可知，整体上土地许可事项对服务类企业的影响大于工业企业，但两者相差程度不大。超过半数（54.55%）的工业企业不受土地许可的影响。但与此同时，也有超过半数（53.57%）的服务业企业认为自身生产经营受到了不同程度的妨碍影响。印度尼西亚政府的管制与审批工作对工业和服务业的生产发展均造成了较高比例的妨碍。其中，给超过三成（30.43%）的中资工业企业带来了较大妨碍，对超过两成（21.43%）的服务业中企的生产经营带来严重影响。

第四节 投资风险分析

上述两节以中资企业的视角对印度尼西亚营商环境作了详细分析，通过分析可知，不同区位下、不同行业内的印度尼西亚中资企业其生产经营面临多种风险和挑战。主要风险来自基础设施的完备性、劳动力市场规制的约束性、技术人员招聘的可得性、工会组织的妨碍性、行政执法部门的合规性、政治局势的稳定性、政府廉洁性等市场风险、经营风险和政治风险。面对风险，中企应如何做到最大化规避是一个值得深入探讨的问题。

一 投资前的可行性研究与考察

调研是科学决策的前提，受访中企中超过九成（91.30%）的工业企业和近八成（75.00%）的服务企业针对印度尼西亚市场开展过投资的可行性调研。其中，非经开区的企业投资印度尼西亚之前普遍选择事前考察（85.37%），但进驻中印尼合作园区的企业则不作投资考察，大概率的原因在于中印尼合作园区这一平台能够为其投资提供诸多保障，故不必再作相应的调研。有无女性高管与企业是否进行投资前考察无显著相关（见表4-11）。

表4-11 企业是否进行过印度尼西亚投资的可行性考察状况 （单位:%）

	有可行性考察	无可行性考察
工业	91.30	8.70
服务业	75.00	25.00
不在经开区	85.37	14.63
印度尼西亚经开区	75.00	25.00
有女性高管	80.00	20.00
无女性高管	85.71	14.29

上述企业针对印度尼西亚投资前的考察主要包括市场竞争、印度尼西亚FDI规制、宗教文化、劳动力素质等内容（见表4-12）。市场竞争程度与印度尼西亚FDI法律法规是企业最为关注的两大方面。九成以上工业企业关注了印度尼西亚市场的竞争程度和外资规制，七成以上的同行企业重视印度尼西亚的宗教文化因素和劳工素质。服务领域的企业（100.00%）最关注印度尼西亚的市场竞争情况，其次是劳动力素质（71.43%）概况，外商法律法规（66.67%）紧随其后。进驻印度尼西亚经开区之前，中资企业纷纷对上述情况进行实际

表4-12 企业投资前印度尼西亚考察类型 （单位:%）

	市场竞争调查		印度尼西亚外国直接投资法律法规		印度尼西亚宗教、文化和生活习惯		印度尼西亚劳动力素质		其他方面考察	
	否	是	否	是	否	是	否	是	否	是
工业	9.52	90.48	4.76	95.24	23.81	76.19	28.57	71.43	95.24	4.76
服务业	0.00	100.00	33.33	66.67	42.86	57.14	28.57	71.43	85.71	14.29
不在经开区	5.71	94.29	22.86	77.14	37.14	62.86	31.43	68.57	91.43	8.57
印度尼西亚经开区	0.00	100.00	0.00	100.00	0.00	100.00	0.00	100.00	83.33	16.67
有女性高管	4.17	95.83	20.83	79.17	37.50	62.50	33.33	66.67	91.67	8.33
无女性高管	5.56	94.44	16.67	83.33	27.78	72.22	22.22	77.78	88.89	11.11

考察，以求真务实的态度作出投资决策。非经开区的企业也在很大程度上针对印度尼西亚的投资环境作出研判，九成以上（94.29%）的受访企业优先关注市场竞争情况。有无女性高管与其开展投资前考察的内容不存在显著关联。

二 安全生产情况

企业一般按照"管理生产同时管理安全"的原则，在组织本部门、本行业的经济和生产的同时也负责安全生产管理。安全管理的内容包括安全生产管理机构、安全生产管理人员、安全生产责任制、安全生产管理规章制度、安全生产策划、安全生产培训、安全生产档案等。其目的是减少和控制危害，减少和控制事故，尽量避免生产过程中由于事故造成的人身伤害、财产损失、环境污染以及其他损失。工业企业的生产、储存、运输、销售等环节特点增加了事故发生概率，2017年七成以上（73.91%）的受访工业企业表示在安全生产方面有额外支付，比例是服务业企业的两倍多，服务领域的安全生产事项上支付额外费用的比例仅为32.14%。2017年受访中印尼合作园区的企业在安全生产方面产生了额外支付，与此同时半数（50.00%）的印度尼西亚经开区企业和近半数（48.78%）的非经开区企业发生了额外支付。需要强调，由于样本数量的差距，本调查不能得出中印尼合作园区企业的安全生产额外支付比例大的结论（见表4-13）。

表4-13　　　　　2017年企业安全生产额外支付　　　　（单位:%）

	安全生产有额外支付	安全生产无额外支付
工业	73.91	26.09
服务业	32.14	67.86
不在经开区	48.78	51.22
中印尼合作园区	100.00	0.00
印度尼西亚经开区	50.00	50.00
有女性高管	40.00	60.00
无女性高管	66.67	33.33

以偷盗事件为例（见表4-14），进一步分析企业安全生产额外支付情况。2017年，印度尼西亚工业领域内的中企偷盗损失发生的比例超过三成（30.43%），是服务行业的近3倍。工业生产经营涉及的诸多环节与流程增加了偷盗行为发生的可能性。值得注意的是，2017年，近三成（25.00%）印度尼西亚经开区内的中资企业出现过偷盗损失，反映出印度尼西亚经开区内的治安环境亟待加强。有女性高管的中企产生偷盗损失的比例（13.33%）远低于无女性高管的企业（28.57%），有无女性高管与企业安全生产具有一定程度的正相关。统计数据验证了前文的观点，即女性相较于男性更厌恶风险，使得女性高管在管理过程中更加谨慎，进而减少了类似偷盗事件等安全生产问题发生的概率。

表4-14　　　　2017年企业因被偷盗损失状况　　　（单位：%）

	发生过偷盗损失	未发生偷盗损失
工业	30.43	69.57
服务业	10.71	89.29
不在经开区	17.07	82.93
中印尼合作园区	0.00	100.00
印度尼西亚经开区	25.00	75.00
有女性高管	13.33	86.67
无女性高管	28.57	71.43

对于2018年印度尼西亚政治环境，中企管理层给予了较大程度的正向评价（见图4-35）。超过半数（54.90%）受访对象表示当年印度尼西亚政坛运行平稳，投资风险较小。超过两成（23.53%）的管理人员意识到2018年印度尼西亚的政局问题，认为党派斗争激烈，投资需谨慎。另有近两成（19.61%）受访对象对此持观望态度。

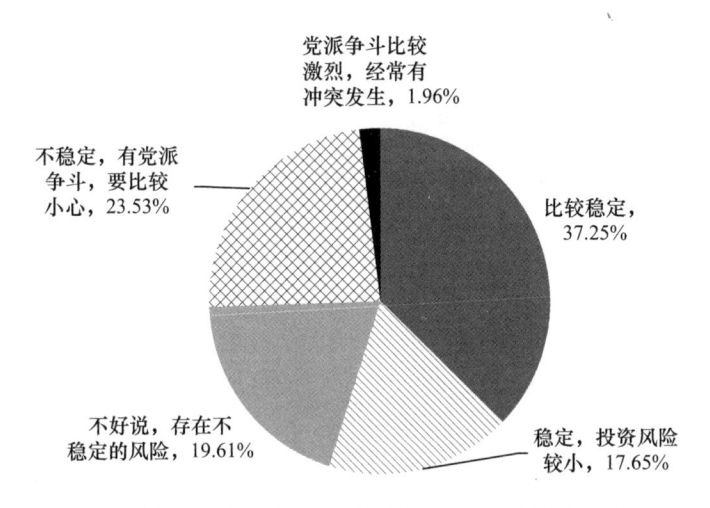

图 4-35 中资企业管理层对 2018 年印度尼西亚政治环境的看法

（饼图数据：比较稳定，37.25%；稳定，投资风险较小，17.65%；不好说，存在不稳定的风险，19.61%；不稳定，有党派争斗，要比较小心，23.53%；党派争斗比较激烈，经常有冲突发生，1.96%）

三 对经营风险的预估

未来一年中资企业在印度尼西亚主要面临以下经营风险（见表 4-15），首先超过半数的工业企业主要关注用工成本的增长、市场竞争的上升以及政府规制政策的收紧。同时四成以上（43.48%）的工业企业对政治环境的变化也较为敏感。相比较而言，服务业行业更多地关心市场竞争状况以及用工成本的增加，近八成（78.57%）服务业企业对印度尼西亚市场竞争的上升感到担忧。激烈的市场竞争对于企业的生产与发展充满着变数，构成中企主要的经营风险。除此之外，市场政策的趋紧也引起了服务企业的注意。从区位上看，中印尼合作园区内的企业重点关注劳动力成本风险、市场竞争风险和生产要素风险。除了劳动力成本与市场竞争风险外，印度尼西亚经开区的中资企业也较关注政治环境的变化和政府政策的连续性。非经开区的中企普遍重视用工成本风险和市场竞争风险。无女性高管的企业较多关注政治环境的变化，相反，有女性高管的中企更为重视用工成本的上升。

表4-15　　　　　企业未来一年经营风险主要方面及比重　　　　　（单位:%）

	员工工资增长	市场竞争上升	资源获取难度增加	研发后劲不足	政策限制加强	优惠政策效用降低或到期	政治环境变化	中资企业增多	产品或服务无话语权	其他方面
工业	56.52	52.17	39.13	17.39	56.52	4.35	43.48	17.39	8.70	4.35
服务业	53.57	78.57	17.86	10.71	39.29	3.57	28.57	28.57	0.00	17.86
不在经开区	53.66	65.85	29.27	14.63	48.78	4.88	31.71	24.39	2.44	9.76
中印尼合作园区	100.00	100.00	100.00	0.00	0.00	0.00	0.00	0.00	0.00	0.00
印度尼西亚经开区	50.00	62.50	12.50	12.50	50.00	0.00	62.50	12.50	12.50	25.00
有女性高管	63.33	66.67	20.00	13.33	46.67	6.67	20.00	26.67	3.33	13.33
无女性高管	42.86	66.67	38.10	14.29	47.62	0.00	57.14	19.05	4.76	9.52

第五章

印度尼西亚中资企业雇佣行为与劳动风险分析

本章包括印度尼西亚中资企业员工构成、企业的雇用行为和劳资纠纷及处理效果分析三个模块,根据企业高管对问卷的反馈制表论述,旨在了解印度尼西亚中资企业员工构成、外派高管、企业对员工的培训、2017年企业招聘遇到的问题、企业高管对员工综合能力的态度、劳资纠纷、劳动争议的原因以及企业近三年劳动争议解决途径等情况。

第一节 员工构成分析

员工是企业的核心资本及竞争力来源,本节从国籍、性别、不同岗位的比例以及员工稳定性维度,梳理印度尼西亚中资企业的员工构成,分析其变化趋势。

一 员工构成

印度尼西亚政府吸引外资的目的之一是创造就业机会,因此要求外资企业优先考虑当地劳动力,在本地员工无法胜任的职位上方可使用外籍人员。过去还曾明文规定外企雇用的外国员工与本地员工比例不得超过1∶10。建筑、地产、教育、加工工业、水和垃圾处理、运输和仓储、休闲娱乐与艺术、住宿餐饮、农林渔、租赁和旅游服务、金融保险、通信信息、采矿、电气和空调、机动车修理和销售、其他服务、科技等行业可以使用外籍员工，但事先要向劳工部申请。

受访企业用工情况总体符合印度尼西亚政府的规定，高达82.93%的员工为印度尼西亚籍，中国员工占比平均只有17.07%（见表5-1）。不同企业情况各异，劳动密集型企业中当地员工比例相对较高，也有极少数小型中资企业暂未聘用当地员工。随着投资的增长，中资企业中的印度尼西亚和中国员工总人数不断增加。印度尼西亚劳工部2020年数据称，在印度尼西亚持工作签证的中国员工人数为35781人，占印度尼西亚外籍劳工人员总数（98902人）的比重最高（36.17%）。[①] 还有数量不详的中国人无合法签证就业，被当地媒体炒作，引起印度尼西亚舆论反弹。女性占员工总数比例不到三分之一（26.90%），与印度尼西亚人口的男女比例有显著差距，也远低于越南中资企业中的女性员工占比（47.73%）[②]。这看来与中资企业提供的工作岗位性质以及印度尼西亚妇女的就业观念有关。此外，印度尼西亚劳动力资源充足，就业市场国际化程度低，中资企业没有雇用其他国家员工的情况。

表5-1　　　　　　　企业员工构成　　　　　　　（单位：%）

各类员工占比	均值	标准差	最大值	最小值
女性员工占比	26.90	23.16	79.31	0.00
印度尼西亚员工占比	82.93	19.94	100.00	0.00
中国员工占比	17.07	19.94	100.00	0.00
其他国家员工占比	0.00	0.00	0.00	0.00

---

① 《印度尼西亚外籍劳工总数98902人，中国籍人员最多》，（2020-05-12）[2020-05-18]，印度尼西亚KONTAN网站，https://nasional.kontan.co.id/news/jumlah-tenaga-kerja-asing-di-indonesia-98902-tka-china-terbesar-berikut-datanya。

② 本书关于其他国别的中资企业数据，如无特别说明，均来自"'一带一路'沿线国家中资企业与东道国员工综合调查"项目各国别课题组的调研统计。

大约46%的企业员工属于一线或生产员工，印度尼西亚员工在其中占绝对多数，与中国员工数量比例约为9∶1（见表5-2）。无论从印度尼西亚的外资政策方向还是劳动力成本考虑，在一线使用当地员工都是中资企业的第一选择。使用中国员工有管理、沟通甚至生产效率上的优势，但需支付相对较高薪酬，中资企业按规定还要为雇用的每一名外籍员工向印度尼西亚政府缴纳每月100美元的"补偿金"。

表5-2　　　　　　　企业一线工人或生产员工构成　　　　（单位：%）

	均值	标准差	最大值	最小值
一线员工或生产员工占比	46.31	34.88	95.00	0.00
一线员工或生产员工中印度尼西亚员工占比	90.14	18.70	100.00	28.57
一线员工或生产员工中中国员工占比	9.86	18.70	71.43	0.00
一线员工或生产员工中其他国家员工占比	0.00	0.00	0.00	0.00

表5-3显示，中资企业中高层占全体员工的比例均值为13.60%，高层管理人员中中国人与印度尼西亚人分别为60.68%和39.32%。印度尼西亚法律要求企业人事主管须由印度尼西亚人承担，对其他岗位的人员国籍没有作限制性规定。从企业本地化发展角度而言，中资企业的中方管理人员比例有不小下降空间。

表5-3　　　　　　　企业中高层管理员工构成　　　　（单位：%）

	均值	标准差	最大值	最小值
中高层管理员工占比	13.60	32.62	100.00	0.00
中高层管理人员中印度尼西亚员工占比	39.32	32.62	100.00	0.00
中高层管理人员中中国员工占比	60.68	32.62	100.00	0.00

企业技术人员与设计人员占员工总数的10.23%，国籍构成是印度尼西亚员工62.72%，中国员工37.25%（见表5-4）。符合要求的当地技术人员不足，导致此类别中国员工比例较高，也从总体上影

响外资流入印度尼西亚。本届印度尼西亚政府对提升劳动力技术、技能素质的重视程度前所未有，相关措施包括鼓励职业技术教育、组织大规模培训、要求外资企业转让技术等。

表 5-4　　　　　　　企业技术人员和设计人员构成　　　　　（单位:%）

	均值	标准差	最大值	最小值
技术人员和设计人员占比	10.23	12.49	50.00	0.00
技术人员和设计人员中印度尼西亚员工占比	62.72	37.25	100.00	0.00
技术人员和设计人员中中国员工占比	37.25	37.25	100.00	0.00

非生产员工指为保障企业经营活动而开展行政与业务管理，或提供其他服务、支持的二、三线员工。受访中资企业中此类别员工占比均值为25.33%，中国员工占比（21.91%）明显高于在一线生产员工中的比例（见表5-5）。

表 5-5　　　　　　　　企业非生产员工构成　　　　　　　（单位:%）

	均值	标准差	最大值	最小值
非生产员工占比	25.33	31.31	100.00	0.00
非生产员工中印度尼西亚员工占比	78.09	31.02	100.00	0.00
非生产员工中中国员工占比	21.91	31.02	100.00	0.00

企业规模大小与员工结构之间存在一定联系，表5-6展示了大、中、小型企业人员结构上的区别。女性员工在中型企业中占比最高，大型企业多属基建、矿业或工业制造业，相关工种特别是一线岗位更适合男性从业人员。中高管理层人员在小、中、大型企业中的占比依次降低，这是自然的。小型企业中高层占比均值达37.28%，显示出这些企业的人员规模不大的事实，调研发现近几年进入印度尼西亚的不少中资小型企业人数在10人以下。技术人员和设计人员在小、中、大型企业中分别占13.09%、10.01%和9.30%，比例差异不太明显。

非生产员工占比则分别为 22.96%、31.11% 和 22.72%。与中资企业在东南亚其他国家的情况相比，印度尼西亚中资大型企业的非生产员工比例偏高，例如越南中资大型企业中非生产员工只占 5.15%。

表 5-6　　按企业规模大小划分的企业员工构成　　（单位:%）

	企业规模类型	均值	标准差	最大值	最小值
女性员工占比	小型企业	28.40	24.64	66.67	0.00
	中型企业	39.32	26.68	79.31	0.00
	大型企业	19.21	17.41	66.00	0.00
中高管理层占比	小型企业	37.28	36.25	100.00	11.00
	中型企业	13.59	7.04	25.81	1.25
	大型企业	5.72	4.77	16.67	0.40
技术人员和设计人员占比	小型企业	13.09	16.68	40.00	0.00
	中型企业	10.01	13.09	50.00	0.00
	大型企业	9.30	10.66	36.67	0.37
非生产员工占比	小型企业	22.96	27.38	86.67	0.00
	中型企业	31.11	38.08	100.00	0.00
	大型企业	22.72	28.89	95.24	0.00

二　人员流动

企业人员的流动情况反映在新增雇用人员、辞职人员以及净流入人员三个变量上，全部人员流动数据如表 5-7 所示。

新增雇用人员数量是企业业务量增长和补充流出人员的结果，小型企业和中型企业均值为 5.33 人和 13.29 人，最大不过 50 人，与大型企业新增人员人数存在极差，某种程度说明接受调研的中资大型企业多属劳动密集型。中小型企业与大型企业的差别也体现在辞职人员人数上，小型企业辞职人员均值仅 0.56 人，中型企业为 6.21 人，大型企业达 249.46 人。但是，仅从辞职人员绝对数值并不能得出大型企业吸引力低、人员队伍不稳定的结论。一些大型企业实行项目管理制，项目结束后员工便解除聘用，此外项目实施不同时期的用工需求也有很大差别。净流入人员方面，小、中、大型企业分别是4.78人、7.07人和447.25人，印度尼西亚中资大型企业人员净流入无论与所在同一国家中资中小企业对比还是与东南亚其他国家的大资企业比较，数量都相当可观。

表5-7　　　　　　　　　企业全部人员流动情况　　　　　　　　（单位：人）

	企业规模类型	均值	标准差	最大值	最小值
新增雇用人员	小型企业	5.33	6.36	15	0
	中型企业	13.29	18.17	50	0
	大型企业	680.84	2230.40	11000	0
辞职人员	小型企业	0.56	1.33	4	0
	中型企业	6.21	13.62	50	0
	大型企业	249.46	712.28	3000	0
净流入人员	小型企业	4.78	5.49	14	0
	中型企业	7.07	11.06	30	-2
	大型企业	447.25	1623.37	8000	-10

如前文所述，印度尼西亚中资企业员工近九成为本地劳动力，因此表5-8的基本数据结构与表5-7高度近似。从新增雇用人员和净流入人员数据均值看，大型企业无疑扮演主角。但近几年进入印度尼西亚的中资企业以中小企业为主，对解决就业、服务当地经济社会以及密切中印度尼西亚经贸关系的作用不可低估。

员工的低辞职率（0.56人）是小型企业的一大特色。课题组调查所见，中资小型企业大量集中在雅加达、泗水等爪哇岛上相对发达地区，员工多受过高等教育，有的还会中文，他们对薪资待遇和工作条件的满意度也较高。招聘高素质员工并增加他们对企业的忠诚度，这是中资企业本地化的本质要求，也是把业务潜力转化为现实的重要条件。另外，印度尼西亚法律对劳工保护的强调使中资企业在招聘和辞退当地正式员工时态度谨慎，劳动法规定除自愿离职或触犯刑法外，员工可根据工作时限获得最高相当于9个月工资的离职补偿以及数额不等的职业福利金、应休未休的假日补贴等。

表5-8　　　　　　　　企业印度尼西亚人员流动情况　　　　　　（单位：人）

	企业规模类型	均值	标准差	最大值	最小值
新增雇用人员	小型企业	4.33	5.39	15	0
	中型企业	12.57	17.49	50	0
	大型企业	664.96	2223.05	10950	0
辞职人员	小型企业	0.56	1.33	4	0
	中型企业	4.93	10.11	35	0
	大型企业	241.50	687.77	2850	0
净流入人员	小型企业	3.78	4.29	11	0
	中型企业	7.64	9.76	28	-2
	大型企业	442.83	1644.65	8100	-10

企业中国人员占总人数比例小，这也体现在新增雇用人员、辞职人员以及净流入人员数据上（见表5-9）。调研结果显示，无论在何种规模的中资企业，以管理人员、技术人员、非生产人员为主的中国员工流动性都较低。特别是接受调研的民营性质的中小型企业用人机制灵活，员工待遇与业绩的关联度高，在业务较快增长的背景下其中方人员的稳定性数据可圈可点。小型企业中方人员辞职人员为0，中型企业辞职人员均值也仅1.29人。

但应该指出，受样本数量所限，上述数据无法涵盖全部中资企业情况。综合通过间接渠道获取的资料和信息，课题组认为中资企业中国人员的流动性有提高的趋势。目前绝大多数中方工作人员系从国内选派而非在印度尼西亚招聘。即便对工作环境感觉不适应，由于对现状有一定心理预期并受客观的再就业条件限制，企业中国人员不会选择频繁"跳槽"。这是对海外中资企业中国员工稳定性有利的一面。

不利因素比较复杂,例如,一些企业在印度尼西亚偏远地区投资建厂,员工长期与家人分隔两地,工作单调,生活艰苦,对年轻的员工尤其构成挑战;又如,有的企业内部管理不规范,或因投资决策不当使资金链断裂,员工的福利得不到保障甚至有拖欠工资的情况。最近几年,中资企业同行竞争越发激烈,纷纷互相"挖人",甚至有一些中高层管理人员在不同中企里往复轮转。

中资企业净流入的中国人员少,中型企业该项数据均值甚至为-0.57,大型企业数据最小值则为-100,长远来看中国员工人数的减少肯定是中国企业在地化发展的方向。

表5-9　　　　　　　　　企业中国人员流动情况　　　　　　　（单位:人）

	企业规模类型	均值	标准差	最大值	最小值
新增雇用人员	小型企业	1.00	2.00	5	0
	中型企业	0.71	1.90	7	0
	大型企业	15.56	28.95	100	0
辞职人员	小型企业	0.00	0.00	0	0
	中型企业	1.29	3.99	15	0
	大型企业	7.96	30.58	150	0
净流入人员	小型企业	1.00	2.00	5	0
	中型企业	-0.57	4.64	7	-15
	大型企业	4.08	30.06	90	-100

第二节　人员雇佣情况

企业的雇用旨在保证组织发展所需数量和质量的人力资源,是包括人力资源获取、开发、激励和保留的一整套系统。雇用是基于企业内部(行业属性、组织架构、企业战略、经营状况等)和外部(包括政治、经济、技术等)人力资源环境因素的影响,企业自主的行为选择。① 本节主要分析印度尼西亚中资企业中方高层管理人员的派驻时间和语言能力，企业对员工的培训安排，以及企业招聘员工时遇到的不同问题。

一 企业内中国派驻印度尼西亚高管情况

中国企业派驻印度尼西亚的高管中，超过三分之二人员（68.29%）派遣时间在1—3年，六年以上的仅占2.44%（见图5-1）。多数企业派驻印度尼西亚的高管还没有经历过轮换，这些企业是最近几年才进入印度尼西亚的，是中印度尼西亚两国战略对接背景下经贸投资往来再上新台阶的见证者和亲历者。访谈得知，中企驻印度尼西亚高管长期驻外的意愿较强，相对舒适的生活、工作环境以及事业发展的前景构成强有力的激励，是推动他们留在印度尼西亚打拼的动力。但是，长期驻外夫妻导致两地分居以及子女教育等问题困扰着相当部分"70后""80后"的企业中坚力量，应当引起重视。

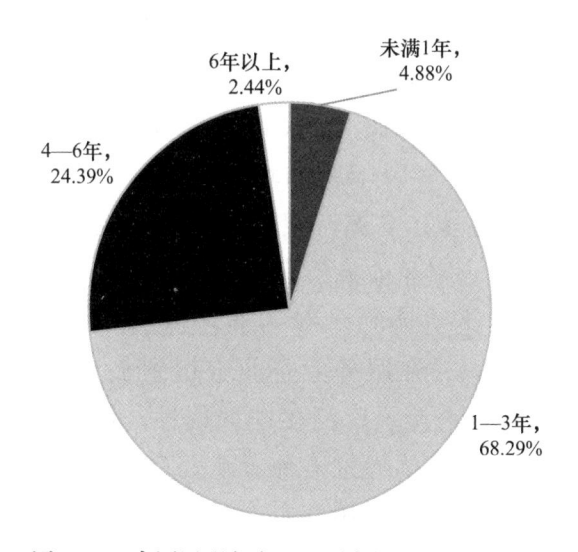

图5-1 中国派到印度尼西亚高管的平均派遣时间

① 李博：《日本企业雇佣体系的适应性演进》，《日本问题研究》2019年第6期。

企业国际化战略的实施离不开中高管理层的外语沟通能力。印度尼西亚中资企业高管的英语流利程度与企业在当地市场的发展战略要求还有一定距离。由表 5-10 可知，无论工业企业还是服务业企业，中企高管能流利运用英语的比例都不到 50%。与印度尼西亚客户的业务洽谈、合同签订显然还需要通过翻译进行。需要说明的是，"不在经开区"项的指标数据更有代表性。

表 5-10　　　　　　　　　企业高管英语流利程度　　　　　　（单位：%）

	完全不会	会一点	可以交流	流利	非常流利
工业	13.04	26.09	13.04	26.09	21.74
服务业	0.00	10.71	53.57	21.43	14.29
不在经开区	4.88	19.51	39.02	21.95	14.63
中印尼合作园区	0.00	0.00	0.00	0.00	100.00
印度尼西亚经开区	12.50	12.50	25.00	25.00	25.00

根据 2019 年英孚英语熟练度指标排名，印度尼西亚人的英语水平指标分值为 50.06，较 2018 年（51.58）有所下降，低于亚洲国家平均值，在东盟国家中落后于新加坡、菲律宾、马来西亚和越南 4 国。[①] 因此，除英语之外，掌握一定程度的印度尼西亚语不仅于生产经营、管理有必要性，对企业高管在印度尼西亚的日常生活也极为有利。印度尼西亚语水平"流利"和"非常流利"的高管人员在工业企业中比例为 30.43%，在服务业企业中达到了 64.29%（见表 5-11）。服务行业与客户直接、广泛接触的属性，使企业更重视高管的印度尼西亚语能力。熟练掌握该语种者绝大多数毕业于国内高校印度尼西亚语专业，或毕业于国贸相关专业并辅修了印度尼西亚语。"会

[①] 参见《印度尼西亚人的英语能力指数排名第 61 位》，（2019-12-12）"印度尼西亚传媒"网报道，[2020-03-18]，https://mediaindonesia.com/read/detail/277217-indeks-kemampuan-bahasa-inggris-orang-indonesia-nomor-61。

一点"和"可以交流"层次的人员，外语表达能力则源于平时自学。

印度尼西亚的中资企业中，有专业领域内的英语、印度尼西亚语交际能力的高管还存在不小缺口。以外语能力为基础，上述人员还应具备宽广的国际化视野、扎实的本专业国际化知识，熟悉和掌握国际惯例，有较强的跨文化沟通能力和独立的国际活动能力。这些现实要求对国内高校的外语教学改革不乏启示意义。

表5-11　　　　　　　　企业高管印度尼西亚语流利程度　　　　　（单位：%）

	完全不会	会一点	可以交流	流利	非常流利
工业	13.04	39.13	17.39	13.04	17.39
服务业	3.57	25.00	7.14	17.86	46.43
不在经开区	7.32	29.27	9.76	17.07	36.59
中印尼合作园区	0.00	100.00	0.00	0.00	0.00
印度尼西亚经开区	12.50	37.50	25.00	0.00	25.00

二　对员工的培训情况

中资企业特别是上规模的企业普遍重视对员工的培训，目的首先是帮助新员工适应岗位，其次是在岗员工的技能和素质提升。由于企业性质、规模和岗位要求不同，各企业培训的人数、次数等存在较大差别。培训人数最多的达到了4000人，最少的仅2人；次数的最大值和最小值相比也极悬殊（见表5-12）。有自身工会和无自身工会的企业员工培训次数差别较大，这应该是有工会的企业的数据可得性受限造成的，未必能说明工会在其中的影响。

表5-12　　　　　　　　企业培训人员规模与次数

	均值	标准差	最大值	最小值
2018年培训的印度尼西亚员工人数（人）	372.47	843.32	4000	2
2018年培训的次数（次）	9.31	17.82	100	1

续表

	均值	标准差	最大值	最小值
工业企业员工培训次数（次）	11.13	24.36	100	1
服务业企业员工培训次数（次）	8.04	11.81	52	1
不在任何经济开发区的企业员工培训次数（次）	6.48	10.53	52	1
本国经济开发区的企业员工培训次数（次）	10.00	0.00	10	10
其他企业员工培训次数（次）	23.33	38.21	100	2
有自身工会的企业员工培训次数（次）	2.57	0.98	4	1
没有自身工会的企业员工培训次数（次）	9.45	18.18	100	1

从表5-13来看，工业企业最重视工作专用技能培训，其次是安全生产、职业道德与责任心、管理与领导能力。服务业企业同样重视工作专用技能，其次则是管理与领导能力、人际交往与沟通技能、职业道德与责任心。

表5-13　　　　　　　企业对员工培训的类型　　　　　（单位:%）

	管理与领导能力	人际交往与沟通技能	写作能力	职业道德与责任心	计算机或一般IT使用技能	工作专用技能	英文读写	安全生产	其他能力
工业	43.75	31.25	6.25	62.50	12.50	87.50	6.25	81.25	0.00
服务业	56.52	52.17	0.00	43.48	26.09	69.57	4.35	34.78	4.35
不在经开区	48.39	48.39	3.23	45.16	25.81	80.65	6.45	41.94	3.23
中印尼合作园区	100.00	100.00	0.00	0.00	0.00	0.00	0.00	100.00	0.00
印度尼西亚经开区	50.00	16.67	0.00	83.33	0.00	66.67	0.00	100.00	0.00
有自身工会	71.43	57.14	14.29	71.43	0.00	71.43	14.29	71.43	0.00
无自身工会	48.39	41.94	0.00	45.16	25.81	77.42	3.23	51.61	3.23

没有开展正规培训的主要是小型企业，由于人岗相适性高等原因，其中58.33%的企业认为并不需要正规培训（如图5-2）。一些

企业尽管有提高员工素质和技能的要求，但无力开展相关培训。印度尼西亚的就业培训市场尚在培育阶段，机制不完善，中小企业难以找到能提供针对性服务的培训机构。未开展正规培训的受访企业中有16.67%提及当地没有机构可提供培训，8.33%的受访者没有发现适用培训项目。另外，16.67%的企业管理层表示"不知道"，显然还未把员工培训问题列入企业当前需要考虑的优先事项。

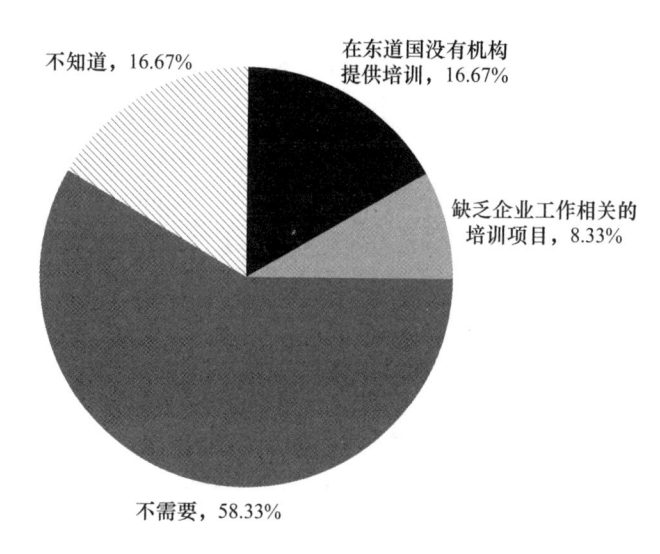

图 5-2 公司没有正规培训的原因

三 2017年企业招聘遇到的问题

本项调查设置了求职者人数、技能、期望的薪酬、对工作条件要求以及劳资交流顺畅度等五个主要指标。如表5-14所示，中资企业在印度尼西亚"用工难"问题不突出，不过仍有32.14%的服务业企业反映"求职者过少"，原因应该是这些企业聚集在雅加达且对应聘者有特定技能要求，用工竞争激烈。招聘遇到的最主要问题是求职者技能不足、交流困难，前者与印度尼西亚劳动力素质总体尚低的客观现实相适，后者与劳资双方的外语能力直接相关。工会以保护劳工利益的形象存在，对企业招聘行为产生了影响，有自身工会的企业求职者技能普遍更低,交流困难问题更严重。与此同时,对在中资企业的薪酬待遇预期过高的求职者比例最低34.78%,最高达62.50%。劳资需求的错位,肯定会影响劳动者入职后的工作心态和职业稳定性,增加企业管理成本。

表5-14　　　　　2017年企业招聘遇到的问题类型　　　　　（单位:%）

	求职者过少	缺乏所需技能	期望薪酬过高	对工作条件不满	交流困难
工业	17.39	69.57	34.78	13.64	60.87
服务业	32.14	71.43	46.43	42.86	35.71
不在经开区	24.39	63.41	34.15	32.50	39.02
中印尼合作园区	0.00	100.00	100.00	100.00	100.00
印度尼西亚经开区	25.00	100.00	62.50	0.00	75.00
有自身工会	22.22	88.89	44.44	37.50	77.78
无自身工会	26.83	65.85	39.02	29.27	39.02

四　企业高管对员工综合能力的态度

多数企业高管（62.75%）认为语言沟通能力为员工综合能力非常重要,或认为"很重要"（21.57%）,远高于对中英文听说能力的认知（见图5-3）。数据隐含的信息是,企业高管与当地员工沟通还不够顺畅,后者常被认为无法准确领会管理层意图或处理复杂事项。除了语言障碍,这一问题很大程度上是文化差异导致的。中国人往往强调效率和"雷厉风行",希望一次性解决复杂问题,有时显得过于急躁;而印度尼西亚人喜欢慢节奏地"一步一步来",不太习惯中国企业文化。不同国别人员的沟通交流本质上是跨文化交际行为,超出了单纯的语言范畴。尊重、理解和耐心的心态,对提高与当地员工沟通效果必不可少。

员工的团队合作精神,独立工作、时间管理、问题解决的能力以及相关技能对企业的正常运转都非常重要。团队合作（60.78%）和问题解决（64.71%）在中资企业高管眼里获格外青睐,是"重中之重"(见图 5-4)。在越南、缅甸等国别调研组的调查结果中,员工的团队合作精神也都被当地中资企业认为是最重要的。

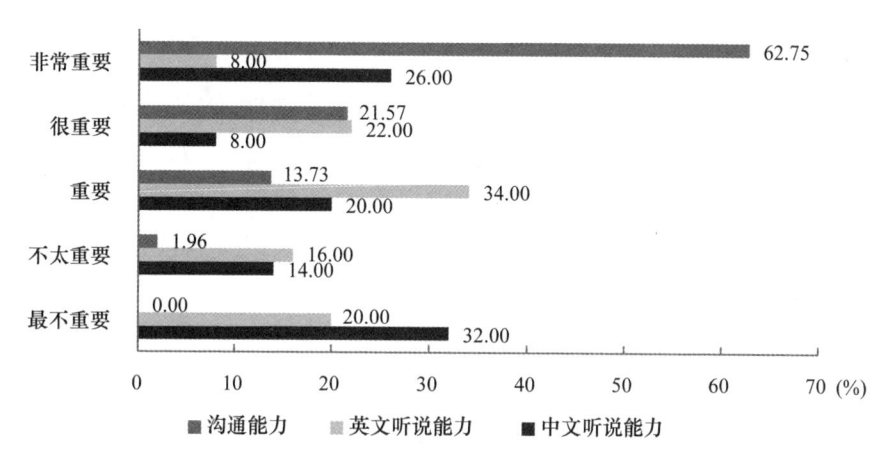

图 5-3 企业主认为语言沟通能力的重要性

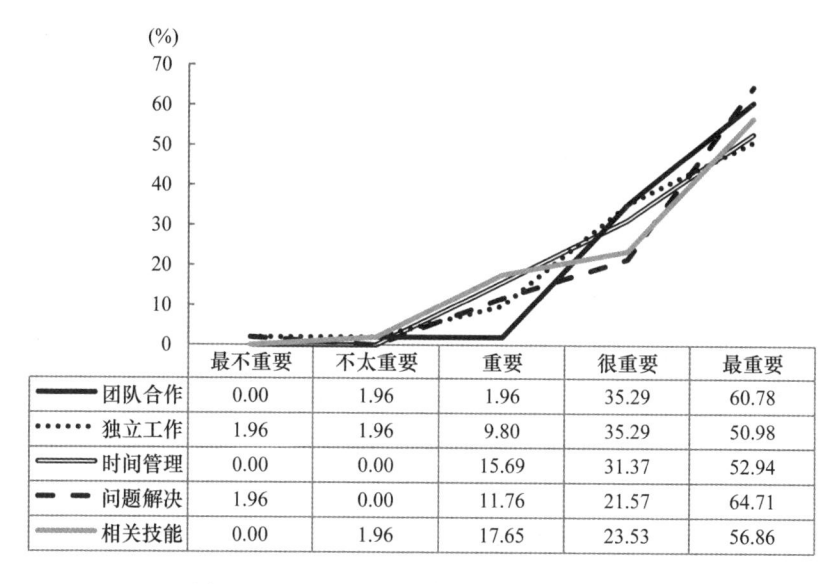

	沟通能力	英文听说能力	中文听说能力
非常重要	62.75	8.00	26.00
很重要	21.57	8.00	22.00
重要	13.73	34.00	20.00
不太重要	1.96	16.00	14.00
最不重要	0.00	20.00	32.00

图 5-4 企业主认为员工相关能力的重要性

	最不重要	不太重要	重要	很重要	最重要
团队合作	0.00	1.96	1.96	35.29	60.78
独立工作	1.96	1.96	9.80	35.29	50.98
时间管理	0.00	0.00	15.69	31.37	52.94
问题解决	1.96	0.00	11.76	21.57	64.71
相关技能	0.00	1.96	17.65	23.53	56.86

第三节　劳资纠纷及处理效果分析

在国际化的法律、经济和政治环境以及多元化的文化环境之中，中资企业面临的劳动关系日趋复杂。如何构建行之有效的劳动关系调处机制，维持和谐的劳资关系，是中资企业需要解决的重要问题。本节梳理中资企业劳动争议的整体情况、发生原因以及解决的途径。

一　企业工会及劳动争议整体情况

如表2-6所示，受访的印度尼西亚中资企业有18%成立了工会，另82%无工会，工会的密度不高但力量强大。工会可成为企业和员工之间的高效沟通渠道，有助于构建和谐的劳资关系。反之，如交流不畅，工会又可能成为企业工作效率和管理效果的困扰。相关中资企业均表示，在处理与当地工会关系时能以当地劳工法、劳动法等法律法规为基础，充分尊重对方，能将原则性与灵活性相结合，确保了投资建设的平稳顺利。

大部分接受调研的中资企业表示2018年没有发生劳资纠纷。有劳动争议现象的共7家企业，其中有3家发生1次争议，3家发生2次争议，1家发生了5次争议。有5家企业表示争议属性为"有一些意见不统一，但没有法律纠纷"，2家称"发生过劳资，但不严重"。因此，几乎所有的争议都能在短时间内解决，仅10.21%持续时间超过了7天（如图5-5）。调查数据表明，中资企业的劳资关系可以用融洽来形容。中资企业在经营管理中对东道国的劳动法规了解较全面，在人力资源管理中能充分保障员工的合法权益，在发生纠纷时能妥善平衡各方面利益，解释说明工作到位。

如图5-6所示，76.59%的企业没有发生过劳动纠纷，而在曾发生纠纷的企业中劳动争议涉及的人数也不多，1—10人的占8.52%，10人以上的为14.89%。当前，对海外中资企业而言劳动关系风险已

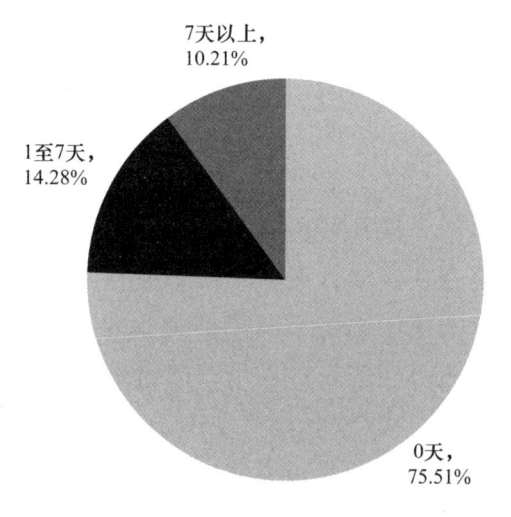

第五章 印度尼西亚中资企业雇佣行为与劳动风险分析

图 5-5 最长劳动争议的持续时间

- 7天以上，10.21%
- 1至7天，14.28%
- 0天，75.51%

成为与安全风险、政治风险、经济风险、法律风险、社会风险并列的第六大投资风险。劳动关系治理和风险防范，是中国企业"走出去""走下去""走得好"的重要保证。本课题组的调研数据说明，印度尼西亚的中资企业在处理与当地员工劳动关系方面的做法是行之有效的，劳动关系风险相对不显著。

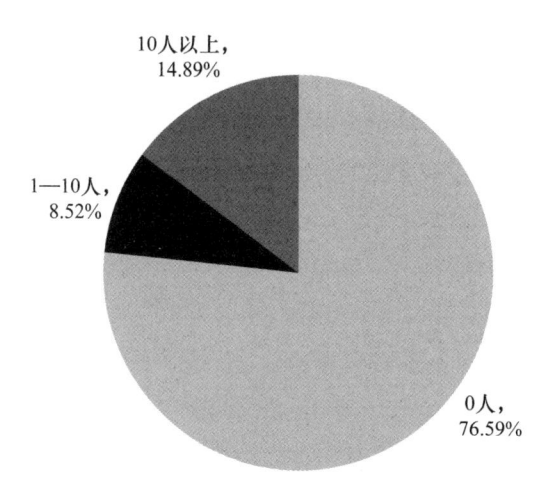

图 5-6 影响最大的劳动争议涉及人数

- 10人以上，14.89%
- 1—10人，8.52%
- 0人，76.59%

二 产生劳动争议的原因

为深入了解企业与雇员产生劳动争议的原因,本课题问卷设计了工资纠纷、社会保障纠纷、劳动合同纠纷、雇用外籍员工引发冲突、不满现有的安全生产条件和环境和资源保护力度不足等指标项,将企业按行业类型、是否在经济开发区、是否有自身工会和是否有女性高管进行划分,分析上述原因对不同类型企业的影响。无论企业性质和所在地如何,工资纠纷均排在劳动争议的首位,在工业企业中甚至占全部纠纷的 87.50%(见表 5-15)。中国企业大都能严格遵守东道国关于劳动报酬的法律,员工待遇不低于当地最低工资标准,争议主要出在是否及时、足额发放雇员工资,以及中外员工能否同工同酬,并依法支付加班工资和补贴等方面。中国和印度尼西亚人的价值观与思维方式差异,常常导致劳资双方对工资补贴的发放标准理解分歧,这也是产生纠纷的原因之一。劳动合同纠纷发生率仅低于工资纠纷,在工业企业中占比(37.50%)高于服务业(14.29%)。其他类型的纠纷占比不高,但企业仍然需要提高对员工社会保障、安全生产条件以及环保的重视程度。由于入驻印度尼西亚经开区的中资企业不多,不

表 5-15　　　　　企业产生的劳动争议的原因　　　　（单位:%）

	工资纠纷	社会保障纠纷	劳动合同纠纷	雇用外籍员工引发冲突	不满现有的安全生产条件	环境和资源保护力度不足	其他原因
工业	87.50	25.00	37.50	0.00	25.00	0.00	0.00
服务业	42.86	0.00	14.29	0.00	0.00	14.29	0.00
不在经开区	69.23	15.38	30.77	0.00	15.38	7.69	0.00
印度尼西亚经开区	50.00	0.00	0.00	0.00	0.00	0.00	0.00
有女性高管	37.50	0.00	12.50	0.00	0.00	12.50	0.00
无女性高管	100.00	28.57	42.86	0.00	28.57	0.00	0.00
有自身工会	66.67	33.33	33.33	0.00	0.00	16.67	0.00
无自身工会	62.50	0.00	12.50	0.00	25.00	0.00	0.00

在经开区的企业数据更有代表性。同样由于样本量限制，有女性高管和无女性高管企业的纠纷数据差距可能还不具备统计学意义。有自身工会的企业发生工资纠纷比例与无自身工会企业大致相同，而在社会保障纠纷、不满现有的安全生产条件而发生争议这两项上有较明显区别。

三　近三年劳动争议解决途径

一般而言，企业劳动关系调处机制有法律调处机制、行政调处机制、企业管理调处机制和工会调处机制这相互联系、相互影响的四个子系统。问卷根据实际情况设置了与行业工会谈判解决、当地警察协助解决、中国商会居中调停、法律途径及其他途径等五类。由表5-16可见，企业解决劳动争议的方式多样、灵活，并无定式可言。在行业工会的企业也有半数依照工会谈判解决。当地警察协助解决或通过法律途径解决的比例较小，说明双方协商没有陷入僵局或引发激烈冲突。印度尼西亚的中国商会无直接介入调停企业内部劳资矛盾的职能，故而通过此途径解决争议的比例为0。其他途径主要是指利益相关方之间的协商，在全部解决途径中占有不小比例。

表5-16　　　　企业近三年劳动争议解决途径　　　　（单位:%）

	与行业工会谈判解决		当地警察协助解决		中国商会居中调停		法律途径		其他途径	
	是	否	是	否	是	否	是	否	是	否
工业	37.50	62.50	12.50	87.50	0.00	100.00	12.50	87.50	50.00	50.00
服务业	16.67	83.33	0.00	100.00	0.00	100.00	16.67	83.33	33.33	66.67
不在经开区	30.77	69.23	7.69	92.31	0.00	100.00	7.69	92.31	46.15	53.85
印度尼西亚经开区	0.00	100.00	0.00	100.00	0.00	100.00	100.00	0.00	0.00	100.00
有女性高管	25.00	75.00	12.50	87.50	0.00	0.00	25.00	75.00	25.00	75.00
无女性高管	33.33	66.67	0.00	100.00	0.00	0.00	0.00	100.00	66.67	33.33
有自身工会	50.00	50.00	16.67	83.33	0.00	0.00	16.67	83.33	33.33	66.67
无自身工会	14.29	85.71	0.00	100.00	0.00	100.00	0.00	100.00	57.14	42.86

第 六 章

印度尼西亚中资企业本地化经营与企业国际形象分析

开放系统模式下任何一个组织的生存、发展都需要与其所在的环境发生互动。组织需要适应环境，并构建自身的适应力。资源依赖理论认为，没有一个组织是完全自给的，组织内部无法获得所需的全部资源，必须通过与环境中的其他组织互动获得必要资源；对资源的需求构成了其对外部的依赖，依赖程度取决于资源的稀缺性和重要性；面对资源的不确定性，组织可不断自我变革，以获取和维持来自外部环境的资源；组织可采取多种措施减少外部环境的控制，使自身对外部环境的依赖最小化。[①] 因此，本土化经营（或本地化经营）是跨国公司在目的国普遍采取的经营策略，以此获取更多的优质资源，同时减少外部环境对企业自身运营和发展的约束。伴随全球化商业发展的进程，"全球本土化"已成为众多跨国公司的经营模式，麦当劳、肯德基、星巴克是该经营模式的典型代表。与此同时，企业形象和声誉是企业最重要的无形资产。在日益激烈的全球竞争中，良好的声誉可提高企业信贷可得性，吸引优秀人才加入，赢得战略合作伙伴，开辟新的市场，获得社区的认可，从而

---

① 吴小节、杨书燕、汪秀琼：《资源依赖理论在组织管理研究中的应用现状评估——基于111种经济管理类学术期刊的文献计量分析》，《管理学报》2015年第1期。

实现企业的可持续运营。①

第一节 本地化经营程度

印度尼西亚中资企业实施"本地化"经营策略,"嵌入"本土的社会、市场、文化等环境情境中,通过"关系嵌入"和"结构嵌入"积极面对印度尼西亚复杂的经营环境,建立不同主体之间良好的互动关系、多维度的市场信任以及不同企业间的互惠生态系统,可获得在印度尼西亚经营的合法性、可持续性和可盈利性,通过吸收、利用本地的知识、信息等资源形成新的竞争能力,不断提升企业的市场地位与话语权。② 现有研究表明,企业在目的国"嵌入"的程度与其绩效呈显著正相关。一般而言,企业"嵌入"本地,实施本地化经营主要通过经营方式本地化、合作标准本地化、人力资源本地化、采购本地化、品牌营销本地化、资本本地化、决策本地化以及企业文化本地化等具体路径。

一 本地供销商概况

本地化采购可有效降低采购与运输成本,成为跨国企业本地化经营普遍采取的措施。印度尼西亚本地供应商与销售商的变化情况可侧面反映出中资企业在本土的运营质量(见表6-1)。统计数据显示,近一半受访的中资企业表示更换过供应商,被取代的供应商总数达到了228家,中企平均更换过约11家供应商,最高更换过30家。统计的标准差表明,中资企业更换印度尼西亚供应商的频率差异较大,反

---

① 廖秉宜、李海容:《中国企业海外声誉与国家形象建构研究》,《对外传播》2017年第9期。
② 肖亮、余福茂、杨林霞:《目的国网络嵌入、本土化服务能力与跨境B2C出口企业绩效:海外仓策略的一个理论解释》,《商业经济与管理》2019年第1期。

映出印度尼西亚中资企业供应商的质量及服务水平与自身需求相差较大。对比之下，中企的经销商较为稳定，仅6家受访企业发生过更换经销商的情况，且平均更换数量只有4家，说明中企的销售优于采购。

表6-1　　　　　印度尼西亚供应商、销售商更换数量　　　（单位：家）

	更换过的企业	更换数量	平均值	标准差	最大值	最小值
供应商	20	228	11.40	10.42	30	2
经销商	6	24	4.00	3.16	10	2

进一步看（见表6-2），中企采购与销售的国际化程度较高。除本地供应商及销售商外，共有其他64个国家的企业参与中企的原料采购、产品经销等事务。其中，非本地的国际供应商数达到48家，平均每一个中资企业拥有近2家国际供应商，而国际销售商平均2家以上，单个中企最多拥有5家国际销售商。统计的标准差表明，统计数值和其平均值之间差异较小，中资企业非印度尼西亚供应商和销售商的来源国较为稳定。整体来看，印度尼西亚中资企业的国际化水平较高。全球采购和国际销售有利于中企充分实现资源的全球化配置，降低成本，减少风险，增加效益。

表6-2　　　　　非印度尼西亚供应商、销售商来源国　　　（单位：个）

	来源国的国别数量	均值	标准差	最大值	最小值
供应商	48	1.92	1.38	5	1
销售商	16	2.29	1.70	5	1

在非本土化采购和销售过程中，中国扮演了重要的市场角色，在很大程度上维系着印度尼西亚中资企业的日常运营（见表6-3）。印度尼西亚中企共拥有411家中国供应商和46家中国销售商，单个企业中国籍供应商最高达99家、销售商最多为28家，平均每一个企业

拥有超过 18 家供应商。但是在中国供应商数量方面，中企表现出巨大的差异性。部分企业因其规模大、资金雄厚、产品市场需求大等原因，而拥有数量众多的中国供应商。相反，一般规模的企业拥有较少的中国供应商。原材料、机器设备、制造技术等来自中国，利用印度尼西亚丰富的资源和廉价的劳动力进行生产、加工、制造，成品再销往中国市场，这种模式下中资企业可以充分利用两国的比较优势和便利优惠的经贸协定进行跨国投资和经营，进而实现利益的规模化、可持续。

表 6-3　　　　　　　中国的供应商、销售商数量　　　　　（单位：家）

	中国的供应商、销售商数量	均值	标准差	最大值	最小值
供应商	411	18.68	31.07	99	1
销售商	46	5.75	9.13	28	1

二　经济纠纷及其解决途径

从城市地理区位看印度尼西亚中资企业的经济纠纷（见表6-4），非城市地区发生纠纷的概率远远大于其他地区。从统计数据上可以看出，选择泗水、万隆、三宝垄等商业城市开展运营的中企与其商业伙伴产生商业纠纷的比例最小（12.50%）。商业城市拥有较为完善的市场规制，整体营商环境水平较高，企业运行较为规范，商业诚信体系比较成熟，企业之间履约程度高，因而产生经济纠纷的概率低。此外，商业城市解决经济纠纷的机制也比较完备，进一步减少了商业纠纷问题。首都雅加达地区发生经济纠纷的比例略高于商业城市区。与之形成鲜明对比的是非城市地区，超过四成（42.86%）的中企与供应商产生过经济纠纷，而两成（20.00%）与经销商发生过经济纠纷。

印度尼西亚地区之间发展极不平衡，这也体现在法律、法规、制度、执法、商业诚信、履约度等软性商业环境上，导致非城市区的中资企业与商业伙伴产生较多经济纠纷。

表6-4　　　　　　　　城市类型与经济纠纷情况　　　　　　（单位:%）

	与供应商经济纠纷		与经销商经济纠纷	
	是	否	是	否
首都城市	18.18	81.82	14.29	85.71
商业城市	12.50	87.50	0.00	100.00
非城市	42.86	57.14	20.00	80.00

首先，中企是否拥有女性高管与发生经济纠纷之间无明显的相关性（见表6-5）。但当印度尼西亚中资企业与其商业伙伴发生纠纷时，高管的性别与企业选择解决纠纷的方式之间具有一定的关联性。有女性高管的中企偏向于选择按照商业合同的条款解决经济纠纷，尤其表现在处理与经销商的经济纠纷上（100.00%）。作为企业治理结构的一部分，女性高管所具备的厌恶风险、经营稳健、高道德要求等特质广泛影响企业的经营管理与决策行为。另外，在激烈的高管职位竞争中，女性往往需要更多的人力资本、声誉资本、社会资本等以彰显自身实力，并向外界发出证明公司实力的积极信号，因此女性高管可能对于公司形象的维护尤为关注。① 在此背景之下，女性高管所在的公司倾向于以合同作为解决商业纠纷的途径。相反，无女性高管的中资企业面对与供应商和经销商的经济纠纷时，全部选择公司负责。

表6-5　　　　　企业高管性别与经济纠纷解决及其途径　　　　　（单位:%）

	与供应商经济纠纷				与经销商经济纠纷			
	是	否	途径		是	否	途径	
			公司负责	商业合同			公司负责	商业合同
有女性高管	22.22	77.78	66.67	33.33	11.11	88.89	0.00	100.00
无女性高管	21.05	78.95	100.00	0.00	12.50	87.50	100.00	0.00

---

① 王晓丹、孙涛:《女性高管、企业违规与社会责任的履行》,《制度经济学研究》2020年第1期。

无显著的统计特征表明，工会的存在必然导致印度尼西亚中资企业与其供应商之间发生经济纠纷，但与经销商之间是否发生经济纠纷有一定的关系。依据统计数据，无自身工会企业与其经销商发生纠纷的比例高于工会企业，前者多于后者14.29个百分点。有自身工会企业优先选择"公司负责"的方式处理与供应商的经济纠纷，但无自身工会企业中，近两成（16.67%）的企业选择按照商业合同规定解决存在的纠纷（见表6-6）。

表6-6　　　企业工会、全国工会与经济纠纷解决及其途径　　　（单位：%）

	与供应商经济纠纷				与经销商经济纠纷			
	是	否	途径		是	否	途径	
			公司负责	商业合同			公司负责	商业合同
有自身工会	28.57	71.43	100.00	0.00	0.00	100.00	无	无
无自身工会	20.69	79.31	83.33	16.67	14.29	85.71	50.00	50.00

三　本地化采购情况

从中资企业供销商本地化程度看，单个受访的企业平均拥有15.24个印度尼西亚本地供应商和11.73个本地销售商。同时，印度尼西亚之外的供销商数量远低于本地的数量，数据显示，中企拥有的非本地供应商之数平均不足10个（9.57个），非本地销售商数量更少，平均只有2.38个。前后数据对比反映出，中资企业供销商本地化程度较高。但标准差反映出，企业之间所拥有的本地供销商数量差距较大，部分企业的本地供销商的最大数量可达99家（见表6-7）。本地化运营可使中企充分享有印度尼西亚丰富的原材料、广阔的市场需求等优势。中资企业本地化采购和本土市场销售能够在更大程度上"嵌入"印度尼西亚市场，进而有利于企业利润的获得。

表6-7　　　　　　　　中资企业供销商本地化程度

		数量均值	标准差	最大值	最小值
印度尼西亚	供应商	15.24	25.04	99	0
	销售商	11.73	21.18	99	0
非印度尼西亚	供应商	9.57	22.73	99	0
	销售商	2.38	6.12	28	0

超过六成（61.78%）中企表示接受本地供货，两成以上（25.48%）企业拥有不超过10家本地供应商，一成以上（13.73%）的企业拥有30家以上的印度尼西亚供应商，21.57%的企业拥有本地供应商的数量介于11—30家之间。近一半（49.02%）中资企业表示无本地之外的供应商，反映出本地化采购处于较高水平。但也有近四成（35.28%）受访对象实行国际化采购，其拥有不超过10家非本地的供应商（如图6-1）。

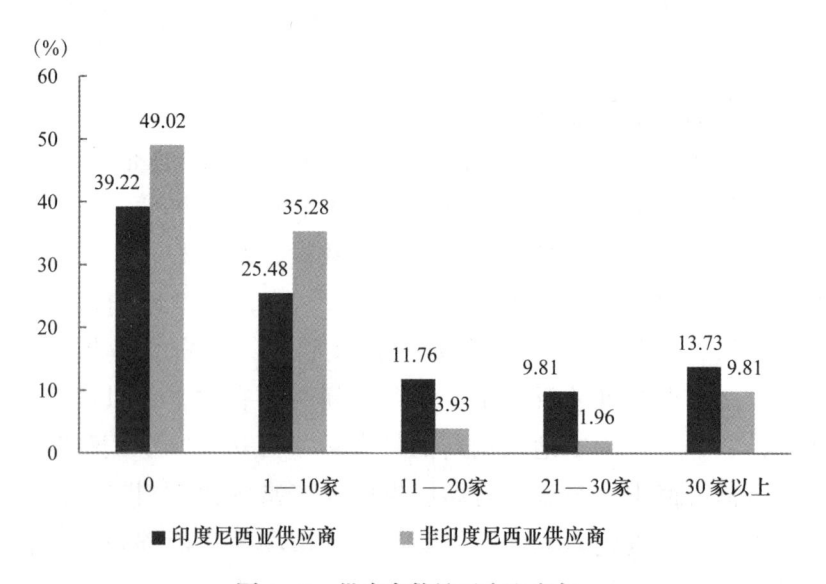

图6-1　供应商数量百分比分布

相较于供应商的数量来源，印度尼西亚中资企业销售商的国别分布较为简单（如图6-2），近七成（68.18%）的受访企业拥有本地销售商，其中四成以上（40.91%）企业的本地销售商数量在10家以下，近三成（27.27%）的中企拥有10家以上的印度尼西亚销售商。统计数据表明，中资企业的生产和销售主要面向印度尼西亚市场。除此之外，也有一定比例的中企以印度尼西亚之外的国际市场进行产品销售，其中超过三成（33.33%）的企业拥有不超过10家非印度尼西亚销售商。这反映出印度尼西亚中资企业产品市场有多元化特点，有助于降低单一市场带来的销售风险。

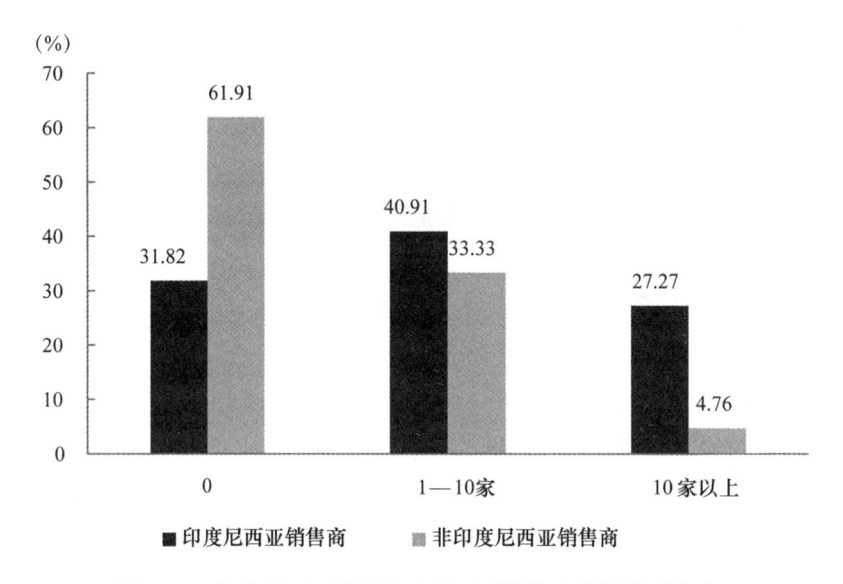

图6-2 印度尼西亚及非印度尼西亚销售商数量的百分比

中资企业与印度尼西亚供销商的合作集中于近10年之内，其中一半（50.00%）的受访企业表示其与本地供应商的业务往来始于2016年之后，同期四成（40.00%）的企业开始与印度尼西亚销售商合作。分别有四成（40.00%）和接近四成（36.67%）的企业在2011—2015年更早地同本地的销售商和供应商开展了业务合作（见图6-3）。上述时间特征与1999年之后中国政府鼓励企业"走出去"相一致。

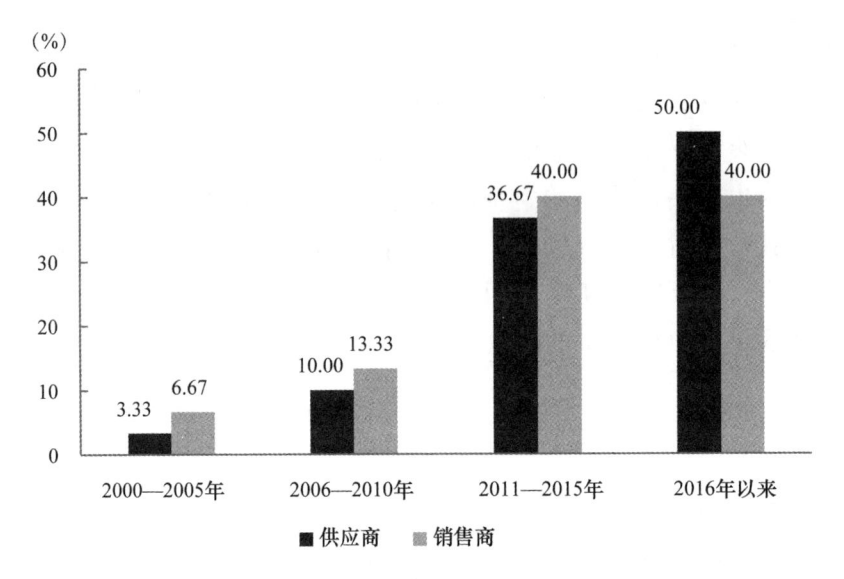

```
           (%)
           60
                                                                    50.00
           50                                                              40.00
                                                      40.00
           40                                   36.67
           30
           20
                                        13.33
           10          6.67      10.00
                3.33
            0
             2000—2005年  2006—2010年    2011—2015年     2016年以来
                         ■ 供应商      ■ 销售商
```

图 6-3　印度尼西亚供销商合作开始时间

固定资产是指企业为生产产品、提供劳务、出租或者经营管理而持有的、使用时间超过 12 个月的，价值达到一定标准的非货币性资产，包括房屋、建筑物、机器、机械、运输工具以及其他与生产经营活动有关的设备、器具、工具等。固定资产是企业的劳动手段，也是企业赖以生产经营的主要资产。从印度尼西亚中资企业固定资产来源看（见图 6-4），超过四成（43.14%）的企业表示无新增机器。其余企业中，近两成（19.61%）企业的固定资产来自中国，中国和印度尼西亚、中国与非印度尼西亚的占比相同，均为 11.76%。但是，来自印度尼西亚本土的固定资产最少，占比仅为 3.92%。统计数据说明，印度尼西亚中企固定资产的本地化程度偏低。究其原因，印度尼西亚市场上固定资产的可得性以及技术标准难以满足企业的生产经营要求，企业不得不从中国或第三国进口。

四　本地雇员占比及岗位分布概况

从员工本地化水平看（见表 6-8），印度尼西亚中资企业本地雇

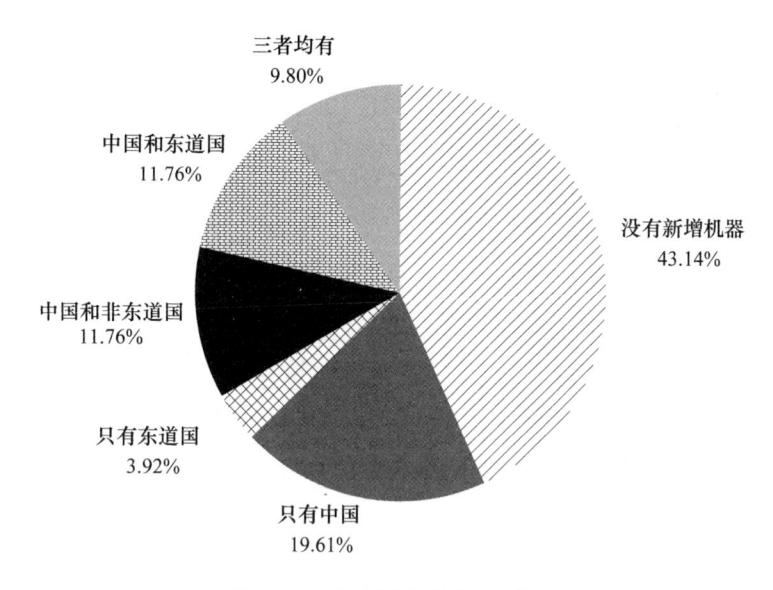

图 6-4　企业固定资产来源国

（饼图数据）
- 三者均有 9.80%
- 中国和东道国 11.76%
- 中国和非东道国 11.76%
- 只有东道国 3.92%
- 只有中国 19.61%
- 没有新增机器 43.14%

员占比居于高位水平，中企的印度尼西亚员工平均比重达八成以上（82.93%），人力资源已经普遍实现本地化。本地雇员最多从事一线或生产工作（42.32%），但各个企业之间具体情况不同，从事生产性工作的本地雇员比例差距较大。本地员工在非生产性岗位中也占有一定比重（22.67%）。但是，印度尼西亚雇员中从事技术或设计工作的比例较低，在中企的总雇员的比重不足一成（6.59%）。此外，管理岗位中，印度尼西亚籍中高层管理人员所占比例更低，只有4.72%。一定程度上反映出，印度尼西亚劳动力整体素质不高，雇员的技能、知识水平亟待提高。雇员的受教育情况也从侧面验证了上述结论。平均近四成（39.65%）的印度尼西亚雇员接受过中等教育，并且不同企业之间该情况差异较大。大学本科及以上教育水平的本地员工比例不足三成（25.91%）。如何提升劳动力素质水平、增加劳工的技能是印度尼西亚政府需要认真思考的问题。只有整体劳动力质量提升，印度尼西亚的人力资本潜力才能得到进一步释放。

表6-8　　　不同条件下印度尼西亚员工占员工总数的比例　　　（单位:%）

	均值	标准差	最大值	最小值
印度尼西亚员工占比	82.93	19.94	100.00	0.00
中高层管理人员中的印度尼西亚员工比例	4.72	10.80	75.00	0.00
技术人员和设计人员中的印度尼西亚员工比例	6.59	9.57	37.50	0.00
非生产员工中的印度尼西亚员工比例	22.67	30.42	95.24	0.00
一线员工或生产员工中的印度尼西亚员工比例	42.32	33.12	95.00	0.00
初等教育及以下的印度尼西亚员工比例	5.74	15.30	70.00	0.00
中等教育的印度尼西亚员工的比例	39.65	34.29	93.33	0.00
大学本科及以上的印度尼西亚员工比例	25.91	29.40	100.00	0.00

第二节　社会责任履行程度

研究表明，企业对股东、债权人、消费者和政府履行的社会责任在当前时期对企业竞争力产生显著正向影响；企业对员工和环境履行的社会责任主要在滞后一期对企业竞争力产生显著正向影响。企业应积极履行社会责任，并应根据自身的行业特点，在利益相关者之间进行合理的资源配置，以实现企业和社会的协调发展。

一　企业东道国社会责任履行现状

教育援助和直接捐钱是印度尼西亚中资企业社会责任履行最主要的方式，选择此两种方式的企业占比均超过半数，分别达59.38%和56.25%。同时，基础设施援助、公益慈善捐物、参与文体活动、卫生援助等也是中资企业履行本地社会责任主要选择的途径（见图6-5）。另外，部分中企积极开展项目培训以及兴修水利、文体设施以履行社会责任。

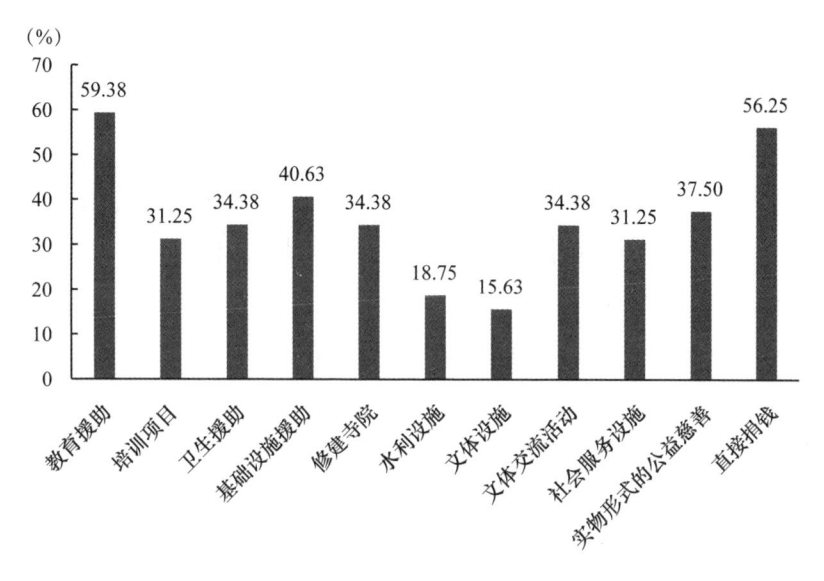

图表数据（图6-5 企业各项社会责任履行程度，单位：%）：

- 教育援助：59.38
- 培训项目：31.25
- 卫生援助：34.38
- 基础设施援助：40.63
- 修建寺院：34.38
- 水利设施：18.75
- 文体设施：15.63
- 文体交流活动：34.38
- 社会服务设施：31.25
- 实物形式的公益慈善：37.50
- 直接捐钱：56.25

图6-5　企业各项社会责任履行程度

2016—2018年，印度尼西亚中资企业社会责任支出普遍增加，其中工业领域增加最多，近九成（87.50%）工业企业在此期间增加了社会责任履行项目的开支。同期，六成（60.00%）服务业企业也表示提高了社会责任支出。另外，针对社会责任履行，半数以上（52.17%）的工业企业设置了专门的办公室或相应专管，甚至超过四成（43.48%）的工业企业建立了社会责任、企业公益行为准则的规章制度，接近四成（36.36%）的企业还在公司年度计划中制订了年度公益计划（见表6-9）。

相比较之下，中资服务企业在上述各项事务中表现得不如工业企业规范、专业。这与企业的属性和特征相关，如前文所述，印度尼西亚中资工业企业规模大、资金雄厚、承接的项目社会影响力大且部分为国有企业，因此，不论对企业自身发展而言，还是对中国国际形象构建来说，工业企业在印度尼西亚都应积极履行好社会责任。

未参与国际标准化制定的中企本地社会责任履行程度高于同期参与国际标准化制定的企业。经开区内的企业履行社会义务的积极性明显高于非经开区的企业，其中位于中国经开区的企业全部设置了专门事务机构并建立了社会责任、企业公益行为准则的规章制度。设置工会组织的中资企业在规模实力、市场竞争力、经营理念、管理水平等方面具有优势，因此，在社会责任履行上"一马当先"，七成以上的企业在社会责任履行事务上表现出专业化、制度化和规范化的管理特征，且2016—2018年间社会责任履行专项支出增加。

表6-9　　企业社会责任履行程度　　（单位：%）

	设置专门社会责任办公室或相应主管		建立了社会责任、企业公益行为准则的规章制度		在公司年度计划中制订年度公益计划		2016—2018年企业社会责任支出变化		
	是	否	是	否	是	否	减少	不变	增加
参与国际标准化制定	33.33	66.67	33.33	66.67	0.00	100.00	0.00	无	无
没有参与国际标准化制定	55.00	45.00	45.00	55.00	40.00	60.00	0.00	12.50	87.50
工业	52.17	47.83	43.48	56.52	36.36	63.64	0.00	12.50	87.50
服务业	14.29	85.71	21.43	78.57	17.86	82.14	20.00	20.00	60.00
不在经开区	21.95	78.05	24.39	75.61	21.95	78.05	11.11	22.22	66.67
中印尼合作园区	100.00	0.00	100.00	0.00	0.00	100.00	无	无	无
印度尼西亚经济开发区	62.50	37.50	62.50	37.50	57.14	42.86	0.00	0.00	100.00
有自身工会	77.78	22.22	88.89	11.11	77.78	22.22	14.29	14.29	71.43
无自身工会	19.51	80.49	17.07	82.93	12.50	87.50	0.00	0.00	100.00

二　本地员工福利待遇分析

加班成为大多数企业的常态，七成以上的受访中企存在加班的现象。在员工的食宿及娱乐活动上，工业企业表现出良好的福利待遇水平，近八成（78.26%）的工业企业为员工提供食宿，近六成（56.52%）设有文体活动中心。这也与工业生产要求固定性、连续性等特性相关，为员工提供食宿以及放松身心的设施有利于企业的生产。对比之下，服务业企业在上述福利待遇上表现得不尽如人意。不足四成（35.71%）的服务业企业为员工设有食堂或安排午餐，超过四成（44.44%）的企业为员工提供住宿。但只有为数不多（14.29%）的服务企业设立了员工文体活动中心。

经开区内的中资企业给予的员工福利待遇普遍优于非经开区的中企，尤其是印度尼西亚经开区内的中企员工可以享受更好的福利，超六成（62.50%）印度尼西亚经开区企业的员工拥有开展文体活动的场所。参与国际标准化制定和设置工会的中企，在上述员工福利待遇方面普遍优于非参与、非工会企业。

表6-10　　　　　　　　企业福利待遇比较　　　　　　（单位:%）

	是否有加班		是否有员工食堂或午餐安排		是否提供员工宿舍		是否有员工文体活动中心	
	是	否	是	否	是	否	是	否
参与国际标准化制定	100.00	0.00	100.00	0.00	100.00	0.00	33.33	66.67
没有参与国际标准化制定	80.00	20.00	75.00	25.00	75.00	25.00	60.00	40.00
工业	82.61	17.39	78.26	21.74	78.26	21.74	56.52	43.48
服务业	78.57	21.43	35.71	64.29	44.44	55.56	14.29	85.71
不在经开区	75.61	24.39	43.90	56.10	57.50	42.50	24.39	75.61
中印尼合作园区	100.00	0.00	100.00	0.00	100.00	0.00	100.00	0.00
印度尼西亚经开区	100.00	0.00	100.00	0.00	75.00	25.00	62.50	37.50
有自身工会	100.00	0.00	88.89	11.11	77.78	22.22	77.78	22.22
无自身工会	75.61	24.39	48.78	51.22	56.10	43.90	24.39	75.61

从员工福利待遇细节看，几乎全部类型的中资企业都有与本地员工聚餐的情况（见表6-11）。参与国际标准化制定的企业、位于经开区的企业以及拥有自身工会的企业举行聚餐活动的比例高于其他类型的企业。服务业企业因行业特性在聚餐上比工业企业更为方便，因而与本地员工聚餐的比例更高。全部受访的服务业企业均表示举行过印度尼西亚员工聚餐活动。聚餐作为企业团队建设活动之一，为中资企业的管理人员和本地员工互动、交流提供了良好的契机，其本质应

是一个有效的沟通过程。企业可借聚餐活动改进日常工作中存在的沟通障碍，甚至员工可以突破个人岗位职责范围参与公司更广范围内的问题讨论。通过聚餐活动，员工之间可增进彼此信任和感情，树立员工的团队精神和协作意识，进而提升企业的凝聚力。

表6-11　　　　　　企业与印度尼西亚员工聚餐情况比较　　　　（单位:%）

	与印度尼西亚员工聚餐	未与印度尼西亚员工聚餐
参与国际标准化制定	100.00	0.00
没有参与国际标准化制定	95.00	5.00
工业	95.65	4.35
服务业	100.00	0.00
不在经开区	97.56	2.44
中印尼合作园区	100.00	0.00
印度尼西亚经开区	100.00	0.00
有自身工会	100.00	0.00
无自身工会	97.56	2.44

三　企业社会责任履行效果及宣传情况

面对激烈的市场竞争，"酒香不怕巷子深"的经营理念已经落伍，企业不妨学习"王婆"，对自己的"好瓜"敢于自卖自夸。对于海外中资企业而言，本地宣传工作是传递企业信息、塑造企业形象的重要手段，对企业又好又快地融入本地市场起着重要的推动作用。对于社会责任的履行，印度尼西亚中资企业应主动宣传，塑造企业良好的市场形象和社会认知度。从统计数据上看（见表6-12），未参与国际标准化制定的印度尼西亚中资企业、工业企业、经开区企业以及拥有自身工会的企业在海外宣传工作方面较为积极，但是整体宣传程度有待加强。在印度尼西亚本地形象构建上，中资企业不妨向日本、韩国企业学习，借鉴其成功做法。另外，在社会责任履行方面，也可尝试与印度尼西亚本地非政府组织、非营利组织、基金会等社会组织合作，开展具体项目。总之，印度尼西亚中资企业应转变"低调经营""做好事不留名"的传统观点，对包括履行社会责任在内的相关活动作积极宣传，塑造中企规范、负责的社会形象。

表 6-12　　　　　企业对社会责任进行过海外宣传情况　　　　（单位：%）

	在海外宣传过	未进行海外宣传
参与国际标准化制定	0.00	100.00
没有参与国际标准化制定	60.00	40.00
工业	52.17	47.83
服务业	21.43	78.57
不在经开区	26.83	73.17
中印尼合作园区	100.00	0.00
印度尼西亚经开区	62.50	37.50
有自身工会	77.78	22.22
无自身工会	24.39	75.61

对比中国与其他国家在印度尼西亚社会责任履行的效果（见图6-6），中国在8个主要国家中排名第六，总得分5.08分（满分为8分），高于印度和俄罗斯。总体上看，诸如日本、美国等发达国家在印度尼西亚的本土社会责任履行效果普遍高于中国、俄罗斯、印度等发展中国家。依据统计数据，日本得分最高，达7.31分，接近8分的满分水平，排名第一。日本企业十分重视目的地国社会责任履行及企业社会形象构建工作。二战以后，日本企业逐步投资包括印度尼西亚在内的东南亚地区，在社会责任履行上，日本企业选择与政府、非政府组织密切协作，在东道国开展环保、农业农村、妇幼健康、教育、电力、扶贫等援助活动，通过援助措施的实施，极大改善了当地民众对日本企业的印象。同时为日本与东道国的政治经济关系和文化交流积累了有益的经验，使日本的国际影响力得到提高。

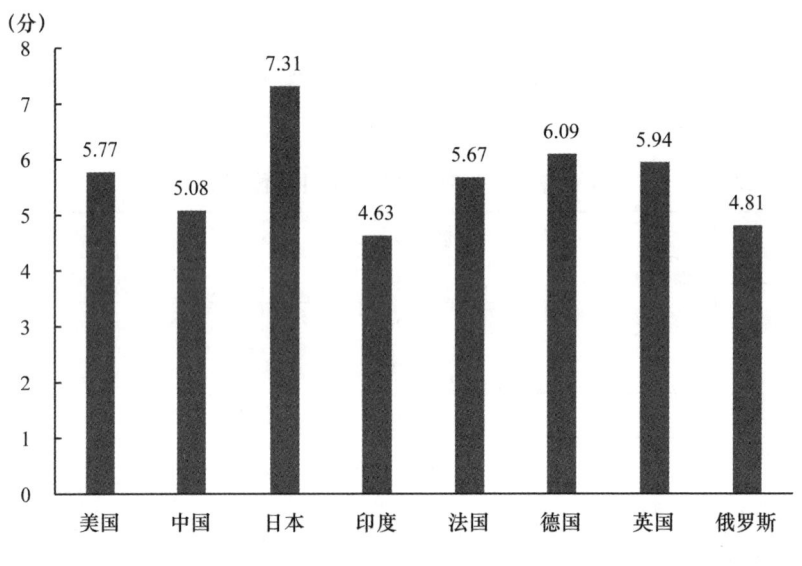

图 6-6　各国企业社会责任履行效果对比

第三节　形象传播及印度尼西亚认可度

良好的社会形象是企业宝贵的无形资产和核心竞争力因素之一。在日益激烈的市场竞争中，企业形象建设是其生存的必然选择，也是自身发展壮大的必由之路。

一　企业本地形象塑造与宣传现状

图 6-7 显示，印度尼西亚中企在形象宣传上仍偏重于当地媒体（49.02%），并兼顾推特或脸书之类新媒体（41.18%）。鉴于华人群体在印度尼西亚经济、社会上的影响力，33.33%的中企也借助华人媒体进行形象塑造和宣传。另外，微信等新媒体在印度尼西亚逐渐流行，选择微信宣传也不失为企业一个好的选择。受访的企业中有三成以上（31.37%）在企业形象宣传与传播上"只做不说"。

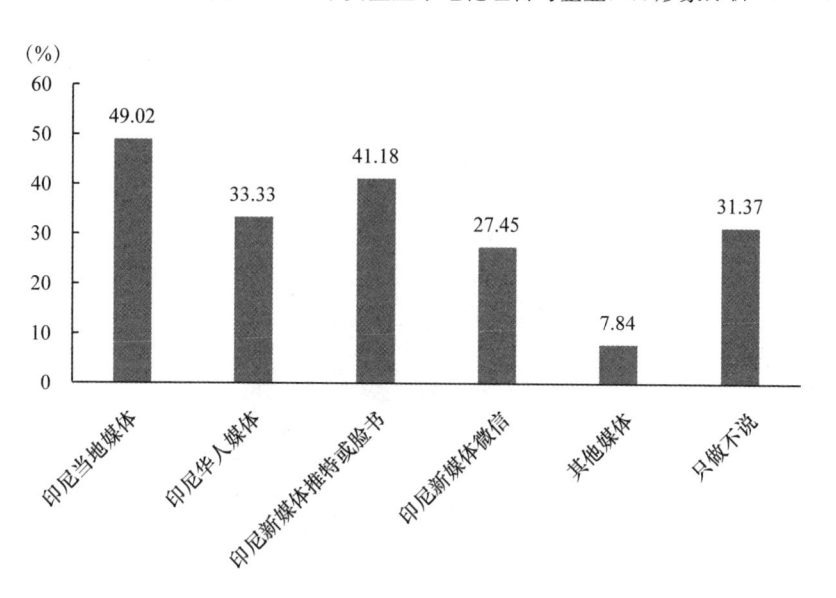

第六章 印度尼西亚中资企业本地化经营与企业国际形象分析 / 147

```
(%)
60
     49.02
50
                      41.18
40           33.33
                              27.45        31.37
30
20
10                                   7.84
 0
    印尼   印尼   印尼新    印尼新   其他   只做
    当地   华人   媒体推    媒体微   媒体   不说
    媒体   媒体   特或脸书   信
```

图 6-7 企业形象宣传手段对比

　　诚如前文所述，面对激烈的市场竞争，印度尼西亚中资企业应对自己的"好瓜"主动自卖自夸，塑造企业良好的社会形象，提升自身软实力，进而增强市场竞争力。伴随互联网在印度尼西亚的普及，受众者接受和发布信息的渠道日益多样，信息传播的技术和方式日新月异，为保障有效的宣传，中资企业要利用好包括传统媒体、新媒体在内的各类媒体资源，选择合适的传播途径，借用媒体力量，推动自身良性发展。

　　从媒体数量上看，近半数（48.93%）的企业使用不超过3个社交媒体公众账号进行自我宣传。超过一成（12.77%）的企业拥有3个以上公众号并以此为信息平台开展信息发布、企业宣传、形象塑造。但接近四成（38.30%）的受访企业无社交媒体公众账号（见图6-8）。以此推断，在利用新媒体进行自我形象宣传方面中企仍有很大改善空间。据统计，截至2019年1月，印度尼西亚移动用户高达3.555亿，是总人口的133%；互联网用户多达1.5亿人，占总人数的56%；活跃社交媒体用户高达1.5亿人，占总人口的56%；而移动社交媒体用户达1.3亿人，占总人口的48%；其中社交媒体平均每日使用时长高达3小时26分钟。① 由此可见，中企借助社交媒体公众账号实现自我形象构建的可行性与重要性。

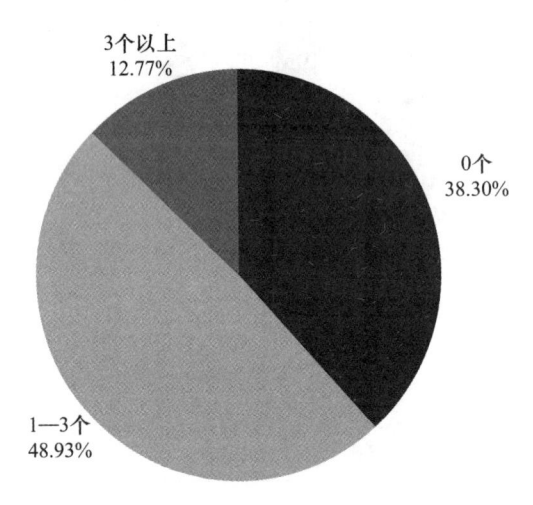

图6-8 印度尼西亚中资企业社交媒体公众账号数量比较

（饼图数据：0个 38.30%；1—3个 48.93%；3个以上 12.77%）

二 企业产品本地认可度情况

产品市场认可度反映出企业生产经营水平的高低。量化指标显示（见表6-13），印度尼西亚中资企业注册的时间长短对其产品认可度的影响不大，注册时间低于五年的企业产品认可度略高于注册时间超过五年的企业。看来后来者为赢得市场青睐，对产品的制造工艺、生产质量以及销售渠道等环节更为慎重，因此更容易获得印度尼西亚消费者的认可。参与国际标准化制定也有利于企业产品质量的保证，因而市场认可度也较高。经开区内的企业受到更为严格的生产、管理约束，因此流向印度尼西亚市场的产品更能获得消费对象的认可，其影响传导机制与企业设置工会相似。整体来看，中资企业的产品在印度尼西亚拥有较高的

---

① 参见 We Are Social《2019年数字东南亚之印尼》，[2020-06-09]，https://wearesocial.cn。

认可度,平均得分都在 7 分以上(满分为 10 分)。中国不少产品已经摆脱"低质、廉价"形象,成为印度尼西亚市场上"质优价廉"产品的代表(见表 6-13)。课题组在调研中也深深地感受到近年来中国产品在印度尼西亚市场的形象变化,尤其在年轻消费群体中的变化。

表 6-13　　　　中资企业产品在印度尼西亚的认可度对比

	均值	标准差	最大值	最小值
注册时间超过五年	7.27	1.98	10	3
注册时间低于五年	7.50	1.99	10	3
参与国际标准化制定	7.33	1.15	8	6
没有参与国际标准化制定	7.16	2.19	10	3
工业	7.18	2.06	10	3
服务业	7.57	1.91	10	4
不在经开区	7.33	1.93	10	3
中印尼合作园区	9.00	0.00	9	9
印度尼西亚经开区	7.50	2.45	10	3
有自身工会	7.56	2.65	10	3
无自身工会	7.38	1.85	10	3

三　员工对各国在印度尼西亚形象的认知

在国际舞台上,国家形象与话语权密切相关。构建良好的国家形象有助于我国同"一带一路"沿线国家增进政治互信、加强经济融合和文化包容。在国家形象认知度上(见表 6-14),日本的国家形象得分均值为 7.50,位于各国之首。中国的形象得分在日本、德国和英国之后,得分为 6.31 分,处于中等偏上水平,但高于美国、法国和印度。中国在印度尼西亚的形象构建仍有提升空间,尤其考虑到某些印度尼西亚雇员给出了 3 分的最低分。

在后续"一带一路"倡议与"全球海洋支点"战略深入对接的过程中,中国企业应重点塑造重大工程项目的正面形象。像雅万高铁这类标志性项目,具有规模大、难度高、影响范围广、利益相关方多、媒体曝光率高、民众关注度高等特点,对当地社会、经济、政治、文化、科技发展和公众健康,甚至国家安全和国际关系都有深刻影响,而且它们在建设过程中出现的工程移民、征地补偿、生态环境等问题也容易成为社会关注的焦点。[①] 印度尼西亚中资企业应积极把握时机,针对不同建设阶段的具体特征来采取对应的企业形象和工程建设形象构建与宣传策略,塑造中国负责、亲民、友善的大国国际形象。

表 6–14　　　　　　　　国家形象得分对比

	均值	标准差	最大值	最小值
美国	6.23	1.32	8	3
中国	6.31	1.55	9	3
日本	7.50	1.59	10	3
印度	5.10	1.58	9	2
法国	5.92	1.64	9	2
德国	6.55	1.52	9	2
英国	6.39	1.50	9	2

当前,绝大多数受访者对来自中国的投资持积极的态度(见图 6–9),接近六成(58.34%)的受访员工表示欢迎中国公司投资印度尼西亚。超过两成(25.00%)的本地雇员持比较欢迎的态度。但是应该看到,印度尼西亚国内也存在对中国企业投资持消极态度的情况,部分印度尼西亚国民甚至把中国的投资视为"中国的经济介入"并猜疑同中国的经济合作是否会使印度尼西亚投入中国的政治战略怀抱。[②] 中印度尼西亚双方还需进一步加强"民心相通",推动两国多层面的

---

① 舒欢:《中国海外重大工程建设正面形象全过程塑造研究》,《南京社会科学》2019 年第 12 期。
② 王勇辉:《印尼对"一带一路"倡议的负面认知与我国的应对》,《国际论坛》2018 年第 4 期。

人文交流，为经济合作筑牢民意基础。

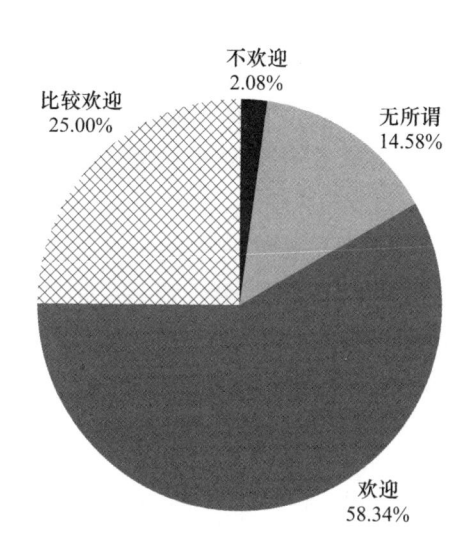

图6-9　当地员工对中国企业在印度尼西亚投资的态度

- 不欢迎 2.08%
- 无所谓 14.58%
- 比较欢迎 25.00%
- 欢迎 58.34%

第四节　公共外交

企业是公共外交的重要主体，应与东道国的政府部门、行会组织等主体保持互动，有效开展政治传播，创新国际表达，将企业的价值观念、制度标准以合理的方式融入日常商业行为中，进而实现经济利益维护与拓展。①

一　与本地同行高管及政府领导往来情况

从印度尼西亚中资企业公共外交实践来看（见表6-15），近四成（39.29%）的服务业企业表示与同行的高管保持高频率的互动。服务业对产品和服务的时效性、市场信息等具有较大的需求，因此与

---

① 欧阳骞：《中国推进海外基础设施建设的公共外交新思维》，《公共外交季刊》2019年第1期。

同企业保持良好的互动有助于企业获取及时、广泛的商业信息，便于把握行业动态，发现市场商机。对比之下，工业领域内，同类企业之间互动的频率明显低于服务业，但仍会有所往来。工业企业的生产、制造、加工等环节通常涉及商业机密，同行之间适度的往来或者较少往来是合理的。此外，非经开区内的中资企业与同行高管的交往稍高于印度尼西亚经开区内的企业。

表6-15　　企业与印度尼西亚同类企业的高层管理者的往来情况　　（单位：%）

	没有往来	较少往来	有往来	往来频繁
工业	8.70	13.04	56.52	21.74
服务业	14.29	25.00	21.43	39.29
不在经开区	12.20	19.51	36.59	31.71
中印尼合作园区	0.00	0.00	0.00	100.00
印度尼西亚经开区	12.50	25.00	37.50	25.00

企业与所在地的行政长官（见表6-16）、行业部门的领导（见表6-17）和行政管理部门的主要领导（见表6-18）都有较大比例的往来，但互动频率不高。近一半（47.83%）工业企业表示与所在地的行政长官有往来，且超过一成（13.04%）与之保持频繁往来。而服务业企业与本地的行政长官往来的程度低于工业企业，超过六成（64.28%）服务业企业同该类领导无往来以及较少往来。

表6-16　　　　　　企业与所在地行政长官往来情况　　　　　（单位：%）

	没有往来	较少往来	有往来	往来频繁
工业	13.04	26.09	47.83	13.04
服务业	35.71	28.57	21.43	14.29
不在经开区	26.83	29.27	31.71	12.20
中印尼合作园区	0.00	0.00	0.00	100.00
印度尼西亚经开区	12.50	25.00	50.00	12.50

在与行业部门的领导互动中，接近七成（69.57%）的工业企业与其领导有不同程度的往来，其中近三成（26.09%）与领导交往密切。服务业企业仍表现出较少比例的互动（见表6-17）。在与印度尼西亚当地规制或行政管理部门主要领导的往来过程中，工业企业继续保持较高比例的互动，但往来的密切程度较上述两类领导降低很多，仅有不足一成（8.70%）的受访企业表示与行政管理部门领导往来频繁（见表6-18）。

表6-17　企业与印度尼西亚行业部门的政府领导的往来情况　　（单位：%）

	没有往来	较少往来	有往来	往来频繁
工业	8.70	21.74	43.48	26.09
服务业	35.71	28.57	17.86	17.86
不在经开区	24.39	24.39	26.83	24.39
中印尼合作园区	0.00	100.00	0.00	0.00
印度尼西亚经开区	12.50	25.00	50.00	12.50

表6-18　企业与当地规制或行政管理部门的主要领导的往来情况　　（单位：%）

	没有往来	较少往来	有往来	往来频繁
工业	8.70	26.09	56.52	8.70
服务业	35.71	35.71	17.86	10.71
不在经开区	24.39	34.15	29.27	12.20
中印尼合作园区	0.00	100.00	0.00	0.00
印度尼西亚经开区	25.00	12.50	62.50	0.00

另外，位于印度尼西亚经开区的中资企业与上述各类政府官员互动的比例普遍高于非经开区的企业。印度尼西亚经开区的官方属性和特征客观上为中资企业与之领导的往来创造了便利的条件。

二 与印度尼西亚政党领导互动情况

政党和资本是国家治理的两种重要因素和力量,两者相互依存,政党必须依靠资本推动现代国家治理实现公正;同时,资本的逐利、流动和扩张属性决定其只有依靠政党参与治理才能更好地增值;二者可以统一于长治久安和持续发展的共同目标之下。[①]

中资工业企业与服务业企业与印度尼西亚各政党的领导鲜有互动(见图6-10),八成以上的两类企业都表示从未与政党的领导有所往来。而不同区位下的中资企业也表现出较低程度的互动情况(见图6-11所示),中印尼合作园区内所获企业样本稀少,不具有代表性。综合来看,印度尼西亚中资企业与各政党的互动十分有限,与其领导往来频率很小。根据2017年统计数据,印度尼西亚拥有政党的数量达73个,其中民主斗争党、大印度尼西亚行动党及专业集团党为2014年以来在国会占议席最多的三个主要党派。印度尼西亚各政党代表不同群体的利益,并在相互的斗争与博弈中不断塑造政治格局。

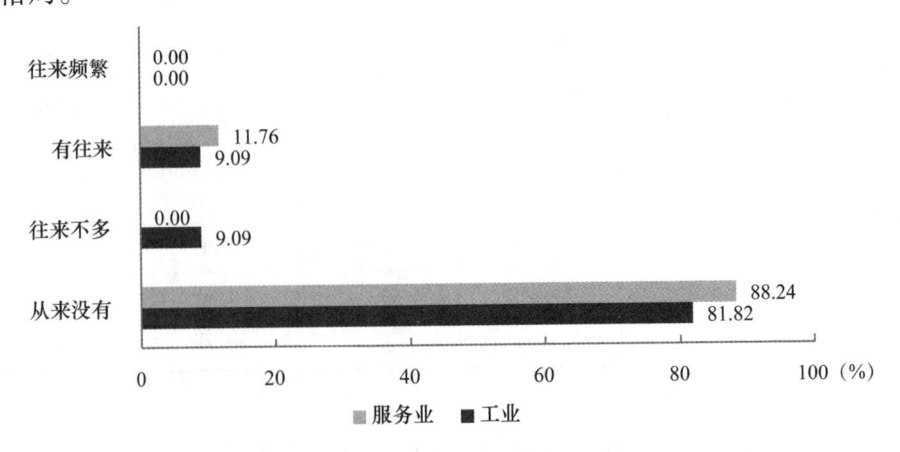

交往程度	服务业	工业
往来频繁	0.00	0.00
有往来	11.76	9.09
往来不多	0.00	9.09
从来没有	88.24	81.82

图6-10 按行业划分的企业与政党的领导交往程度对比

[①] 郭玥:《国家治理视域下政党与资本的逻辑统一》,《理论与改革》2016年第6期。

"政治联系企业"是全球范围内存在的普遍现象，也是国家参与资源分配的权力行为文明化的结果，具有经济上与法理上的正当性。[1] 政治关系成为企业绩效的影响因素之一。中资企业与印度尼西亚不同党派的互动、往来有助于及时了解政策、法规及行业制度的发展变化，尤其是与企业自身经营发展密切相关的经济、商业政策规制。同时，与印度尼西亚政党尤其是国会议席大党保持良好的政治关系，或可获得优惠政策，例如优惠贷款。政治关联具有"信息效应"和"资源效应"，可降低资金供求双方的信息不对称，缓解企业融资约束，并强化民营企业的资源获取能力，切实提高企业的未来总收益。[2] 但"政治资源诅咒效应"应当引起注意。政治关联会通过降低市场竞争、助长过度投资等导致企业技术创新乏力、资源分散并产生挤出效应，最终可能损害企业的经营效率。[3]

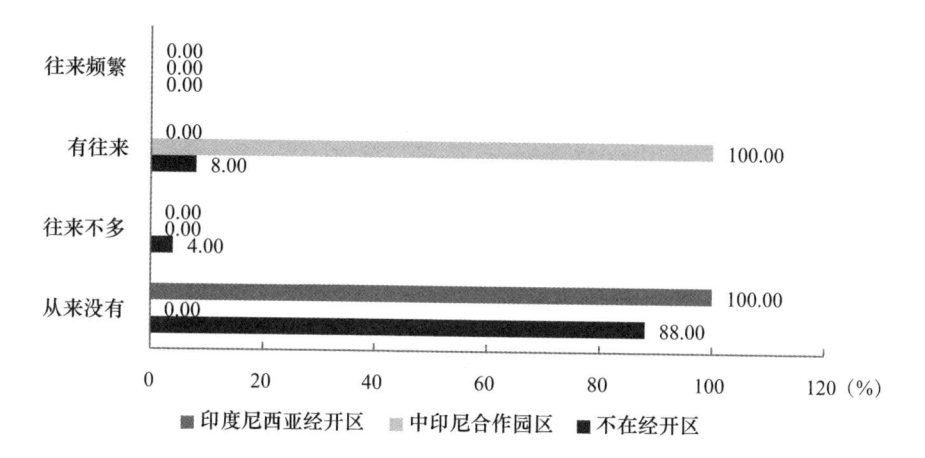

图 6-11 按是否在经济开发区划分的企业与政党的领导交往程度对比

---

[1] 蒋大兴：《政治/政党与企业——政治权力参与资源分配的文明结构》，《当代法学》2018 年第 1 期。

[2] 于蔚、汪淼军、金祥荣：《政治关联和融资约束：信息效应与资源效应》，《经济研究》2012 年第 9 期。

[3] 袁建国、后青松、程晨：《企业政治资源的诅咒效应——基于政治关联与企业技术创新的考察》，《管理世界》2015 年第 1 期。

第 七 章

印度尼西亚中资企业员工的
职业发展与工作环境

本章基于对 500 余名中资企业当地员工的调研数据,对在中资企业工作的印度尼西亚员工的工作、家庭现状进行描述、分析和总结,主要论述内容包括职业经历和工作环境、工作时间与职业培训和晋升、参与工会组织和社会保障情况、个人和家庭收入及家庭地位和耐用消费品等方面。

第一节 职业经历和工作环境

印度尼西亚 2018 年 8 月全国就业人口为 1.24 亿人,同比增加了 2.47%。同期,劳动力人口增长 2.3%,达 1.31 亿人。由于就业人口增加速度高于劳动力人口的增长,印度尼西亚失业率降低至 5.34%,其中城市失业率 6.45%,农村失业率 4.04%。[①] 总的来说,印度尼西亚劳动力找到一份工作的难度不大。中国资本进入印度尼西亚为当地劳动力提供了多样化的、待遇条件更好的就业选择,吸引了许多中青

[①] 《就业人数增速高于劳动力人口增长,失业率降低》,印度尼西亚 Katadata 网站,(2019-03-15)[2020-04-10],https://databoks.katadata.co.id/datapublish/2019/03/15/angkatan-kerja。

年劳动力到中资企业工作。

一 应聘入职情况

获取就业岗位信息是应聘入职的前提,世界银行的研究显示,印度尼西亚求职者与企业方的信息对接还不顺畅,包括刚走出校门的大学毕业生在内的大约60%的求职者过度依赖亲朋好友的介绍求职,对就业市场的信息了解非常有限。[①] 这在调研中得到了证明,受访的512名印度尼西亚员工中有267人(52.15%)是通过亲戚朋友的介绍到中资企业工作的,看到招聘广告来应聘的只有96位,占比18.75%(见表7-1)。通过职业介绍机构、招聘会、学校就业中心等途径到中企就业的比例更小。如前文所述,印度尼西亚劳动力充沛而中资企业招聘合适的人才仍遇到不同程度的困难,信息对接不畅是主要原因之一。有鉴于此,中资企业可最大化地利用好网络平台,并相应加强与政府和民间相关中介机构的合作,及时、广泛地传播岗位需求信息。

表7-1　员工获得现工作的主要途径(N=512)　　(单位:%)

获得现工作的主要途径	频数(人)	百分比
在职业介绍机构登记求职	15	2.93
参加招聘会	18	3.52
通过学校就业中心	12	2.34
看到招聘广告	96	18.75
通过亲戚朋友	267	52.15
直接来企业应聘	38	7.42
雇主直接联系你	40	7.81
其他	26	5.08
总计	512	100.00

---

① 《劳工与就业问题》,印度尼西亚 Buleleng 县劳动局网站,(2019-02-12)[2020-04-10],https://www.bulelengkab.go.id/detail/artikel/masalah-tenaga-kerja-dan-lapangan-kerja-32。

共 46 个受访员工表示有 1 个以上家庭成员在同一家企业工作，最多的有 4 个以上家人在同一企业（见表 7-2）。这种现象与印度尼西亚员工倾向于通过亲朋好友介绍来获得工作机会的习惯有直接联系。之所以与家人在同一家企业工作，部分原因是该企业距离员工家庭住址较近，同时显示企业的待遇条件、工作环境等得到员工的认同。

表 7-2　员工家人在本企业的数量（$N=512$）　　（单位：%）

有几个家人在本企业	频数	百分比
1 个	30	65.22
2 个	5	10.87
3 个	6	13.04
4 个及以上	5	10.87
总计	46	100.00

二　工作时长与工作环境

如图 7-1 所示，507 个样本中在中资企业工作不到 1 年、1 年、2 年和 3 年的员工占比都在 20% 以上，工作 4—6 年的比例最小，超过 6 年的员工比例略回升至 5.72%。工作时长在 3 年以下的员工占多数，一方面显示了中资企业员工的流动性；另一方面不少企业确实是最近几年才进入印度尼西亚的。

本调研问卷在设计时，对合格的员工样本要求是"进入中资企业工作一年以上且属于该企业长期雇用的员工"。在实际调研中发现，相当数量中资企业投资的时间并不长，因此调研组将工作时间不到一年的员工也计入统计样本。

关于员工的工作环境，此处调研问题主要涉及日常工作使用电脑情况。在总计 515 份有效样本中，男性约 65.35% 使用电脑，女性的岗位主要是办公室文秘、行政、翻译等，使用电脑的比例高达 97.85%（见表 7-3）。

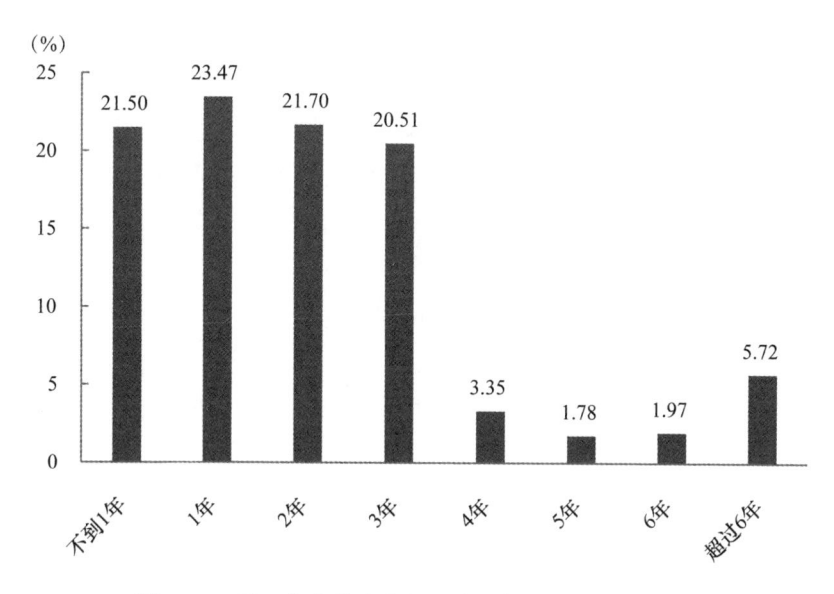

图 7-1　员工在当前企业的工作时长分布（$N=507$）

表 7-3　　　　按性别划分的员工日常工作使用电脑状况（$N=515$）　　（单位：%）

日常工作是否使用电脑	男	女
是	65.35	97.85
否	34.65	2.15
总计	100.00	100.00

第二节　工作时间与职业培训、晋升

本节调查内容为管理人员和非管理人员每周的工作时长，以及企业对员工开展能力建设的情况，旨在进一步了解中资企业的内部运营环境。

一　工作时间

工作时间是指劳动者为履行工作义务，在用人单位从事工作或者生产的时间,劳动者或用人单位不遵守工作时间的规定或约定,要承担相应的法律责任。它可以促进现代化科学技术的发展,提高工作效率和劳动生产率,同时又是劳动者实现休息权的法律保障。

调研获得512份有效样本,其中男性中22.63%为管理人员,77.37%为非管理人员;女性中管理人员有19.46%,非管理人员超过了八成,为80.54%(见表7-4)。性别差异没有在企业内部管理岗位上体现出来,男女性都能获得相对平等的发展机会。现代企业的用人模式应该说有助于推动印度尼西亚性别平等,毕竟在爪哇等地区的传统社会,"男主外、女主内"的思维方式还有很大惯性。

表7-4　按性别划分的管理人员与非管理人员分布（N=512）　（单位:%）

身份	男	女
管理人员	22.63	19.46
非管理人员	77.37	80.54
总计	100.00	100.00

就"上个月您每周工作几天"的问题,调研共收回有效问卷505份。由于岗位和工作性质不同,管理层和普通员工的工作时间有些许差别。有的管理人员处于轮休状态,或可灵活安排时间,在接受调研的上个月每周工作时间在3天以下,同时极少数非管理人员因病因事请假,每周只在岗3—4天。多数情况下身份差异没有导致工作时间的明显不同,有58.65%的企业管理层人员和59.10%的员工每周工作5天;部分企业特别是雅加达服务业、生产制造业领域的企业实行6天工作制,所以分别有33.65%的企业管理层和36.41%的员工每周在岗6天。在6天工作制的中企,员工每天上班时间并非"朝九晚五"而是"朝九晚四",周六一般只是上午上班,最迟不超过下午两点下班,因此不算加班。上述两种工作天数安排,构成了印度尼西亚中资企业人员工作时间的主体面貌。另外,全周无休的管理人员为2.88%,员工为3.99%(见表7-5)。

表 7-5　　　　　管理人员与非管理人员上月平均每周
　　　　　　　　工作天数的差异（N=505）　　　　（单位:%）

上月平均每周工作天数（天）	管理人员	非管理人员
0	0.96	0.00
1	0.96	0.00
2	0.96	0.00
3	1.92	0.25
4	0.00	0.25
5	58.65	59.10
6	33.65	36.41
7	2.88	3.99
总计	100.00	100.00

二　职业培训和职业晋升

中资企业大量雇用属地化员工，有助于解决当地就业问题，促进当地经济发展；对属地员工个人而言，中资企业管理更规范、技术更先进、薪酬更丰厚，在中资企业的工作实践还可能大大提高其工作技术水平和职业素养。当地员工能力建设与企业发展有连带性关系，只有做好员工能力建设工作才能提高当地民众对企业的认知和认同，从而提高企业的竞争力。为促进属地化发展，不少中资企业已从单纯雇用属地化员工转换为"雇用+培养"相结合的模式，试图跳脱"只吸纳、无产出"的低端用工模式。

职业培训的目标是将当地员工培训成为能够独立上岗人员，和高等职业教育相比周期较短，其注重的是员工当前时期的改变。调研共获取515份有效问卷反馈，技术性技能（36.17%）和安全生产（26.44%）、管理技能（23.40%）、人际交往技能（19.45%）列男性员工入职后接受的主要培训内容的前四位；女性员工接受培训内容较集中在技术性技能（21.51%）、人际交往技能（19.89%）、管理技能（17.20%）、职业道德（13.44%）等方面（见表7-6）。除技术性技能外，男女性入职后所接受的其他培训内容的差别应该从所从事岗位和工作性质差异的角度理解。同时，仍有27.66%的男性员工和42.47%的女性员工入职后未接受过任何培训（见表7-6）。

表7-6　　按性别划分的员工入职后的培训内容（$N=505$）　　（单位:%）

入职后培训或进修内容	男	女
管理技能	23.40	17.20
人际交往技能	19.45	19.89
写作能力	2.13	2.69
职业道德	14.59	13.44
中文读写	3.95	6.45
英文读写	3.65	2.69
计算机技能	7.29	8.06
技术性技能	36.17	21.51
安全生产	26.44	12.37
其他	3.65	2.69
没有培训	27.66	42.47

关于员工最近一次的培训内容，调研共获入职后接受过培训的344位员工的有效问卷反馈。与入职培训相比，员工最近一次接受培训的内容更有针对性，管理技能、人际交往技能、技术性技能、安全生产所占比重增加较多。女性接受培训的内容更显多元化，说明女性所处岗位对能力和综合素质的要求要高一些（见表7-7）。

表7-7　　按性别划分的员工最近一次的培训内容（$N=344$）　　（单位:%）

最近一次培训的内容	男	女
管理技能	29.11	25.23
人际交往技能	24.05	33.64
写作能力	4.22	6.54
职业道德	19.41	17.76

续表

最近一次培训的内容	男	女
中文读写	3.80	7.48
英文读写	3.38	4.67
计算机技能	8.86	15.89
技术性技能	43.04	37.38
安全生产	29.96	18.69
其他	4.64	6.54
没有培训	0.00	0.00

本次问卷对于员工职业晋升状况的调查，问题设置为"从您进入这家企业工作算起，您是否获得过职位晋升"。结果显示男性在职业发展上更有优势。在515份有效反馈中，32.52%的男性和19.89%的女性员工表示曾获晋升，男性获晋升比例超出女性12.63个百分点（见表7-8）。

表7-8　　　按性别划分的员工的职业晋升状况（$N=515$）　　（单位：%）

进入本企业后是否有职业晋升	男	女
是	32.52	19.89
否	67.48	80.11
总计	100.00	100.00

第三节　工会组织与社会保障

工会组织在企业、员工之间扮演桥梁与纽带的角色，发挥沟通与协调的作用，是企业发展过程中的内部稳定、文化建设、技术创新、治理改革的"催化剂"。工会在和谐劳动关系的构建中具有不可替代的作用，其通过维护员工合法权益、保障职工管理权限和监督劳动法律执行来行使权利。① 社会保障则是以国家或政府为主体，依据法律，通过国民收入的再分配，对公民在暂时或永久丧失劳动能力以及由于各种原因而导致生活困难时给予物质帮助，以保障其基本生活的制度。工会维护劳动者当下的权益，社会保障解除劳动者的后顾之忧，二者都与企业员工的切身利益息息相关。

一 员工加入工会状况

在印度尼西亚，企业拥有 10 名以上的劳工即可申请成立工会。工会遵循民主原则议事，每一位劳工都有权组织和加入工会，雇主不得干涉工会选举及民主决议。工会向印度尼西亚劳工部申请登记备案并取得凭证后可行使多项权利，包括与雇主协商集体劳动合同、代表劳工与雇主开展劳资纠纷谈判、设立机构或开展活动以提高劳工的福利待遇等。如果企业设立工会，则禁止使用公司章程替代集体劳工合同。② 工会及劳工有权行使罢工权利，但需提前 7 个工作日以书面形式告知雇主及主管单位，且原则上在企业内部进行不得扰乱公共秩序或威胁生命与企业、社会财产安全。合法的罢工期间，雇主应支付员工的正常薪酬。

全国性的工会联盟有全印度尼西亚劳工联盟（SPSI）、印度尼西亚工人福利联盟（SBSI）、全印度尼西亚劳动者联合会（KSPI）等，各行业还有大量辐射范围不同的行业工会。印度尼西亚规定外资投资建工应允许员工自由筹组工会组织，政府鼓励员工通过工会协调劳资关系。印度尼西亚劳工部的数据是，2017 年印度尼西亚有以企业工

---

① 刘娜：《企业工会在构建和谐劳动关系中的重要作用分析》，《人力资源》2019 年第 4 期。

② 根据印度尼西亚《劳工法》，一家企业只允许设定一份集体劳动合同，有效期为 2 年，合同内容适用于全体员工。集体劳动合同对雇主的权利与义务、劳工及工会的权利与义务、合同的有效与生效期等作出明确规定。雇主与员工签订的劳动合同不能违反集体劳动合同的规定。

会为主的工会组织7000个，工会成员270万。① 总体上，印度尼西亚的工会在企业进入、并购、经营、裁员、员工薪酬福利等问题上发挥着不容小觑的力量。

本次调查涉及的在有工会的企业中工作的印度尼西亚员工，共有43.48%加入了企业工会（见表7-9）。而在全印度尼西亚范围内，2018年每100名劳动者中加入工会的比例是工业领域12人，服务业领域17人。② 如果加上参加了行业工会的员工数据，上述企业当地员工的工会参与率是比较高的。企业在遇到劳资纠纷时将不仅面对雇员个人，而且面对工会组织，需要更谨慎地了解当地法律和工会运作机制才能使纠纷调解达到较好效果。一旦劳工权益矛盾激化，企业与个别劳工的纠纷就有泛化、升级为企业与员工整体对立的可能，工会的动员能力将使企业面临的压力更大。

表7-9　　　按性别划分的员工加入企业工会状况（$N=46$）　　（单位:%）

本人是否加入企业工会	男	女	总计
是	58.62	17.65	43.48
否	41.38	82.35	56.52

男性员工对企业工会的认可度和信任感更高，加入企业工会的比例是58.62%，女性只有17.65%。印度尼西亚学者针对玛琅地区企业工会的一项研究显示，男性员工半数加入工会是出于寻求利益保护目的，另四分之一是为了主动表达意愿，剩下的属于消极跟随者；而女性工会成员只有三分之一有依赖工会寻求保护的意识，另三分之二

---

① 《劳工部长称工会组织数量下降明显》，CNN印度尼西亚频道，(2018-03-29)[2020-04-14]，https://www.cnnindonesia.com/nasional/20180328143824-20-286542/menaker-jumlah-serikat-pekerja-menurun-signifikan。

② 《加入工会的工人数量下降》，印度尼西亚Katadata网站，(2019-07-19)[2020-04-13]，https://databoks.katadata.co.id/datapublish/2019/10/17/kepersertaan-serikat-pekerja-menurun。

入会是因为"别人加入所以我也加入"。① 中资企业中当地女性员工对加入行业工会的热情同样不高,入会者比例仅1.14%。除了女性员工权益保护意识和性格因素外,当地行业工会在解决具体劳资纠纷、为员工个体现实利益服务方面的作用是有限的。因此,男性员工加入的比例也仅4.58%,受访的481位中资企业当地员工总计只有3.33%加入行业工会。这些组织更关注的是反映和解决行业劳动者整体性、全面性的问题,例如向政府要求立法提高行业劳动者的福利待遇、救助行业弱势群体等(见表7-10)。

表7-10　　按性别划分的员工加入行业工会状况（$N=481$）　　（单位:%）

本人是否加入行业工会	男	女	总计
是	4.58	1.14	3.33
否	92.48	98.29	94.59
当地没有行业工会	2.94	0.57	2.08

员工反映当地没有行业工会的比例极小,足见行业工会在印度尼西亚的勃兴。不过无论管理人员还是普通员工,479位受访者中的90%以上没有加入行业工会,管理人员权利意识显著高于非管理人员,加入了行业工会的占7.77%(见表7-11)。

表7-11　　管理人员与非管理人员加入行业工会状况（$N=479$）　　（单位:%）

是否加入行业工会	管理人员	非管理人员
是	7.77	2.13
否	91.26	95.48
当地没有行业工会	0.97	2.39
合计	100.00	100.00

---

① Umu Hilmy, Yulia Fatma: Peran Buruh Perempuan dalam Serikat Buruh di Malang Raya, [2020-04-13], https://journal.trunojoyo.ac.id〉article〉download.

虽然工会的定位是代表员工协商与资方的劳动关系，但486份有效问卷反馈显示工会在纠纷解决中的介入程度非常浅。即使考虑到80%以上中资企业未成立自身工会，当前遇到纠纷时找企业工会投诉的管理人员（2.88%）和非管理人员（1.57%）比例都是很低的。这和东南亚其他国家中资企业的情况形成较鲜明对比。以越南为例，当地员工感受到权益受侵害时向企业工会寻求保护的比例达到30%以上（见表7-12）。可以预见，随着时间的推移，印度尼西亚企业工会在劳资纠纷中所起的作用肯定会进一步上升。

管理人员的身份相对特殊，容易得到行业工会的关注，因此有13.46%的印度尼西亚中企的当地管理人员选择向行业工会投诉。最有公信力和强制力的机构看来是企业管理部门，成为半数以上当地员工特别是非管理人员寻求纠纷解决的机构。选择停工或辞职、罢工、停职、上网反映情况等过激行为的员工极少，绝大多数人还是愿意通过正常途径进行沟通的。

表7-12　　管理人员与非管理人员解决纠纷方式的差异（$N=486$）　　（单位:%）

最有可能采取的解决纠纷方式	管理人员	非管理人员
找企业管理部门投诉	52.88	73.56
找企业工会投诉	2.88	1.57
找行业工会投诉	13.46	0.26
向劳动监察部门投诉	10.58	5.50
独自停工、辞职	4.81	4.19
参与罢工	1.92	1.05
上网反映情况	1.92	2.62
没有采取任何行动	6.73	9.69
其他	4.81	1.57
合计	100.00	100.00

二 员工享有的社会保障情况

社会保障关系每一位员工及其家庭福祉。本部分调查在问卷中体现的问题是"这份工作为您提供了哪些社会保障（多选）"，有"医疗保险""养老保险""其他""不清楚"等选项，共获508份有效反馈。

当地管理人员和非管理人员享有社会保障的比例差异不大，分别有83.64%和86.43%的人员有社会保障。两类员工中仍分别有16.36%和13.57%的人员反映称社会保障不到位，这肯定是劳动纠纷产生的根源之一（见表7-13）。少数中资企业还没有把劳工权益保护视为企业发展战略的一部分。

表7-13　管理人员与非管理人员是否享有社会保障（$N=508$）　（单位:%）

是否享有社会保障	管理人员	非管理人员
是	83.64	86.43
否	16.36	13.57
合计	100.00	100.00

针对社会保障类型的调查共获436份有效样本。企业管理人员和非管理人员的社会保障类型都以医疗保险为主，享有此类社会保障的当地员工比例超过90%，管理人员略高，获养老保险的当地员工不到总人数的一半。此外，享受"其他"社会保障的非管理人员比例显著高于管理人员（见表7-14）。

表7-14　管理人员与非管理人员享有的社会保障类型（$N=436$）　（单位:%）

享有哪些社会保障	管理人员	非管理人员
医疗保险	93.48	91.57
养老保险	47.83	47.97
其他	2.17	8.43
不清楚	1.09	0.58
合计	100.00	100.00

从法律规定上说，无论印度尼西亚本地还是外资企业均有为员工购买医保和养老保险的责任。大部分企业为当地员工购买了医保，一来其费率较低，二来员工如在职期间出现身体健康问题可以直接发挥效用。在效益好的企业，达到一定级别的当地管理人员甚至可能享受企业代买的商业医疗保险。养老保险费为250—300元人民币/月，是医疗保险费的数倍，一些中小企业出于节约经营成本考虑未予重视。没有签长期劳动合同的员工以及工程外包项目的员工，养老保险未落实的情况相对突出。

第四节 个人和家庭收入

2019年，印度尼西亚劳动者月平均工资为255万盾（税后，以人民币兑印度尼西亚盾汇率1∶2000计约1270元），且每年都有一定比例上涨。最低工资平均为245.5万盾/月，同比上升8.23%。各地工资水平差距很大，雅加达最低工资线居全印度尼西亚之冠（394万盾），日惹最低（157万盾）。[①] 一位在印度尼西亚经营猎头公司的中方负责人表示，中资企业当地员工的工资在全印度尼西亚范围内属于中等偏上水平，普遍比本地公司员工高25%—50%。

一 员工个人收入

印度尼西亚中资企业当地员工工资因工作岗位和所在地域、行业的不同而存在较大差别。调查以百万印度尼西亚盾为单位，将442份有效问卷反馈的工资数额分为5个档次。从整体数据看，月收入在390万盾（约1950元）以下的较低收入组占比为37.11%，400万盾至485万盾（2000—2400元）之间的中等收入组为23.08%，490万盾（2450元）以上的中高收入组占比为39.82%（见表7-15）。

---

① 印度尼西亚中央统计局网站，http://www.bps.go.id。

以性别为标准，较低收入组中男性比例比女性高出 8.06 个百分点，中等收入组中男性比女性低 4.33 个百分点，中高收入组中男性比女性低 3.73 个百分点。中资企业中男女性员工收入平等，较低收入组的工作岗位对技术要求低而往往对体力要求高，故而男性占比略高。

表 7-15　　　　按性别划分的员工月收入层次分布（N=442）　　　（单位：%）

收入 性别	1.8—3.5 百万盾	3.538—3.9 百万盾	4—4.85 百万盾	4.9—6.3 百万盾	6.4 百万盾 及以上
男	24.35	15.87	21.40	19.19	19.19
女	16.37	15.79	25.73	22.22	19.89
合计	21.27	15.84	23.08	20.36	19.46

按年龄划分的员工月收入分布如表 7-16 所示，3 个年龄组别工资收入呈现的特点为：一是 19—25 岁员工或受教育程度低，或刚刚从大学毕业进入社会，高收入（640 万盾及以上）人员比例只有 13.61%，而在其他收入层次的人员比例大致均衡。二是 26—35 岁的年轻人精力旺盛，处于职业生涯上升期，中等以上收入人员比例显著高于上一年龄组。三是 36 岁及以上员工收入呈现两极分化状态，中间收入群体比例相对小。一些员工只能长期从事安保、保洁、车间和基建项目重体力劳动，工作辛劳而所得有限；另一些作为职场"老人"，在中资企业中获得与其能力和工作经验相称的较高收入。

表 7-16　　　　按年龄组划分的员工月收入分布（N=442）　　　（单位：%）

年龄组	1.8—3.5 百万盾	3.538—3.9 百万盾	4—4.85 百万盾	4.9—6.3 百万盾	6.4 百万盾 及以上
19—25 岁	19.05	23.13	23.13	21.09	13.61
26—35 岁	19.91	13.27	24.34	20.35	22.12
36 岁及以上	30.43	8.70	18.84	18.84	23.19
合计	21.27	15.84	23.08	20.36	19.46

印度尼西亚劳动力受教育程度较低，2018年50%的劳动力只有小学学历，大学以上学历的仅11.65%（见表1-6）。员工收入与受教育程度呈正向比例关系，对441名中资企业当地员工的调查数据证明了这一点。小学学历人员无人月收入在490万盾以上，而180万—350万盾区间的比例则高达71.43%。随着受教育程度的递升，月收入在640万盾以上的员工比例增加非常明显，硕士及以上学历人员有58.33%在此收入组别（见表7-17）。

表7-17　按受教育程度划分的员工月收入分布（N=441）　（单位:%）

最高学历＼收入	1.8—3.5百万盾	3.538—3.9百万盾	4—4.85百万盾	4.9—6.3百万盾	6.4百万盾及以上
未上过学	0.00	0.00	100.00	0.00	0.00
小学学历	71.43	0.00	28.57	0.00	0.00
中学学历	26.96	26.47	20.59	15.20	10.78
本科	14.75	7.37	25.81	25.81	26.27
硕士及以上	16.67	0.00	8.33	16.67	58.33
总数	21.32	15.87	23.13	20.18	19.50

按出生地划分的员工月收入情况调查所得有效样本亦为441份。和多数发展中国家一样，印度尼西亚的城市化进程尚在路上，2017年有1.44亿人居住在城市，另1.2亿人居住在农村。[①] 城乡差距体现在教育基础设施、社会环境等方面，进而影响劳动者的综合素质及就业竞争力。如表7-18所示，来源于城市和农村的员工收入差距主要体现在180万—350万盾的低收入组和490万盾以上的中高收入组。出生地在农村的员工低收入者占28.41%，相比城市出身的低收入者

---

① 《印度尼西亚城市化水平居于中游》，印度尼西亚Katadata网站，（2019-10-08）[2020-04-13]，https：//databoks.katadata.co.id/datapublish/2019/10/08/tingkat-urbanisasi-indonesia-dalam-kategori-menengah。

高 11.81 个百分点；相反，前者中高收入人员比例比后者低 11.57 个百分点（见表 7-18）。

表 7-18　　　按出生地划分的员工月收入分布（$N=441$）　　　（单位:%）

农村或城镇	1.8—3.5 百万盾	3.538—3.9 百万盾	4—4.85 百万盾	4.9—6.3 百万盾	6.4 百万盾及以上
农村	28.41	17.05	21.59	16.48	16.48
城市	16.60	14.72	24.15	23.02	21.51
合计	21.32	15.65	23.13	20.41	19.50

就管理人员与非管理人员的月收入情况调查共获有效样本 439 份。管理人员有 40.26% 收入在 640 万盾以上，而非管理人员能达到这个收入水平的只有 14.64%。在 180 万—350 万盾档次组这两类人员比例相差不大，在另外三个档次组非管理人员的比例超出管理人员约 10 个百分点（见表 7-19）。

表 7-19　　　管理人员与非管理人员的月收入分布（$N=439$）　　　（单位:%）

身份	1.8—3.5 百万盾	3.538—3.9 百万盾	4—4.85 百万盾	4.9—6.3 百万盾	6.4 百万盾及以上
管理人员	24.68	7.79	14.29	12.99	40.26
非管理人员	20.72	17.68	24.86	22.10	14.64
合计	21.41	15.95	23.01	20.50	19.13

对 511 位中资企业本地员工的调查结果显示，89.09% 的管理人员和 96.26% 的非管理人员能按时领取工资或工资被拖延时间在一个月以内。工资被拖延超过一个月的非管理人员比例为 3.74%，管理人员为 10.91%（见表 7-20）。

据调查，确有极少数中资企业对及时发放薪资不够重视，中国员工和当地员工的工资发放都经常被拖延。但更要看到，中国在印度尼西亚的公司多数处于起步阶段，经营不稳定，尤其是制造业、工程施工领域的劳动密集型企业，一旦项目受阻现金流便容易发生问题，导致员工工资难以及时结算。管理人员对企业经营状况较了解，一般来说待遇相对优厚，公司遇到困难拖延工资发放时容易得到他们的理解，这部分人群工资被拖欠比例相对非管理人员要高。

表7-20　　　　管理人员与非管理人员工资拖欠状况（$N=511$）　　（单位:%）

未结算工资超过1个月	管理人员	非管理人员
超过一个月	10.91	3.74
未拖欠工资/拖延未超过一个月	89.09	96.26
总计	100.00	100.00

二　员工家庭年收入情况

本项调查从员工个人向员工家庭延伸，按1000万—3000万盾（合0.5万—1.5万元人民币）、3200万—4600万盾（合1.6万—2.3万元人民币）、4680万—7200万盾（合2.34万—3.6万元人民币）、7500万—1.5亿盾（3.75万—7.5万元人民币）、1.68亿盾（8.4万元人民币）以上作为低、较低、中等、中等偏高和高收入标准汇总员工家庭收入情况。调查结果如表7-21所示，各收入组别的比例大致相同。

以印度尼西亚中央统计局2019年3月的标准计，个人月收入42.5万盾以下即为贫困，以每家4—5名成员计，家庭月收入190万盾或年收入2280万盾以下为贫困。[①] 本调查结果中的低收入组别员工家庭有相当部分属贫困之列，80%家庭年收入在7.5万元人民币以下。调查发现，当地员工在回答家庭收入问题时常显迟疑，也许是收入问题涉及隐私，又或许是员工本人并不清楚其他家庭成员的经济收入状况。员工反馈的信息和真实情况之间应该是有差距的。

---

① 《中央统计局称月入1.9百万盾即属贫困之列》，（2019-07-15）[2020-04-20]，印度尼西亚Liputan6网站，https：//www.liputan6.com/bisnis/read/4013223/bps-penghasilan-rp-19-juta-per-bulan-masuk-kategori-warga-miskin。

表7-21　　　　　　　　　家庭年收入状况　　　　　　　　（单位：%）

家庭年收入	频数	百分比
10—30 百万盾	85	20.09
32—46 百万盾	85	20.09
46.8—72 百万盾	85	20.09
75—150 百万盾	84	19.86
168 百万盾及以上	84	19.86
合计	423	100.00

第五节　家庭社会经济地位和耐用消费品

家庭是以情感为纽带，在亲属之间所构成的社会生活单位，是社会最基本的经济组织。本节跟踪收集员工的家庭社会经济地位、家庭耐用消费品数据，旨在进一步考察当前印度尼西亚中资企业属地员工的家庭经济基本情况，并对比不同国别消费品在印度尼西亚人民日常生活中的占有率。

一　员工家庭经济地位

本项调查在问卷中有两个问题，一是"人们有时候会谈论家庭社会经济状况处于上层或底层，设想一个10级的台阶，第1级代表社会经济地位最低，第10级代表最高，您认为您当前的家庭社会经济地位应该位于以下第几个台阶上"。二是请印度尼西亚员工就进入中资企业之前和当前自己家庭的经济社会地位作出自评，对比分析该员工进入中资企业工作之后家庭经济生活质量是否有明显好转。调查发现印度尼西亚员工的自评保守，大多数受访者认为自己的家庭经济状况"一般"，对家庭经济状况的满意度不高。

如表7-22所示，在当前和进入企业时员工对家庭经济状况的主观感知均值分别为6.63和6.78，没有明显差别。对当前家庭经济状况的评价甚至略低于进入企业时，这当然与该员工是否进入中资企业工作无关。但至少从样本数据上看，员工认为在中资企业的工作没有给家庭经济状况改善带来显著贡献。这又在某种程度上印证了第五章的调研结果，即相当部分印度尼西亚当地员工对在中资企业工作的薪资期待高。

表 7－22　　　　当前和进入企业时的家庭社会经济地位自评　　（单位：%）

时间点	样本量	均值	标准差	最小值	最大值
当前	514	6.63	1.95	1	10
进入企业时	513	6.78	2.03	1	10

二　员工家庭拥有耐用消费品情况

随着后苏哈托时期印度尼西亚经济的稳健发展，人民生活水平不断提高，普通家庭和民众对家电的需求增长势头稳定。本项调查涉及的电视、手机、冰箱、摩托车和汽车等五类家庭耐用消费品中，前四类在印度尼西亚普及率已经比较高。以摩托车为例，由于公共交通设施不发达且城市交通拥堵严重，摩托车成为印度尼西亚人出行的便捷选择，全国摩托车保有量已达1.43亿辆，且每年销售量在600万辆以上。[①] 汽车的价格和养护成本难以为大部分中等及中等以下收入阶层家庭承受，在印度尼西亚家庭的普及率相对低。

对514位当地员工的调查结果显示，家庭耐用品拥有率与员工个人受教育程度关联度较密切的是汽车、摩托车和冰箱，其中反映的是因劳动力素质不同而产生的收入水平差距。汽车作为相对意义而言的奢侈品，随着员工受教育程度的增加，家庭耐用品拥有率梯次增长，硕士及以上学历员工家里有汽车的高达76.92%。未受过教育者家庭汽车拥有率高于小学和中学学历者家庭，这应该是样本偶然性所导致

---

① 印度尼西亚Detik网站报道：印度尼西亚摩托车数量过亿，（2020－01－01）[2020－04－20]，https://oto.detik.com/motor/d-4867173/jumlah-sepeda-motor-di-indonesia-sudah-lewati-100-juta-unit。

的。相应地，摩托车是一种便捷、价格亲民但难有舒适性体验的交通工具，不同员工家庭的拥有率随着收入的增高而递减，未受过教育员工家庭与硕士以上学历员工家庭的拥有率相差 23.08 个百分点。冰箱对低收入人群属于可选择的家庭耐用品，对中等收入以上群体则是必需品，所以员工家庭的拥有率变化趋势与汽车相同，但拥有率的极差不明显。电视、手机已经成为各阶层人群的必需品，具有不可替代性，在所有组别家庭中的拥有率都很高（见表 7-23）。

表 7-23　按受教育程度划分的家庭耐用消费品拥有率（$N=514$）　（单位：%）

	汽车	电视	摩托车	手机	冰箱
未受过教育	33.33	66.67	100.00	100.00	66.67
小学学历	0.00	100.00	93.33	86.67	60.00
中学学历	18.64	97.03	94.92	92.80	84.32
本科	52.63	92.71	87.04	96.36	89.88
硕士及以上	76.92	100.00	76.92	100.00	92.31
合计	35.99	94.94	90.66	94.55	86.38

按出生地划分的家庭耐用消费品拥有率情况如表 7-24 所示，农村家庭和城市家庭的区别不明显。除了汽车以外，出生于农村的员工家庭拥有电视、摩托车、手机、冰箱的比例略高于出生在城市的员工家庭。这一结果以及员工家庭的汽车拥有率与表 7-23 的数据呼应，证明在中资企业工作的员工大部分来自一般收入或较低收入家庭。

表 7-24　按出生地划分的家庭耐用消费品拥有率（$N=514$）　（单位：%）

	汽车	电视	摩托车	手机	冰箱
农村	32.62	97.33	94.12	100.00	88.77
城市	38.23	93.58	88.69	91.44	85.02
合计	36.19	94.94	90.66	94.55	86.38

按月收入划分的家庭耐用消费品拥有率调查共获442份有效反馈。电视、摩托车、手机等耐用品有"刚需"性质，其拥有率并不因员工月收入的不同而出现显著区别。员工家庭拥有率与收入绝对正相关的是汽车。此外月收入390万盾以下的员工，家庭冰箱拥有率低于其他收入组（见表7-25）。

表7-25　按月收入划分的家庭耐用消费品拥有率（$N=442$）　　（单位:%）

家庭耐用消费品 收入	汽车	电视	摩托车	手机	冰箱
1.8—3.5百万盾	24.47	94.68	94.68	98.94	85.11
3.538—3.9百万盾	14.29	94.29	90.00	84.29	85.71
4—4.85百万盾	36.27	98.04	97.06	98.04	94.12
4.9—6.3百万盾	38.89	97.78	95.56	97.78	93.33
6.4百万盾及以上	65.12	93.02	81.40	91.86	91.86
合计	36.43	95.70	92.08	94.80	90.27

三　员工家庭耐用消费品的原产国分布

本项调查旨在了解中资企业印度尼西亚员工家庭所拥有的汽车、摩托车、电视机、手机、冰箱等耐用消费品品牌，探究不同原产地商品在印度尼西亚获得的认可度和信任度。问卷的问题为"您和您的家人是否拥有以下产品？是哪个国家生产的"，答案有本国、中国、美国、日本、印度、其他国家等六个选项。总体上，印度尼西亚员工对本国品牌认可度较低，对中国品牌的认可度高于印度尼西亚当地普通民众，但国外耐用消费品品牌中日本占绝对优势。

关于家庭拥有轿车的原产国百分比分布情况调查共获186份有效反馈。日本品牌轿车、吉普车、面包车占比为79.57%。日系车从1991年开始就垄断了印度尼西亚的家用小汽车市场，1996年后宝马、欧宝、沃尔沃、现代、奥迪等欧系、美系、韩系车纷纷涌入，但均难以动摇日系车市场地位。2019年，印度尼西亚市场上销售的汽车中97%为日系车，丰田、大发、本田、三菱、铃木、扶桑、日野、五十铃、尼桑等排名销量前十位。但也要看到，中国品牌汽车近几年来异军突起，特别是五菱汽车因外形亮丽、性能可靠、价格适中，得到年轻人青睐，销量增加极快，在日本车统治的市场中分得一杯羹且发展前景可期（见图7-2）。

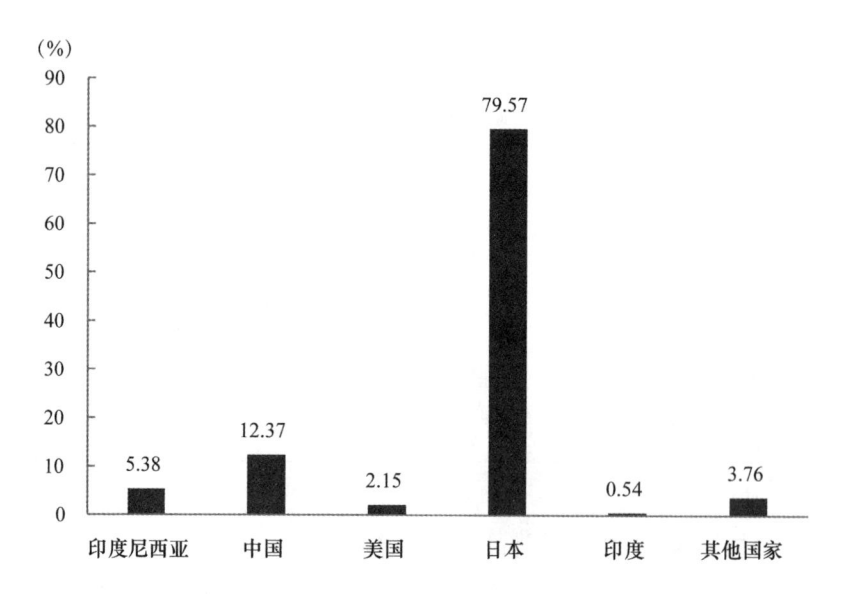

图7-2 家庭拥有轿车/吉普车/面包车的原产国分布（N=186）

（%）印度尼西亚 5.38；中国 12.37；美国 2.15；日本 79.57；印度 0.54；其他国家 3.76

电视行业是一个陪伴了世人数十年之久的成熟产业，几乎家家户户都会有一台电视机，市场竞争因此非常激烈。从对家庭拥有电视机的中资企业489位员工的调查可知，印度尼西亚电视机市场被日本、中国和其他国家（主要是韩国）占领，日本品牌有较大优势。进一步的深入访谈中，不少当地员工认为中国电视机与日本产品没有质量差别，而价格更为亲民。也有员工表示不了解中国产品，更信任三星、松下等日本的"国际大品牌"。事实上，近年来TCL、长虹、海信等不断升级产品力和国际化经营质量，已经在印度尼西亚市场上取得较好销售量。与此同时，印度尼西亚市场上长期充斥着一批有"中国制造"标志的低端、劣质产品，主打价格牌吸引当地购买力不强的消费者，对中国产品的口碑造成严重损害（见图7-3）。

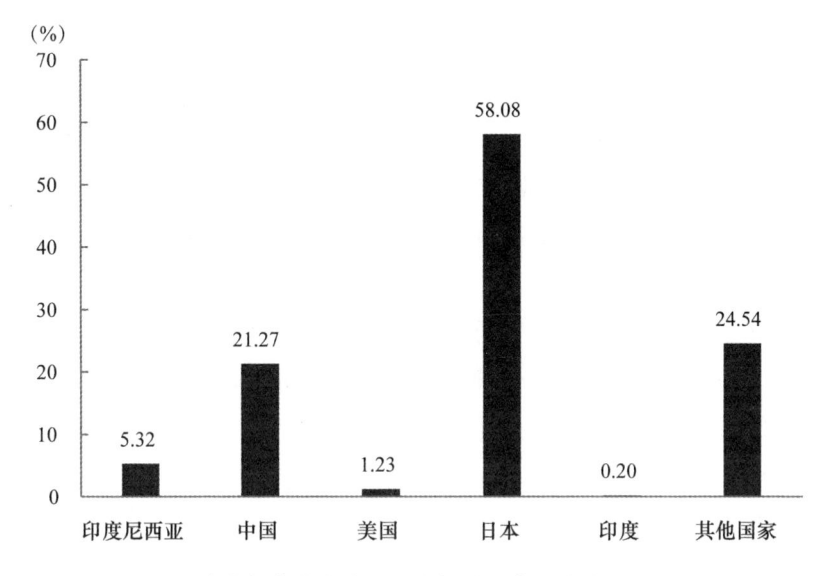

图 7-3　家庭拥有彩色或黑白电视的原产国分布（$N=489$）

印度尼西亚摩托车市场为本田、雅马哈、铃木等日本产品所统治，对 467 位中企当地员工的调查证明了这一点（见图 7-4）。印度尼西亚摩托车市场 1998 年后逐渐放开，中国厂家蜂拥而至，摩托车品牌一度达到 100 多家，但普遍选择进口中国便宜零部件在印度尼西

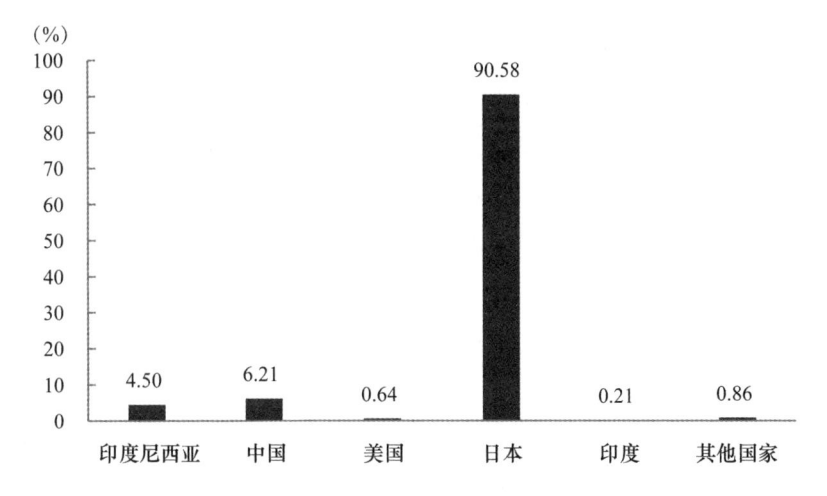

图 7-4　家庭拥有滑板车/摩托车/轻便摩托车的原产国分布（$N=467$）

亚贴牌生产的路径，在与日本大品牌的竞争中急速萎缩。目前，印度尼西亚市场上的中国产品为个别国内摩托车公司的出口型或在当地工厂生产的专用车型，市场占有率很低，且常被质疑违反知识产权保护规定，抄袭日本品牌的外观设计。

手机既是一个市场竞争充分的成熟产业，也是与新兴技术密切相关的创新性产业，在印度尼西亚的发展潜力巨大。2020年4月，印度尼西亚正式推行对国际移动设备识别码（IMEI）的检测，限制非法进口手机上网，预计这将使其国内手机市场销量迎来又一次爆发。而据印度尼西亚互联网数据中心统计，2019年第三季度以OPPO、VIVO、小米、真我（Realme）为代表的中国手机品牌占据了印度尼西亚市场74.1%的份额，把一度在市场上称霸的三星（19.4%）远远甩在后面。① 中国手机产品的质量可靠，功能新颖，中、低、高款式兼具，价格多元，能切合印度尼西亚社会不同人群的需求。同时，相关企业在产品宣传上做足功夫，使产品在当地获得很高认知度。

产品质量、价格、款式等是印度尼西亚中资企业员工选择家庭耐用消费品的主要考虑因素，在上述因素相当的前提下与原产国的情感联系自然也在一定程度上影响其选择。对487名中资企业当地员工的调查显示，其家庭拥有的中国品牌手机比例与中国手机在印度尼西亚市场上的占有率相比略高，但差别极小（见图7-5）。

共有445名员工回答了关于家庭拥有冰箱的原产国问题，数据显示日本品牌（63.60%）大幅领先于中国（16.40%）和其他国家（14.61%，主要是指韩国）。夏普、日立、LG、三星等日韩品牌与中国产品形成激烈竞争（见图7-6）。

综上，除了手机以外，印度尼西亚中资企业员工家庭拥有的耐用

---

① 《2019年第3季度OPPO智能手机在印度尼西亚市场上销量居首》，印度尼西亚《罗盘报》网站，（2019-11-14）［2020-04-20］，https://tekno.kompas.com/read/2019/11/14/12254257/idc-oppo-peringkat-pertama-pasar-smartphone-indonesia-kuartal-iii-2019。

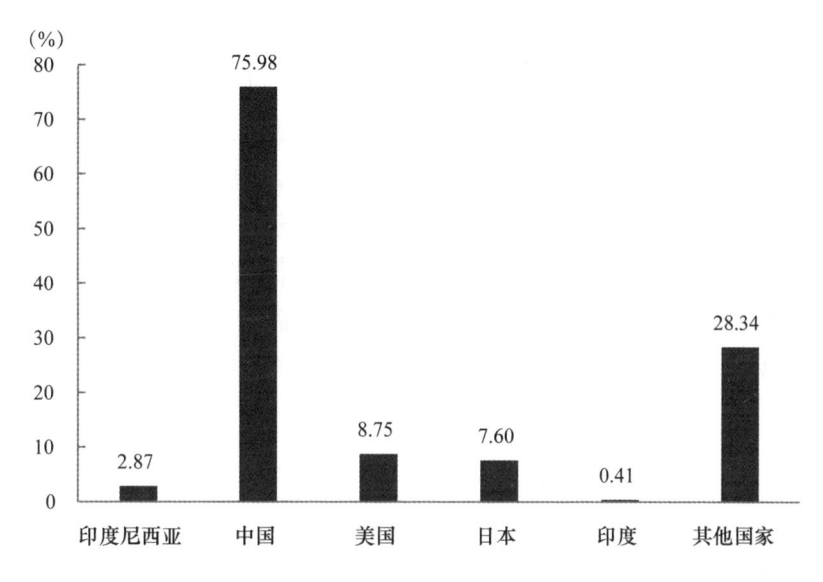

图 7-5　家庭拥有移动电话的原产国分布（$N=487$）

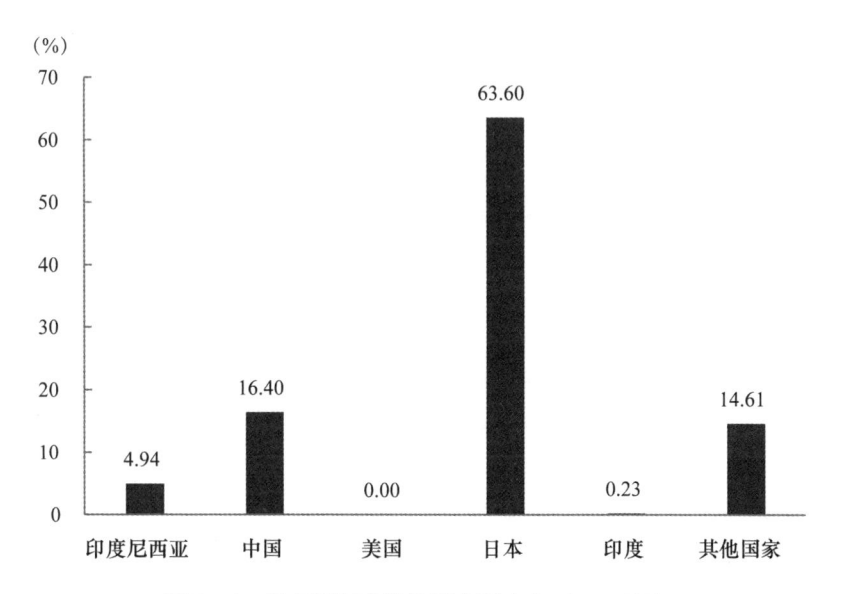

图 7-6　家庭拥有冰箱的原产国分布（$N=445$）

消费品以日本品牌为主。日本制造以其高质量、高标准的形象深入印度尼西亚民心，多个产品在当地市场的占有率已远超"半壁江山"。日本制造的地位不是绝对、永远的。印度尼西亚是一个全球人口排名第四的庞大的市场，年轻人群、中产阶层消费能力惊人，这样的市场空间可以容纳更多的制造业企业和产品品牌，值得我国企业特别是彩电、摩托、轿车、冰箱等领域生产商放手深耕。中国手机企业在印度尼西亚的成功说明，领先一步的技术创新、标准化的质量、本地化的服务与营销策略是与传统优势品牌竞争的制胜法宝。反之，低价销售、轻视产品质量的短视心态和做法是给整个中国制造抹黑，并拖累中国产品的国际竞争力。

第八章

交往与态度

本章主要以"社会交往与社会距离"、"员工对中资企业制度与文化的评价"为主要方向,对中企印度尼西亚员工进行问卷调查。在此基础上归纳、总结并分析中企印度尼西亚员工在上述领域内的真实情况,以期从社会交往与国别认知的角度把握印度尼西亚员工对企业的真实想法和利益诉求。

第一节 社会交往与社会距离

本节课题组以选择、对比等形式向中企印度尼西亚员工询问了他们对中国、美国、印度、日本等四国民众的态度和认知,特别是通过印度尼西亚员工与中国国民交友情况等相关问题,以较为宏观、直观的角度归纳印度尼西亚员工与外国国民间在相互交往和认知层面上的真实情况。

一 员工与外国人之间的社会距离

调查发现,受访员工对与外国人交往的接受程度较高。作为中资企业的一员,当地员工愿意同中国人建立联系。依交往亲密程度,课题组将"成为伴侣""成为朋友"两选项定义为社会距离等级中的"亲密关系";"成为邻居""成为同事"界定为"友好关系";"点头之交""生活在同一城市"界定为"一般关系"。从数据看，愿意与中国人、美国人、日本人建立"亲密关系"的员工比例在60%以上，明显高于选择印度人的员工比例。受访员工选择愿意与中国、印度、美国、日本等国民建立"友好关系"的比例相差不大（见图8-1）。

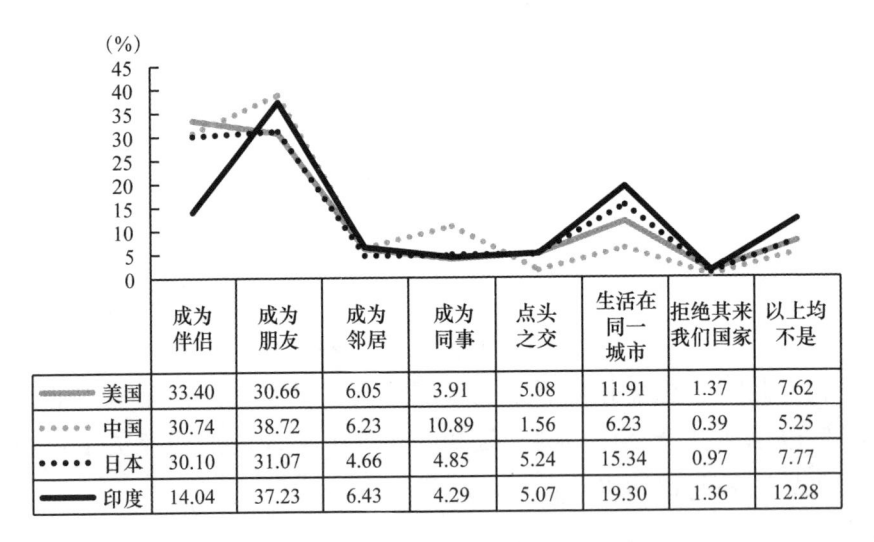

	成为伴侣	成为朋友	成为邻居	成为同事	点头之交	生活在同一城市	拒绝其来我们国家	以上均不是
美国	33.40	30.66	6.05	3.91	5.08	11.91	1.37	7.62
中国	30.74	38.72	6.23	10.89	1.56	6.23	0.39	5.25
日本	30.10	31.07	4.66	4.85	5.24	15.34	0.97	7.77
印度	14.04	37.23	6.43	4.29	5.07	19.30	1.36	12.28

图 8-1　员工与中美印日四国民众的社会距离分布（$N=512$）

相对印度尼西亚调研机构关于民众对华好感度的调研结果，中企印度尼西亚员工对中国国民的友好度更高。中企的工作经历缩短了他们与中国人的社会距离，双方员工的日常接触、对中企运营模式及相关内容的认同在其中发挥了重要作用。不过，相对于其他国家，愿意与中国人生活在同一城市的受访员工的比例最低，这应该是当地主流社会与华人群体关系投射的结果。

二　员工与中国人的交往

对513名当地员工的调查显示，企业内部印度尼西亚本土男性员工拥有的中国朋友数量高于女性员工。由于性格、宗教与文化习俗等方面的影响，印度尼西亚男性员工更容易同所在企业的中国员工建立友谊（见表8-1）。

表8-1　按性别划分的员工在本企业拥有的中国朋友数量差异　（单位：个）

性别	样本量	均值	标准差	最小值	最大值
男	327	17.35	122.57	0	999
女	186	3.55	6.71	0	50

在接受调研的510名当地员工中，管理人员的中国朋友数量比非管理人员平均多2.78人（见表8-2）。由于印度尼西亚政府外劳相关的政策，在印度尼西亚的中资企业内中方员工多为管理层或技术类人员，工作岗位的区别一定程度上限制了印度尼西亚员工同中国员工间的交流与交往。

表8-2　管理人员与非管理人员在本企业拥有的中国朋友数量（$N=510$）　（单位：人）

是否管理人员	样本量	均值	标准差	最小值	最大值
管理人员	108	14.59	95.99	0	999
非管理人员	402	11.81	99.14	0	999

由表8-3可见，在所工作企业外，印度尼西亚男性员工拥有的中国朋友数量仍高于女性员工，相对于在企业内部的对比，此处数量差距更为突出和明显。对此可理解为在工作之外的日常生活中，文化习惯、性格等原因使女性员工同中国人建立联系、发展友谊的意愿显著低于男性。

表8-3　按性别划分的员工在企业外拥有的中国朋友数量差异（$N=503$）　（单位：个）

性别	样本量	均值	标准差	最小值	最大值
男	319	22.94	127.66	0	999
女	184	6.48	20.24	0	200

表8-4显示，在企业外，印度尼西亚方管理人员所拥有的中国

朋友数量高于非管理人员。这种朋友圈的差异可能是管理人员的工作性质和岗位有助于与中国人拓展交往，也有可能在进入企业之前就是如此，仅凭数据并不能判断具体原因。中资企业可有意识地多举办有益于推动印度尼西亚管理人员、普通员工同中方人员交流的活动。

表 8-4　　管理人员与非管理人员在企业外拥有的中国朋友数量差异（$N=500$）　　（单位：个）

是否管理人员	样本量	均值	标准差	最小值	最大值
管理人员	102	24.34	112.01	0	999
非管理人员	398	15.10	100.56	0	999

第二节　企业评价

印度尼西亚族群多元，民众的宗教习俗、生活习惯多样、复杂。通过对印度尼西亚员工对企业认知的归纳对比，有助于中企获得更为精准的信息，提升印度尼西亚员工的宗教、习俗、文化与企业运营战略的相容与互补，帮助中企规避在印度尼西亚运营中的种种"水土不服"问题，并提升印度尼西亚员工对企业的认同感、亲近感。

一　对企业是否尊重当地风俗的评价

受访的 505 个爪哇族、巽他族、马来族、马都拉族、巴达克族员工中，认同所在中资企业尊重当地风俗的比例为 71.68%，其中表示"完全同意"的员工占比为 25.94%。有 10.50% 的受访员工认为所在企业没有对本地风俗习惯给予足够的尊重，甚至有 2.38% 的员工完全不同意"本企业尊重本地风俗习惯"（见表 8-5）。

表 8–5　　按族群划分的是否同意"本企业
尊重本地风俗习惯"（$N=505$）　　（单位：%）

族群	完全不同意	不同意	一般	基本同意	完全同意
爪哇族	1.87	11.68	16.36	43.93	26.17
巽他族	1.27	3.80	21.52	48.10	25.32
马来族	4.17	0.00	8.33	62.50	25.00
马都拉族	0.00	0.00	0.00	0.00	100.00
巴达克族	5.26	5.26	26.32	52.63	10.53
其他	2.98	7.14	18.45	44.05	27.38
合计	2.38	8.12	17.82	45.74	25.94

课题组所访企业多数在爪哇岛及周边地区，企业内爪哇族员工较为集中。该族为印度尼西亚人口最多的部族，他们的评价最具代表性。调查结果显示，70.1%的爪哇族员工认同企业尊重当地风俗，13.55%的爪哇族员工持反对意见，另有16.36%的爪哇员工选择"一般"，说明部分中资企业在尊重当地风俗方面仍有可改进之处。

受访的513位信仰伊斯兰教、基督教、天主教、印度教、其他宗教以及无宗教信仰的员工中，认同"本企业尊重本地风俗习惯"观点的比例为71.73%，17.54%的受访对象对该问题的答案为"一般"，值得注意的是仍有10.72%的印度尼西亚员工不同意本企业尊重当地风俗习惯（见表8–6）。

由于课题组调研地区多集中在爪哇岛及周边，而印度教徒聚居在巴厘岛及附近地区，所以印度教徒员工的样本量非常少，信仰伊斯兰教、基督教、天主教员工的问卷结果更具参考价值。信仰上述三种宗教的员工认同"本企业尊重本地风俗习惯"的比例在69%—77%范围内。可以得出结论，不同宗教信仰的印度尼西亚员工大都认为本企业尊重本地风俗习惯。

表8-6 按宗教信仰划分的是否同意"本企业尊重本地风俗习惯"（N=513）　　（单位：%）

宗教信仰	完全不同意	不同意	一般	基本同意	完全同意
伊斯兰教	1.90	9.24	18.01	46.21	24.64
基督教	2.38	7.14	14.29	45.24	30.95
天主教	8.70	0.00	21.74	52.17	17.39
印度教	0.00	0.00	0.00	100.00	0.00
其他	4.55	4.55	9.09	40.91	40.91
无宗教信仰	0.00	0.00	33.33	0.00	66.67
合计	2.34	8.38	17.54	46.00	25.73

以员工工作岗位性质为划分标准，510个受访管理人员和非管理人员中有71.57%认为"本企业尊重本地风俗习惯"，另有10.78%的员工不同意上述观点。横向对比，管理人员对"本企业尊重本地风俗"的认同度略低于非管理人员（见表8-7）。这部分员工与企业内的中方人员接触更密切，还在中方和本地员工之间承担了一定的沟通、协调职能，他们对企业现行运营制度、经营模式与当地风俗习惯的融合与冲突有更多的了解和个人感悟，也更为敏感。

表8-7 管理人员与非管理人员是否同意"本企业尊重本地风俗习惯"（N=510）　　（单位：%）

身份	完全不同意	不同意	一般	基本同意	完全同意
管理人员	3.67	8.26	19.27	47.71	21.10
非管理人员	2.00	8.48	17.21	45.64	26.68
合计	2.35	8.43	17.65	46.08	25.49

综上，在受访员工样本数量基本保持不变（数量差保持在10以内）的情况下，无论是以族群、宗教信仰还是工作岗位（管理人员与否）作为划分标准，中企印度尼西亚员工同意"本企业尊重本地风俗

"习惯"的比例都超过了70%。同时应该看到，不同意"本企业尊重本地风俗习惯"的员工比例也达到了10.50%以上，特别是人数较多的爪哇族员工、信仰伊斯兰教的员工中不同意"本企业尊重本地风俗习惯"的比例为13.55%和11.14%，这应当引起中资企业的重视。

二 对企业是否尊重员工宗教信仰的评价

在506位爪哇族、巽他族、马来族、马都拉族、巴达克族及其他部族员工中，有80.04%认同"本企业尊重我的宗教信仰"的观点，持相反意见的占比7.32%，另有12.65%的受访员工选择"一般"选项（见表8-8）。马来族和马都拉族员工对企业尊重个人宗教信仰的认可度最高，样本数量是导致这一现象的原因，毕竟这两个部族在印度尼西亚总人口中的比例都在3%以下，在中资企业中的人数更少。其他三个部族的员工有70%以上认可所在企业对自身宗教信仰的尊重。

表8-8　　　　　按族群划分的是否同意"本企业尊重我的宗教信仰"（$N=506$）　　　（单位:%）

族群	完全不同意	不同意	一般	基本同意	完全同意
爪哇族	1.40	8.88	12.15	42.06	35.51
巽他族	1.25	3.75	16.25	46.25	32.50
马来族	0.00	0.00	12.50	66.67	20.83
马都拉族	0.00	0.00	0.00	0.00	100.00
巴达克族	0.00	15.00	15.00	40.00	30.00
其他	1.20	3.59	11.38	51.50	32.34
合计	1.19	6.13	12.65	46.84	33.20

在514个信仰伊斯兰教、基督教、天主教、印度教、其他宗教以及无宗教信仰的受访员工中，认同"本企业尊重我的宗教信仰"的比例为79.77%，持相反意见的占比7.20%，选择"一般"选项的占比13.04%（见表8-9）。对比可见，信仰印度教的员工对"本企业

尊重我的宗教信仰"的认同度最高,信仰其他三种宗教的员工对此项观点的认同比例也在78%以上。印度尼西亚是全球拥有最多穆斯林人口的国家,全国有约87%的人口信仰伊斯兰教。但是在上述四种宗教中,信仰伊斯兰教的印度尼西亚员工对"本企业尊重我的宗教信仰"的认同比例相对较低。认为个人宗教信仰未受到企业尊重的受访穆斯林员工比例达到了7.80%,为四组数据中最高。鉴于印度尼西亚全国范围内的伊斯兰教徒人数,以及近年来印度尼西亚国内宗教事件多与政治事件、涉华事件相结合的趋势,中企应高度关注穆斯林员工的宗教情感。

表8-9 按宗教信仰划分的是否同意"本企业尊重我的宗教信仰"(N=514) (单位:%)

宗教信仰	完全不同意	不同意	一般	基本同意	完全同意
伊斯兰教	1.18	6.62	13.48	47.04	31.68
基督教	0.00	4.76	9.52	45.24	40.48
天主教	0.00	4.35	17.39	47.83	30.43
印度教	0.00	0.00	0.00	100.00	0.00
其他	4.55	0.00	9.09	50.00	36.36
无宗教信仰	0.00	0.00	0.00	0.00	100.00
合计	1.17	6.03	13.04	46.89	32.88

在511个管理人员及非管理印度尼西亚员工中,同意"本企业尊重我的宗教信仰"的比例为79.65%,持相反意见的占比7.24%,选择"一般"选项的占比13.11%(见表8-10)。对于"本企业尊重我的宗教信仰"的观点,印度尼西亚员工中非管理人员表示同意或不同意的比例均高于管理人员,而管理人员选择中立(即"一般"选项)的比例几乎是非管理人员的2倍。据此可知不同工作岗位对于印度尼西亚员工对个人宗教信仰是否受到企业尊重的认知有影响,非管理人员对这个问题的感知和态度更为直观,答案更直接。

表 8-10　　　　管理人员与非管理人员是否同意"本企业
尊重我的宗教信仰"（$N=511$）　　　　（单位：%）

身份	完全不同意	不同意	一般	基本同意	完全同意
管理人员	1.82	3.64	20.91	46.36	27.27
非管理人员	1.00	6.73	10.97	47.13	34.16
合计	1.17	6.07	13.11	46.97	32.68

在跨文化语境中，企业尤其要重视平衡运营制度、员工管理与当地文化习俗之间的关系，避免冲突与误解。对中资企业的访谈得知，几乎所有受访企业都注意到了上述问题并给予了足够重视。课题组企业问卷调查数据显示，50%以上的中资企业将印度尼西亚宗教、文化和生活习惯作为正式投资前的主要考察内容，正式运营后在工作、生活中尽量满足员工宗教信仰方面需求。例如，上汽五菱印度尼西亚有限公司分设穆斯林餐厅和普通餐厅，在园区内设置祈祷室，在生活上为穆斯林员工提供多种便利。穆斯林员工对"本企业尊重我的宗教信仰"78.72%的认同比例也印证中资企业总体上尊重当地伊斯兰文化的事实。同时，也有一些中小型企业有急功近利或侥幸心理，只关注短期经营利润而忽视了和谐人文气氛的构建，这不利于企业的健康运营和长远发展，宏观上亦可能拉低中国企业在当地社会的形象。

三　对企业工作作息时间的评价

在 507 个爪哇族、巽他族、马来族、马都拉族、巴达克族以及其他部族员工中，喜欢本企业的工作时间作息的比例为 75.94%，5.33% 的受访者表示不喜欢本企业的工作时间作息，另有 18.74% 持中立态度。马都拉族员工同意"喜欢本企业工作时间作息"的比例最高，达到了 100%；最低的是巴达克族员工，为 65%。持肯定态度的爪哇族、巽他族、马来族员工比例在 75%—80% 之间。此外，仅有 7.47% 的爪哇族员工和 3.75% 的巽他族员工表示不认同本企业工作时间作息安排（见表 8-11）。可见中资企业的工作时间安排在大部分员工眼里是合理的。

表 8 – 11　　　按族群划分的是否同意"喜欢本企业
工作时间作息"（$N=507$）　　　　（单位:%）

族群	完全不同意	不同意	一般	基本同意	完全同意
爪哇族	0.93	6.54	15.42	49.53	27.57
巽他族	0.00	3.75	21.25	47.50	27.50
马来族	0.00	0.00	20.83	58.33	20.83
马都拉族	0.00	0.00	0.00	0.00	100.00
巴达克族	0.00	0.00	35.00	45.00	20.00
其他	1.19	3.57	19.64	49.40	26.19
合计	0.79	4.54	18.74	49.31	26.63

以宗教为划分标准，在信仰斯兰教、基督教、天主教、印度教、其他宗教以及无宗教信仰的515个受访员工中，喜欢本企业工作时间作息的员工比例为76.12%，"不喜欢"的占5.25%，另有18.64%的员工态度中立。表8－12数据显示，除样本数量造成信仰印度教和无宗教信仰的员工缺乏统计学意义外，信仰伊斯兰教、基督教、天主教、其他宗教的大多数员工均对所在企业的工作时间作息表示接受和认同。

表 8 – 12　　　按宗教信仰划分的是否同意"喜欢
本企业工作时间作息"（$N=515$）　　　（单位:%）

宗教信仰	完全不同意	不同意	一般	基本同意	完全同意
伊斯兰教	0.47	4.73	18.44	50.35	26.00
基督教	0.00	4.65	13.95	46.51	34.88
天主教	0.00	0.00	30.43	52.17	17.39
印度教	0.00	0.00	0.00	100.00	0.00
其他	9.09	4.55	22.73	36.36	27.27
无宗教信仰	0.00	0.00	0.00	66.67	33.33
合计	0.78	4.47	18.64	49.71	26.41

以工作岗位为划分标准，512个受访员工中喜欢本企业工作时间

作息的比例为75.97%，持相反观点的员工占比5.27%，另有18.75%的员工持中立观点。相对于非管理人员，管理人员对所在企业工作作息时间的认同感较低，另外近四分之一的管理人员选择了"一般"的中立态度（见表8-13）。管理人员责任范围更广，任务更重，在工作上的付出往往超出了纸面上的既定作息安排，有6.36%的人员不同意或完全不同意企业工作时间作息，这并不难理解。

表8-13　　　　管理人员与非管理人员是否同意"喜欢本企业工作时间作息"（$N=512$）　　（单位：%）

身份	完全不同意	不同意	一般	基本同意	完全同意
管理人员	0.91	5.45	23.64	50.91	19.09
非管理人员	0.75	4.23	17.41	49.50	28.11
合计	0.78	4.49	18.75	49.80	26.17

综上，印度尼西亚中企员工的族群归属、宗教信仰与是否"喜欢本企业工作时间作息"并无明显关联，岗位身份的区别对"喜欢本企业工作时间作息"的同意比例有些许影响，非管理人员的印度尼西亚员工认同比例要高于管理人员。在访谈中企业还普遍反映，印度尼西亚本地员工的时间观念与企业的要求尚不兼容。既定企业工作时间作息常常得不到严格遵守，另外员工加班的积极性不高，影响企业运营效率。也有例外，调研组发现印度尼西亚某物流公司员工对企业工作时间作息认同度非常高，对加班几无怨言而且乐于主动承担工作任务。据企业负责人介绍，该企业非常重视企业内部文化和和谐、向上的气氛营造，注意尊重本地员工，并与其"打成一片"，管理层工作繁忙时甚至同本地员工同吃同住。印度尼西亚员工在潜移默化中，在激励机制的带动下增加了对企业制度的认同和遵守的自觉性。

四　对企业晋升制度的评价

在469位爪哇族、巽他族、马来族、马都拉族、巴达克族以及其他族群的受访员工中,认同本企业"中外员工晋升制度一致"观点的比例为44.78%,持相反意见的员工占比25.58%,另有29.64%的员工态度中立。马都拉族员工对该观点的同意比例达到100%,显然是样本量过少的原因(见表8-14)。爪哇族、巽他族员工有近四分之一认为中外员工晋升制度不平等,考虑到这两个部族的人数,这一比例代表了大部分当地员工的态度。"意见最大"的是巴达克族员工,表示完全不同意或不同意中外员工晋升制度一致的比例达到了30%,且无一人勾选"完全同意"项。

表8-14 按族群划分的是否同意"中外员工晋升制度一致"($N=469$) (单位:%)

族群	完全不同意	不同意	一般	基本同意	完全同意
爪哇族	3.47	23.27	22.77	38.12	12.38
巽他族	1.28	25.64	35.90	32.05	5.13
马来族	0.00	7.14	35.71	28.57	28.57
马都拉族	0.00	0.00	0.00	100.00	0.00
巴达克族	15.00	15.00	40.00	30.00	0.00
其他	3.90	20.78	33.77	29.22	12.34
合计	3.62	21.96	29.64	33.69	11.09

在476位信仰伊斯兰教、基督教、天主教、印度教、其他宗教以及无宗教信仰的受访员工中,对"中外员工晋升制度一致"表示认同的员工比例为45.16%,持相反观点的员工占比25.21%,另有29.62%的员工选择"一般"(见表8-15)。信仰伊斯兰教的员工基本包括了表8-14提及的五个部族人员,与信仰基督教、天主教的员工一样,他们基本同意或完全同意"中外员工晋升制度一致"的比例在39%—50%范畴内,不同意该观点的员工为24%—30%。多数员工原则上认同中外员工享受着大致一致、公平的晋升制度,但仍有质疑声音。

表 8-15　按宗教信仰划分的是否同意"中外员工晋升制度一致"（$N=476$）　（单位:%）

宗教信仰	完全不同意	不同意	一般	基本同意	完全同意
伊斯兰教	2.30	22.51	29.41	35.81	9.97
基督教	7.32	21.95	31.71	21.95	17.07
天主教	5.00	20.00	25.00	35.00	15.00
印度教	0.00	0.00	0.00	100.00	0.00
其他	15.00	10.00	35.00	25.00	15.00
无宗教信仰	33.33	0.00	33.33	0.00	33.33
合计	3.57	21.64	29.62	34.03	11.13

在473位承担管理岗、非管理岗工作任务的受访员工中，认同"中外员工晋升制度一致"的比例为45.25%，持相反意见的占比25.15%，另有29.60%的受访员工态度中立（见表8-16）。非管理人员对该观点持同意及不同意观点的比例略高于管理人员。从中资企业内员工岗位构成看，"中外员工"间的对比多涉及管理层和技术人员，管理人员对该项观点的态度更具参考价值。管理人员对"中外员工晋升制度一致"持反对、中立意见的比例高于持同意意见的比例，认为在晋升制度方面同中方员工仍存在有待改善之处。

表 8-16　管理人员与非管理人员是否同意"中外员工晋升制度一致"（$N=473$）　（单位:%）

身份	完全不同意	不同意	一般	基本同意	完全同意
管理人员	2.83	17.92	37.74	31.13	10.38
非管理人员	3.81	22.62	27.25	34.88	11.44
合计	3.59	21.56	29.60	34.04	11.21

第 九 章

媒体与文化消费

课题组就获取中企属地员工获取中国信息的渠道、所关注信息类型、对中国及其他国家文化产品的消费情况等议题开展调查，从社会媒体与文化消费两个主要方向了解和探析印度尼西亚民众对中国以及中印度尼西亚文化交流的态度。在此基础上，结合调研数据分析中资企业与中国形象构建、改善的关系。

第一节 互联网和新媒体

互联网及其他形式的新媒体具有信息更新快、信息来源渠道广泛、价格低廉等优势，随着近年互联网相关产业的发展特别是智能手机的快速普及，印度尼西亚国民特别是年轻群体通过互联网获取信息已成为日常生活不可缺少的一部分。

一 员工获取中国信息的渠道

印度尼西亚人口构成的特征或优势在于年轻人口比例高，在中资企业内年龄小于36岁的员工占本地员工总数的83%以上。这些员工几乎人手一部智能手机，通过网络获取信息已成为常态。根据图9-1所示问卷反馈，一年来69.01%的中企印度尼西亚员工通过本国网络了解中国信息，比例明显高于本国电视（48.63%）以及报纸杂志（24.32%）。在受访员工中本科学历占比48.05%，但源自汉语专业或身为华人的员工是极少数。在企业入职后培训中也仅有3%—7%员工接受了中文读写训练。中资企业中方管理层与本地员工的沟通中介是英语，或由会印度尼西亚语的中方员工担任翻译。中国传统媒体和新媒体目前还是以汉语信息为主，所以通过这两个渠道了解中国信息的员工比例仅为17.29%和27.74%。通过企业内部资料了解中国信息的员工占比为9.42%，这里所指企业内部资料可分两类，一类是企业运营相关资料，其中包含部分中国信息；另一类指企业发行的有关中国国情、行业发展方面的内部刊物。中方与印度尼西亚方员工在工作岗位上的差异、中文能力的不足制约了双方交流，仅有21.23%的员工选择通过企业内部员工来了解中国信息（见图9-1）。中企印度尼西亚员工通过本国网络及电视媒体了解中国信息，这已成为常态。

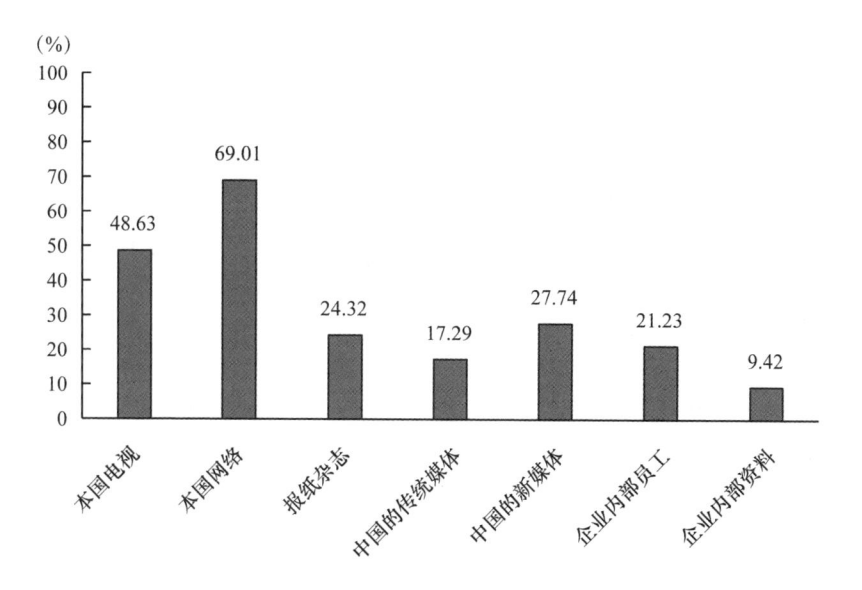

图9-1 近一年内员工了解中国信息的渠道分布（N=515）

从515份反馈来看，通过本国网络、报纸杂志了解中国信息的男性员工比例要高于女性员工，而以中国新媒体、企业内部员工为渠道了解中国信息的女性员工比例要高于男性。在大部分企业特别是劳动密集型行业的中资企业中，一线员工以男性为主，绝大部分不会汉语，英语沟通能力弱，所以了解中国主要依靠本国电视、网络和报纸杂志的报道。在金融类、服务类企业中，女性员工数量多于男性。该类企业对本土员工的学历要求较高，员工能以英语甚至汉语沟通。在雅加达等经济发达、华人较为集中的城市，中企还雇用了一定数量的印度尼西亚华人。工作岗位、学历水平、外语能力、与中方员工接触条件等是造成以中方媒体及企业内部员工为渠道了解中国信息的女性员工比例高于男性的主要因素（见图9-2）。

	本国电视	本国网络	报纸杂志	中国传统媒体	中国新媒体	企业内部员工	企业内部资料
男	51.06	44.07	10.03	9.42	24.92	7.29	5.78
女	50.54	32.80	5.91	11.29	34.95	12.90	3.76

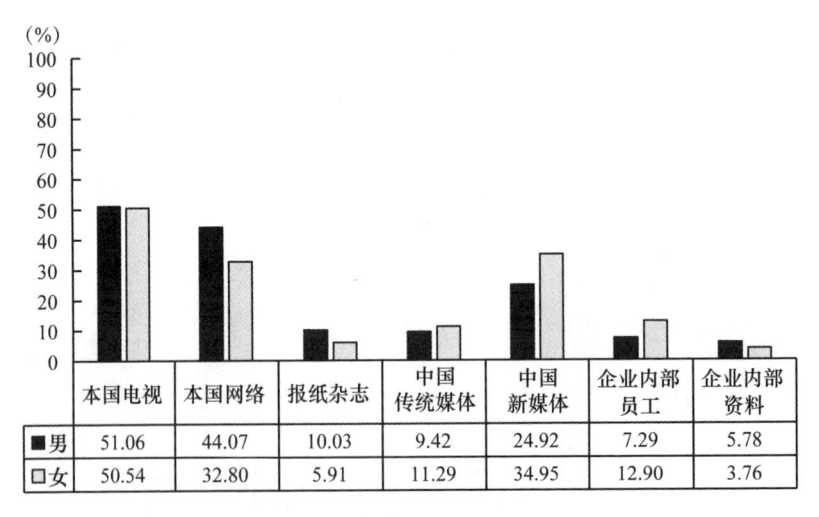

图9-2 按性别划分的近一年内员工了解中国信息的渠道分布（$N=515$）

各年龄段的印度尼西亚员工通过本国电视和本国网络了解中国信息的情况比较普遍（见图9-3）。网络及移动网络在年轻人群中的普及度更高，因此35岁以下员工倾向于通过本国网络了解中国信息，36岁以上的员工更依赖电视作为信息了解渠道。中资企业中的印度尼西亚方管理人员以中年人为主，看待中国信息的态度理性、客观且善于从专业角度而非个人感情解读具体问题,而年轻员工的心态则较易受外界干扰。另外,印度尼西亚电视媒体的信息传播角度相对中立,网络媒体数量众多、质量参差不齐,中国信息有时会有失偏颇。从这两个因素分析,年轻员工比较容易对中国信息产生误读。通过中国新媒体了解中国信息的各年龄段本地员工达到了25%以上,其中19—25岁的员工比例最高,这部分员工有很大比例来自金融、电商、服务类企业。中国新媒体开始在中企员工中产生影响力,这无疑是一个好现象。中国在印度尼西亚的软实力构建应瞄准年轻人群,而中国新媒体显然可以扮演更重要的角色。

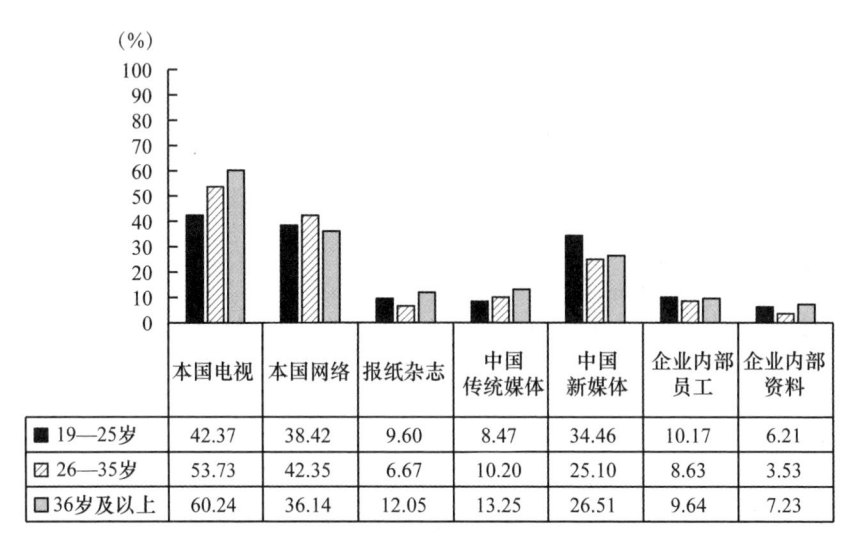

	本国电视	本国网络	报纸杂志	中国传统媒体	中国新媒体	企业内部员工	企业内部资料
19—25岁	42.37	38.42	9.60	8.47	34.46	10.17	6.21
26—35岁	53.73	42.35	6.67	10.20	25.10	8.63	3.53
36岁及以上	60.24	36.14	12.05	13.25	26.51	9.64	7.23

图9-3 按年龄组划分的近一年内员工了解中国信息的渠道分布($N=515$)

图9-4显示了按受教育程度划分的近一年内员工了解中国信息的渠道分布情况,有效问卷反馈为514份。由数据可知,未上过学和小学学历员工严重依赖本国电视和网络获取中国信息。随着学历的升级,中企本地员工通过这两类媒体获取中国信息的人数随之增加,但信息来源渠道也呈多元化发展之势。本科和硕士学历的员工已有三分之一以上把中国新媒体作为中国信息获取来源。有理由相信受教育程度较高的印度尼西亚员工对中国的认知更全面,更理性,更客观。

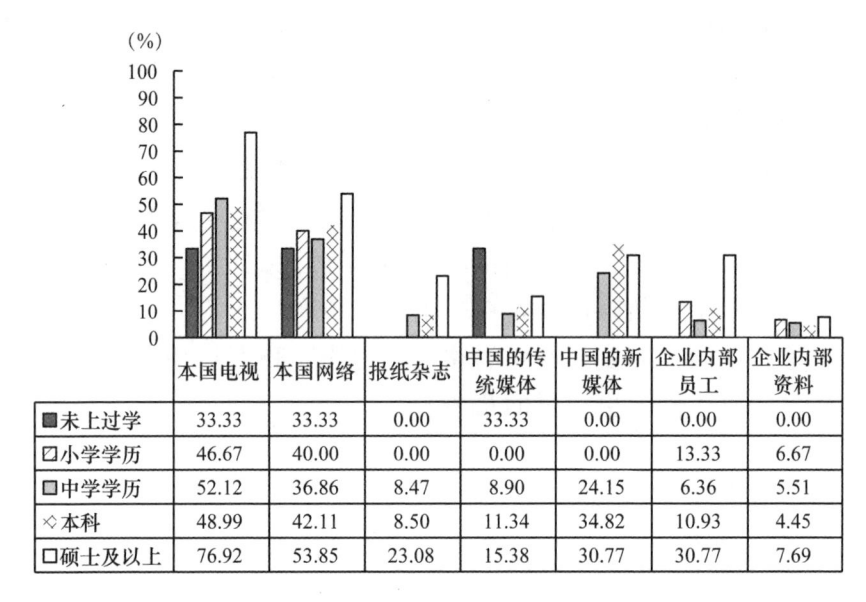

	本国电视	本国网络	报纸杂志	中国的传统媒体	中国的新媒体	企业内部员工	企业内部资料
未上过学	33.33	33.33	0.00	33.33	0.00	0.00	0.00
小学学历	46.67	40.00	0.00	0.00	0.00	13.33	6.67
中学学历	52.12	36.86	8.47	8.90	24.15	6.36	5.51
本科	48.99	42.11	8.50	11.34	34.82	10.93	4.45
硕士及以上	76.92	53.85	23.08	15.38	30.77	30.77	7.69

图 9-4 按受教育程度划分的近一年内员工了解中国信息的渠道分布（$N=514$）

印度尼西亚中企本地员工的 442 个有效调查样本数据显示，各收入水平的印度尼西亚员工常通过本国电视、本国网络以及中国新媒体等三个渠道了解中国信息（如图 9-5）。以本国电视为渠道了解中国信息的比例与员工的收入水平负相关，而以本国网络为渠道了解中国信息的比例与收入水平正相关。高、中、低收入水平的员工通过中国新媒体了解中国信息的比例与选择印度尼西亚本国网络的比例基本持平。

二 员工关注中国信息的类别

此部分调查问卷旨在了解中企当地员工对中国驻印度尼西亚大使馆捐赠、中国企业援建、印度尼西亚学生赴华留学、中国艺术团体演出等四类新闻的关注度。结果显示有 43%—47% 的员工表示通过媒体看到中方捐助、援建的新闻，另有 67%—71% 的印度尼西亚员工表示关注过当地学生赴华留学、中国艺术演出等新闻（见表 9-1）。印

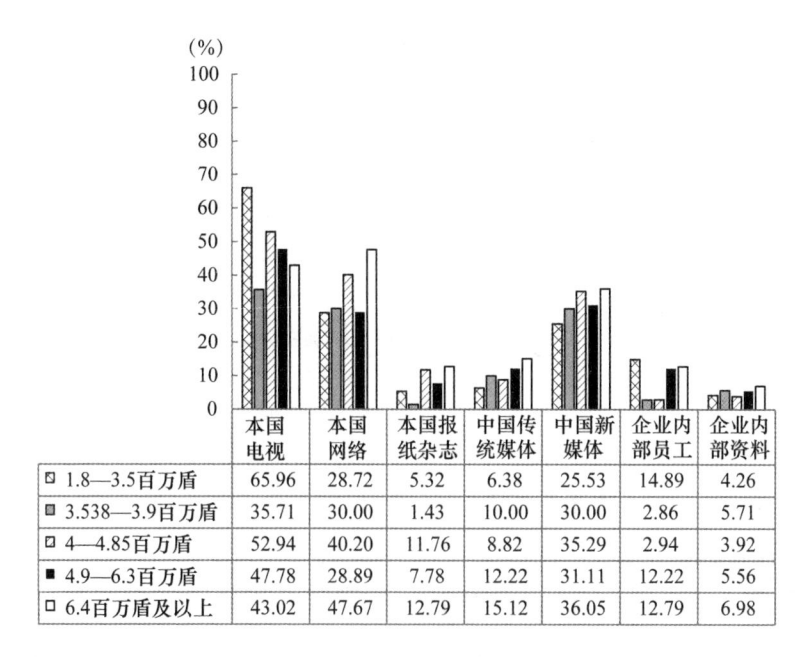

	本国电视	本国网络	本国报纸杂志	中国传统媒体	中国新媒体	企业内部员工	企业内部资料
1.8—3.5百万盾	65.96	28.72	5.32	6.38	25.53	14.89	4.26
3.538—3.9百万盾	35.71	30.00	1.43	10.00	30.00	2.86	5.71
4—4.85百万盾	52.94	40.20	11.76	8.82	35.29	2.94	3.92
4.9—6.3百万盾	47.78	28.89	7.78	12.22	31.11	12.22	5.56
6.4百万盾及以上	43.02	47.67	12.79	15.12	36.05	12.79	6.98

图 9-5　按月收入划分的近一年内员工了解中国信息的渠道分布（$N=442$）

度尼西亚员工多数认为中国是本国最大的援助国（详见第十章第四节），但对中方捐助、援建的新闻关注度相对较低，原因可能一方面是此类新闻出现的频率不高；另一方面是援助和援建行为对员工切身利益关联性不强。事实上中国政府和企业为印度尼西亚社会捐资捐物的情况不少，今后可以适当的方式增加"曝光率"。学生赴华留学和中国文艺演出等教育文化类信息比较容易引起年轻人的兴趣。据统计，印度尼西亚来华留学生总数达到了 1.5 万人左右，其中 80% 是自费留学。[①] 不少中企当地员工对中国和中国文化感到好奇和向往，希望获得中方资助到中国留学的年轻人为数众多。近年来，为促进双方人文交流，中国政府较大幅度地增加了给印度尼西亚学生的奖学金名额。

---

① 《留学中国，让更多的印度尼西亚学生改变自己的命运》，人民网，(2019-07-24) [2020-05-01]，http://world.people.com.cn/n1/2019/0724/c1002-31253411.html。

表9-1　近一年内员工从印度尼西亚媒体获取中国相关新闻情况　　（单位:%）

有关中国的新闻	样本量	是	否
中国大使馆对本国的捐赠新闻	489	43.56	56.44
中国援助本国修建道路、桥梁、医院和学校的新闻	472	46.19	53.81
本国学生前往中国留学的新闻	498	70.48	29.52
中国艺术演出的新闻	503	67.99	32.01

第二节　文化消费

文化偏好可理解为人们在共同文化环境影响下所形成的认识倾向，代表了因文化环境长期刺激所产生的文化心理反应。文化偏好与价值观、风俗习惯、宗教等文化内容息息相关，一旦形成便会对消费者的行为产生长期、稳定的影响。① 影视、音乐作为常见的文化产品，可直观地反映民众的文化认同与价值取向。

一　员工对外国影视产品的偏好

印度尼西亚政府及社会对外国影视产品的态度开放，加上互联网络的发达，民众在日常生活中获取外国影视剧资源的条件便利。课题组就观看各国影视剧的频率进行问卷调查，了解印度尼西亚员工的影视作品的观看偏好，调研数据如表9-2所示。调查结果显示，514名受访员工中近半数经常看美国影视剧，远高于经常观看其他国家影视作品的比例。西方文化和价值观念与伊斯兰文化以及印度尼西亚本地文化相去甚远，但这并不影响当地民众对美国影视作品的欢迎。部分年轻员工喜欢韩国影视作品，是韩剧明星的"粉丝"，也有相当数量员工对以浪漫、爱情、青春偶像为主打要素的"韩流"兴趣不大。因此，印度尼西亚员工对韩国影视剧的态度两极化，"经常"和"很频繁"观看韩国影视剧的有18.68%，仅低于美国影视作品的欣赏比

---

① 王海鹰、李坚:《消费者价格心理与文化偏好研究》，《中国物价》2004年第8期。

例;"从不"和"很少"观看韩国影视剧的员工占比则为61.28%,高于华语、日本、美国影视剧。"经常"和"很频繁"观看华语影视剧的中企当地员工有15.96%,"从不"和"很少"观看华语影视剧的比例为52.91%。华语影视剧在印度尼西亚当地员工中的接受程度仅低于美国影视剧。相比于越南、菲律宾等其他东南亚国家,中国影视剧进入印度尼西亚的起步较晚,数量不多,但引发了较好反响。近年来,印度尼西亚CGV影院和XXI影院上线的影片中不乏中国优秀电影,《叶问》等影片还在印度尼西亚的电视台上映。这些电影所展示的既有中国文化中传统的一面,也有中国的高速发展以及中国人在现代社会中的喜怒哀乐,引发了印度尼西亚观众的共鸣。对中国电影中的印度尼西亚元素的宣传,是吸引当地观众的原因之一。此前在国内热映的影片《前任3:再见前任》在北苏拉维西的美娜多取景,两国合拍《蜡染》《爱在零纬度》等影片,这些都激发了印度尼西亚民众的观看兴趣。

表9-2 员工观看不同国家的电影/电视剧的频率分布（$N=514$） （单位:%）

频率	华语电影/电视剧	日本电影/电视剧	韩国电影/电视剧	印度电影/电视剧	美国电影/电视剧
从不	28.79	36.26	43.77	43.97	9.14
很少	24.12	23.78	17.51	24.12	9.92
有时	31.13	28.27	20.04	21.98	32.88
经常	10.51	8.97	10.70	7.59	30.74
很频繁	5.45	2.73	7.98	2.33	17.32

二 员工对外国音乐产品的偏好

如表9-3所示,受访员工大部分对美国音乐持欣赏态度,"非常喜欢"和"喜欢"的比例为70.63%。美国流行音乐的音调旋律上口,传唱度高,在全球范围内拥趸不少。其音乐节奏特别是摇滚乐明快的风格特点,又特别符合印度尼西亚民众的口味。至于华语音乐,受访印度尼西亚员工"非常喜欢"或"喜欢"的比例为 26.08%,"不喜欢""非常不喜欢"的比例为 53.14%。应该说,中国和印度尼西亚在音乐领域交流借鉴的历史久远。中国的大小铜鼓、二胡、月琴、笛子等乐器早已传入印度尼西亚。甘邦克罗蒙(Gambang Keromong)既包含了诸如扬琴、二胡、笛子、木琴等中国和印度尼西亚传统的乐器,也掺杂了多种华人乐调,被称为"爪哇音乐与中国音乐结合的产物"[①]。中国与印度尼西亚建交后,有的中国歌曲被改编成印度尼西亚语版本,邓丽君的《何日君再来》(*CINTA SUCI*)、《思思小雨》(*LAGU UNTUKMU*)等歌曲在印度尼西亚人气颇高。时至今日,印度尼西亚语版的中国歌曲多借助网络传播,*KU JUGA MENCIN-TAIMU*(《情非得已》)等歌曲在网络上有着较高点击率。从调查数据看,当地员工对华语音乐的喜爱程度超过日韩音乐,这是在中资企业的语境中得到的结果,还不足以说明华语音乐或更宽泛意义上的中华文化在印度尼西亚社会的地位超越了日韩。

表 9-3　　员工对不同国家音乐喜爱程度的频率分布　　（单位:%）

喜欢程度	华语音乐 ($N=510$)	日本音乐 ($N=507$)	韩国音乐 ($N=510$)	印度音乐 ($N=508$)	美国音乐 ($N=514$)
非常喜欢	5.49	2.96	5.49	1.97	22.96
喜欢	20.59	13.41	20.59	18.70	47.67
一般	20.78	21.10	18.43	18.31	12.65
不喜欢	39.61	51.68	44.12	49.02	14.20
非常不喜欢	13.53	10.85	11.37	12.01	2.53

---

① 孔远志:《中国印度尼西亚文化交流》,北京大学出版社 1999 年版,第 200—202 页。

第十章

国内议题与大国影响力

本章基于问卷调查结果,把握当地员工对中资企业发展以及中印尼合作等的观点与态度,从国家间合作的视角分析印度尼西亚员工对中国和中企的认知。

第一节 中国品牌

本节试图了解按不同标准划分组别的中资企业当地员工对中国品牌认知情况,旨在探析中国产品在受访员工群体中的渗透深度,管窥"中国制造"在印度尼西亚社会的影响力。从更广的意义上说,印度尼西亚民众对中国品牌的认知是对中国企业及中国印象的一部分。

一 员工对中国品牌的认知

中国与印度尼西亚的经贸合作不断深化,意味着大量中国产品进入当地人的生活日常。图10-1显示了479位当地员工对中国品牌的认知情况,73.29%的男性和75.00%的女性员工知道本企业外的中国产品品牌。作为世界制造业的中心,中国产品已遍布各国。脱离了中国制造生活就不能正常进行,这成为一种常识。但在印度尼西亚的受访员工中仍有四分之一表示不了解,说明中国产品在市场占有率、竞争力获得公认的同时,品牌影响力有待提升。

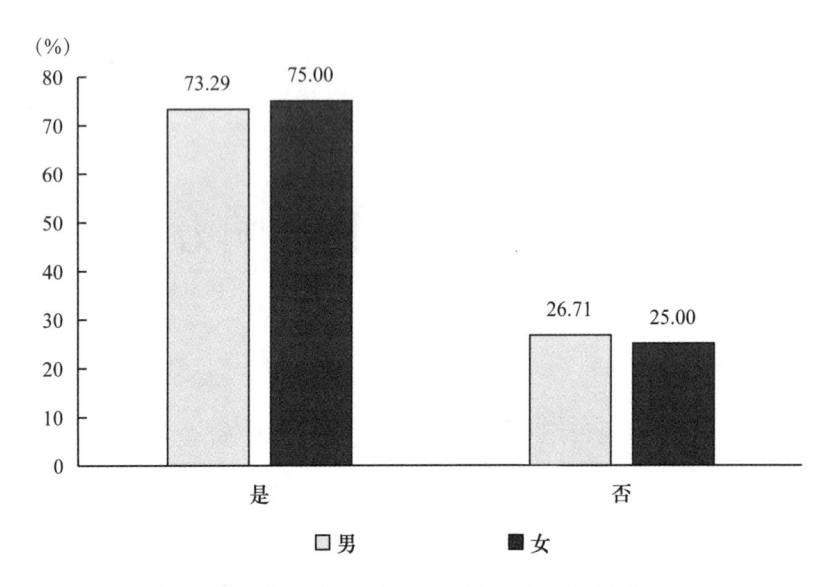

图 10-1　按性别划分的员工对本企业外的中国产品
品牌的认知状况（$N=479$）

无论受教育程度如何，受访员工中大部分知道中国品牌。478 份有效问卷反馈显示，除极个别未上过学的员工外，低学历员工对中国品牌的了解较大幅度地低于本科及以上学历的员工（见图 10-2）。低学历往往意味着低收入，这部分员工关注的多是与自己日常生活紧密相关的产品，对价格敏感，购买时更注重性价比而非产品品牌。而高学历、受教育程度高的员工一方面消费能力强；另一方面愿意并有充足的渠道了解包括中国在内的各国产品信息，因此对中国品牌认知度更高。

在 477 位提供了有效反馈的受访者里，管理人员有 79.25% 了解中国品牌，非管理人员的这一比例是 72.51%，二者没有显著差别（如图 10-3）。基于工作环境，有理由相信中企本地管理人员了解中国和中国品牌的意愿、兴趣更强。客观上，他们在日常工作中与中方人员交流多，获得的中国品牌信息相对丰富和多元。

印度尼西亚是网络用户大国，网民数量居全球第 4 位，因此上网

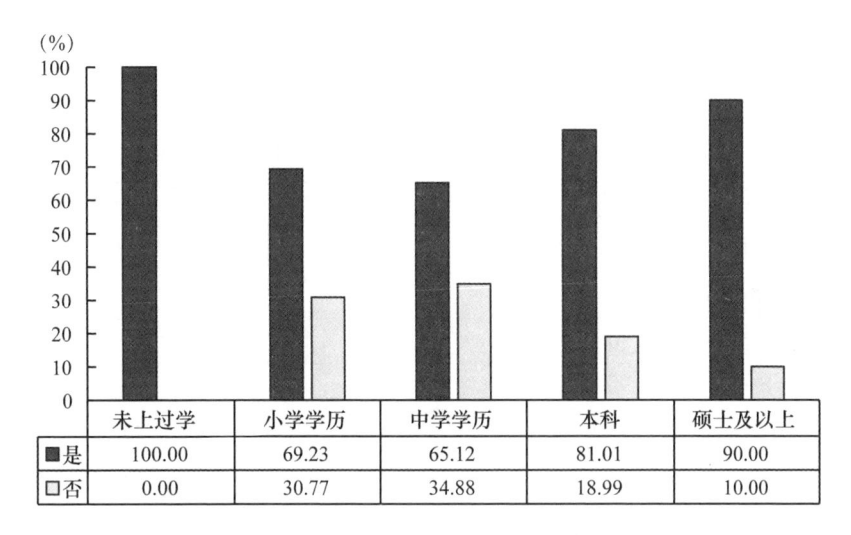

	未上过学	小学学历	中学学历	本科	硕士及以上
■是	100.00	69.23	65.12	81.01	90.00
□否	0.00	30.77	34.88	18.99	10.00

图 10-2　按受教育程度划分的员工对本企业外的中国产品品牌的认知状况（$N=478$）

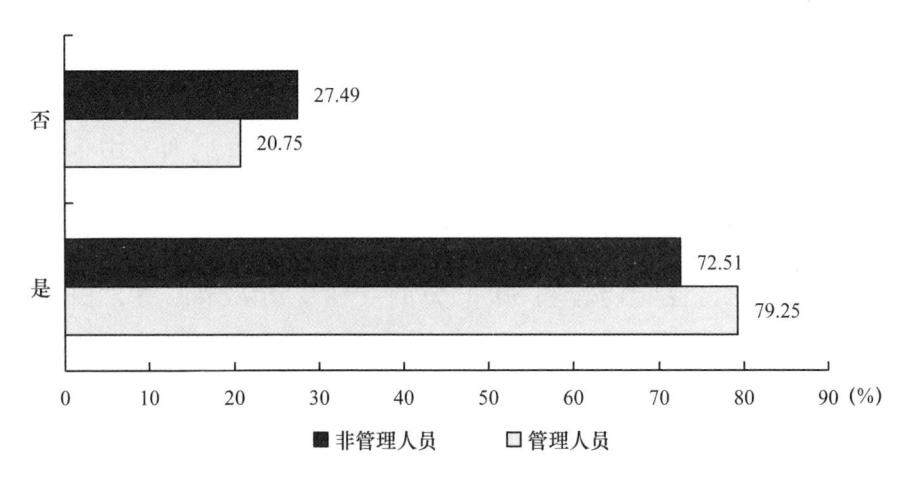

图 10-3　管理人员与非管理人员对本企业外的中国产品品牌的认知状况（$N=477$）

的频率与员工对中国产品的认知情况正相关。479 份数据样本显示，每天都上网的员工了解中国产品的比例达 84.62%（见表 10-1）。当前，越来越多的中资企业把网络媒体作为宣传主渠道，印度尼西亚员工通过网络媒体了解、接受中国品牌产品也成为一种趋势。

表 10-1　　按上网频率划分的员工对本企业外的中国产品品牌的认知状况（$N=479$）　　（单位：%）

上网频率	是	否
一天几个小时	75.43	24.57
一天半小时到一小时	79.31	20.69
一天至少一次	84.62	15.38
一周至少一次	60.00	40.00
一个月至少一次	50.00	50.00
几乎不	33.33	66.67
从不	42.86	57.14
总计	73.90	26.10

二　员工印象最深的中国品牌

关于以性别为标准对当地员工印象最深的中国品牌所作的调查，有两点令人印象深刻。其一，如图 10-1 所示，印度尼西亚中企男性和女性员工对中国品牌的认知度分别是 73.29% 和 75.00%。但如图 10-3 和图 10-4 所显示的，当进一步就其了解的中国品牌进行提问时，31.61% 的男性受访者和 30.65% 的女性受访者未回答，相比而言，可能这个数据更能准确地反映中国品牌在中企印度尼西亚员工中的认知度。其二，受访者印象最深的中国品牌多数是手机产品。这一方面说明手机是与印度尼西亚员工关系最密切的日常用品，而小米、OPPO、华为、VIVO 等手机企业在开拓包括印度尼西亚在内的发展中国家市场方面确实成绩斐然。当前中国手机品牌在印度尼西亚市场地位稳固，所占份额还有上升趋势，且小米手机显示的潜力似乎最大。另一方面，大量的中国制造还未成功向中国品牌转型，不免让人惋惜。印度尼西亚庞大的市场容量，值得更多的中国企业进行产业布局，做好产品质量与国际标准的对接，借鉴知名品牌的营销方式，通过海外代工在产品设计和推广上实现本土化以提高自主品牌知名度。

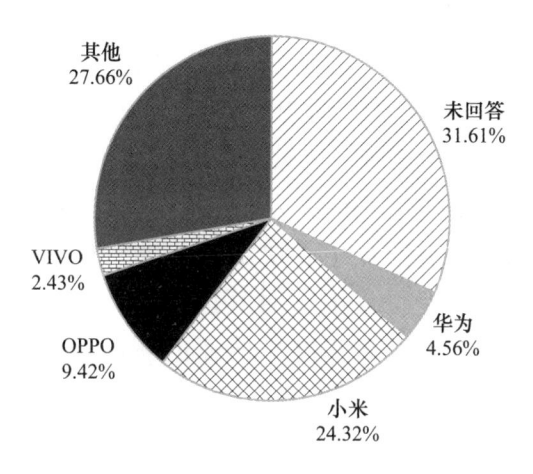

图 10-4　男性员工印象最深的中国企业分布（$N=329$）

其他 27.66%
未回答 31.61%
VIVO 2.43%
OPPO 9.42%
华为 4.56%
小米 24.32%

就手机产品而言，受访女性员工（186 人）相对于男性员工（329 人）对小米、OPPO、VIVO 等中国手机企业的认知度更高，对华为的认知度稍低（见图 10-5）。看来小米、OPPO、VIVO 手机的价格和多样化的功能更能满足女性的心理和实际需要。

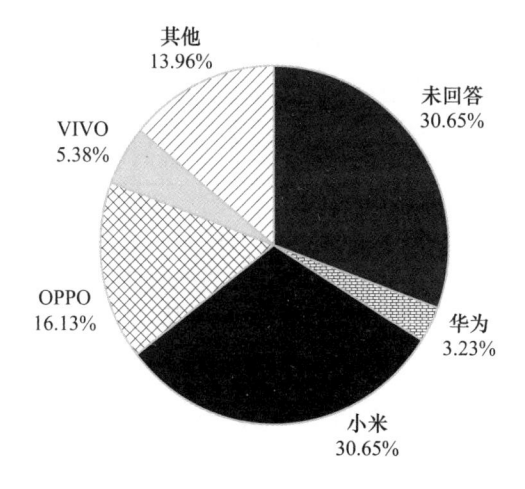

其他 13.96%
未回答 30.65%
VIVO 5.38%
OPPO 16.13%
华为 3.23%
小米 30.65%

图 10-5　女性员工印象最深的中国企业分布（$N=186$）

中企印度尼西亚员工的上网频率与他们对中国企业的认知程度呈正相关关系（见表10－2）。电视、广播、报纸、杂志、网络曾经是品牌推广依托的五大传媒，当前已是网络平台一家独大。在印度尼西亚同样如此，互联网品牌推广弥补了传统营销模式受到的时空限制短板，能最大限度地覆盖包括中企员工在内的主流社会群体。中企应适时更新、完善自身的网络宣传方式，提升印度尼西亚民众对中国品牌商品的认可度。印度尼西亚中企员工对小米、OPPO的认同感最高，这两家企业的网络宣传模式不仅对其他通信行业中企可能有借鉴意义，对中国中小企业品牌在印度尼西亚的崛起也显然有深层次思考价值。

表10－2　　　　按上网频率划分的员工印象最深的中国企业分布（N＝515）　　（单位:%）

上网频率	未回答	华为	小米	OPPO	VIVO	其他
一天几个小时	29.59	4.59	27.98	12.16	3.67	22.02
一天半小时到一小时	30.30	0.00	21.21	24.24	6.06	18.18
一天至少一次	15.38	0.00	30.77	0.00	0.00	53.85
一周至少一次	57.14	0.00	14.29	0.00	0.00	28.57
一个月至少一次	50.00	0.00	16.67	0.00	0.00	33.33
几乎不	66.67	8.33	8.33	0.00	0.00	16.67
从不	62.50	0.00	12.50	0.00	0.00	25.00
合计	31.26	4.08	26.60	11.84	3.50	22.72

数字化经济是当前中印度尼西亚深化经贸合作的重点方向。印度尼西亚主要的移动通信运营商已分别与华为、中兴签署了合作备忘录，双方合作正往深处拓展。中国手机品牌在印度尼西亚市场的知名度有进一步提升的趋势。但也应看到印度尼西亚民众对其他中国企业的了解程度尚不足。这可归因于部分中企在当地投资设厂的时间尚短，例如蒙牛公司2018年才开始在印度尼西亚投产运营，占据足够的市场份额及引导当地民众消费习惯尚需时日。调研发现，刚刚进入

印度尼西亚的中企普遍重视产品质量，且能够把握住印度尼西亚民众购买需求和偏好变化，例如五菱、小康等车企推出的SUV、MPV、小型厢货等多种车型相较于日系车更贴近当地民众的日常生活所需，在雅加达等主要城市中路面上五菱汽车的数量提升特别明显。以过硬的质量和服务为基础，加大网络品牌推广力度，相信会有更多的中国品牌为印度尼西亚民众所认知和接纳。

第二节 企业社会责任

社会责任表现在创造利润、承担法律责任的同时，企业对消费者、社区和环境所承担的责任，企业履行社会责任的质量与程度直接影响企业的形象声誉、品牌竞争力、市场认可度。因此，将追求利润和社会责任结合、平衡好二者间关系对于企业发展至关重要。① 新加坡尤索夫伊萨克东南亚问题研究所2017年年末的研究报告称，1620位印度尼西亚受访者中有62.4%认为印度尼西亚从中印尼的紧密关系中获益不多，25.2%的受访者完全反对中国对印度尼西亚的投资，54.9%的受访者表示仅在部分情况下支持中国在印度尼西亚的投资。② 换言之，中国企业的追求利润与履行社会责任情况在当地民众眼里并不平衡。相对于上述研究所随机抽取受访者的做法，中企当地员工反馈的观点可能更有说服力。

一 员工对中资企业社会责任履行的认知

投资印度尼西亚的中国企业社会责任管理能力差异较大，发展水

---

① 《社会责任是企业做强做大的基石》，中国经济网，(2018-04-20)[2020-05-03]，http://views.ce.cn/view/ent/201804/20/t20180420_28889020.shtml。

② J. Herlijanto, "Public Perceptions of China in Indonesia: The Indonesia National Survey", (2017-12-04)[2020-05-03], https://www.iseas.edu.sg/images/pdf/ISEAS_Perspective_2017_89.pdf.

平参差不齐，但大都意识到积极履行社会责任的意义。据媒体报道，有的中资企业长期为项目周边的村庄提供医疗服务、援建清真寺、给贫困家庭慈善捐赠，有的企业长期为本地学校提供奖学金，有的企业投入大笔资金兴建公共设施，改善当地的基础设施落后的现状，有的企业与当地技术学校合作培训技术工人、中国商会总会多次为贫困儿童学校慈恩学校组织捐赠等。大型企业在这方面走在前列，中国港湾印度尼西亚公司连续多年捐助 Yayasan Pniel 福利院，在印度尼西亚总统大学设立中国港湾奖学金并承诺连续颁发 10 年；中印尼经贸合作工业园青山园区企业坚持取自社会、回馈社会的理念，为园区周边 12 个村庄免费供电、提供医疗服务、援建清真寺及资助乡村各种活动；华为致力于贡献印度尼西亚国家互联互通建设，重视当地人才培养并积极推动印度尼西亚 ICT 行业发展；天津聚龙集团与当地民众的"合作种植"事业快速发展，有 5000 多个家庭、2 万多人从中受益。①

对 515 名中资企业当地员工的调查表明，企业履行社会责任获主观认知度较高的依次是以钱或实物形式进行公益慈善捐赠、培训项目、教育援助和卫生援助，认知度较低的是电力设施、水利设施及其他基础设施援助。需要指出，员工的认知不等于中企履行社会责任的实际情况，但肯定在一定程度上能反映中企履行社会责任形成的社会效益。

表 10 - 3 和图 10 - 6 的对比显示了中企履行社会责任实际情况和本企业当地员工认知度的差异。中企开展教育援助和直接捐钱的比例显著多于其他形式的履行社会责任活动，这两个领域在中企当地员工中认知度也相对较高。同样，有 40.63% 的中企在项目所在地为当地居民修路建桥，受访员工对此认知度为 34.37%。上述领域员工认知度均低于企业社会责任履行度，说明员工对这些援助情况的关注度不高，或者企业"只做不说"导致员工未能获取相关信息。培训项目、卫生援助、修建寺院（主要指清真寺）的情况则相反，当地员工的

---

① 《中国企业拓展在印尼投资领域，注重履行社会责任》，中国新闻网，(2017 - 01 - 19) [2020 - 05 - 03]，http://www.xinhuanet.com/world/2017 - 01/19/c_ 129453121.htm。

感知度甚至高于中企在这些方面履行社会责任程度。

表10-3 员工对企业在本地开展援助项目类型的认知状况（N=515）（单位：%）

援助项目类别	有	没有	不清楚	合计
教育援助	46.60	31.84	21.55	100.00
培训项目	46.80	32.43	20.78	100.00
卫生援助	42.14	35.53	22.33	100.00
基础设施援助	34.37	41.55	24.08	100.00
修建寺院	36.12	39.22	24.66	100.00
水利设施	31.84	40.58	27.57	100.00
电力设施	27.77	45.83	26.41	100.00
文化体育设施	35.34	41.36	23.30	100.00
文体交流活动	35.73	42.72	21.55	100.00
社会服务设施	30.10	46.21	23.69	100.00
以钱或实物形式进行公益慈善捐赠	48.35	27.96	23.69	100.00

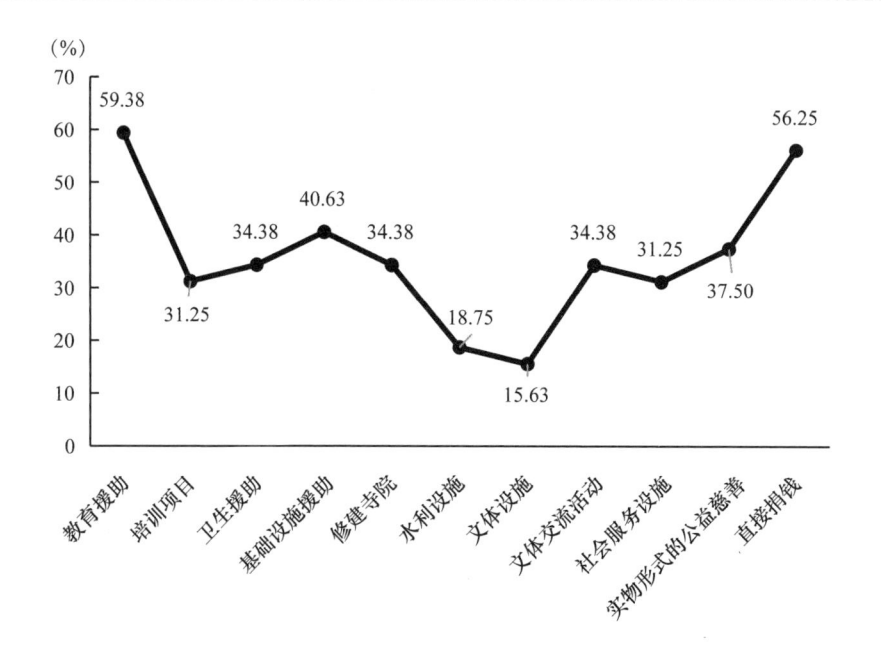

图10-6 企业各项社会责任履行程度（N=515）

二 员工对中资企业社会责任履行的诉求

开展对中企社会责任履行的诉求调查，有益于把握当地民众期待，帮助中企有的放矢地做好相关工作。515 名员工的反馈显示，中企最受期待的社会责任履行是教育援助、卫生援助、培训项目援助三个方面，这也是员工对相关企业援助认知度较高的领域（见图 10-7）。

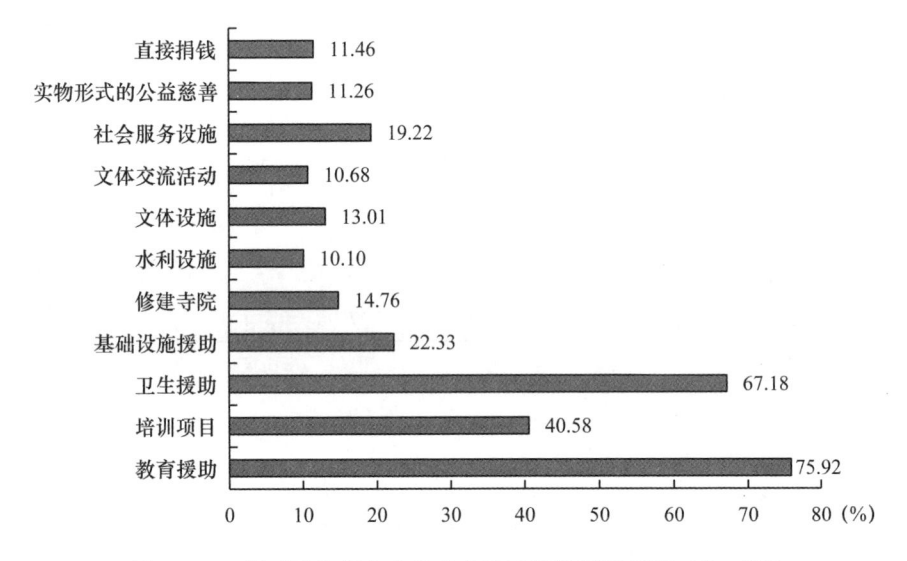

援助类型	百分比 (%)
直接捐钱	11.46
实物形式的公益慈善	11.26
社会服务设施	19.22
文体交流活动	10.68
文体设施	13.01
水利设施	10.10
修建寺院	14.76
基础设施援助	22.33
卫生援助	67.18
培训项目	40.58
教育援助	75.92

图 10-7 员工最希望本企业在本地开展的援助类型（$N=515$）

仅有 14.76% 的受访员工希望本企业在修建寺院方面提升援助。这其中原因是印度尼西亚政府、民间组织和民众都高度重视祈祷场所建设，到 2018 年年底全印度尼西亚登记在册的清真寺和小祈祷室已超 80 万所，实现了每 200 名穆斯林拥有一个集体祈祷场所。[①] 尽管如

---

① 《在印度尼西亚清真寺委员会登记的清真寺达 80 万所》，印度尼西亚 gomuslum 网站，（2018-11-12）［2020-05-10］，https：//www.gomuslim.co.id/read/news/2018/11/12/9545/-p-dmi-terdata-ada-800-ribu-masjid-di-indonesia-p-.html。

此，有意识地根据印度尼西亚主流社会的信仰情况开展援助，最能营造于企业有利的社会环境。例如，某中资金融服务类企业与印度尼西亚最大的温和派穆斯林组织伊斯兰教士联合会合作，共同援建校园，给灾民捐赠钱物、搭建临时住处，设法减轻当地经营困难企业的贷款利息负担等，在当地穆斯林社会民众中有良好的口碑，为企业发展赢得宗教界有力支持。

第三节 大国影响力评价

本节调查中企当地员工对中国、日本、美国、印度等大国在亚洲地区影响力的看法，以及其对这些大国未来影响力走向的观点。关于这一主题，美国皮尤中心以及东南亚一些专业机构开展过专项调查，其结果可资参考、对比。

一 员工对主要大国在亚洲地区影响力的认知

皮尤研究中心的2019年12月的报告称，印度尼西亚受访者中有24%认为中国是全球经济实力最强的国家，认为美国、日本、欧盟经济实力居首的比例分别是21%、22%和9%；48%的受访者认为中国对印度尼西亚在经济领域有至关重要影响，超过认同美国影响力的比例（45%）。[1] 新加坡尤索夫伊萨克东南亚研究院2020年初就中美影响力的对比，对1300名受访者进行调研。结果显示，80%民众认为中国在东盟地区经济影响力最大，52%民众认为中国政治影响力最大；认为美国在本地区经济和政治影响力最大的受访者比例分别只有

---

[1] 《对2019年中美实力对比的观点》，美国皮尤研究中心网站，（2019-12-05）[2020-05-04］. https://www.pewresearch.org/global/2019/12/05/views-of-the-balance-of-power-between-u-s-and-china-2019/。

27%和8%。①

本课题组对503位中企当地员工的调查结果显示,认为中国在亚洲影响力最大的员工为67.79%,其中认同中国的影响力的男性员工比例超过女性9.5个百分点。男、女性员工在对日本影响力的判断上差异性不大。认为美国在亚洲影响力最大的女性比男性比例高11.54个百分点(见表10-4)。

表10-4　　　按性别划分的员工认为哪个国家在亚洲的影响力最大（$N=503$）　　　（单位:%）

性别	中国	日本	美国	印度	其他
男	71.25	16.88	8.13	0.00	3.75
女	61.75	14.75	19.67	0.55	3.28
总计	67.79	16.10	12.33	0.20	3.58

很有意思的是,对503名受访者的调查显示,随着年龄的增加,受访员工认同中国、日本在亚洲影响力最大的比例上升,对美国影响力的评价则相反。在36岁及以上员工中,认为中国在亚洲影响力最大的比例达73.75%。表10-5所列三个年龄段员工在受访员工中的比例无畸高或畸低情况(详见第二章第三节"员工数据描述"),因此受访者对中国影响力的感知度与年龄成正比的调查结果并非样本数量异常所导致的。一种解释是,30岁以上印度尼西亚民众相对于刚刚走上社会的年轻人更多地见证了中美国家实力的此消彼长增长。

---

① 《调研显示中国在东南亚地区影响力大》,印度尼西亚《共和国报》网站,(2020-01-16)[2020-05-04], https://internasional.republika.co.id/berita/q46fky382/survei-pengaruh-china-guncang-asia-tenggara。

表 10 – 5　　　　按年龄组划分的员工认为哪个国家
　　　　　　　在亚洲的影响力最大（$N=503$）　　　（单位：%）

年龄组	中国	日本	美国	印度	其他
19—25 岁	62.07	14.94	17.82	0.00	5.17
26—35 岁	69.88	15.66	11.24	0.40	2.81
36 岁及以上	73.75	20.00	3.75	0.00	2.50
总计	67.79	16.10	12.33	0.20	3.58

按学历水平划分人群进行的相关调查获 502 份反馈。如表 10 – 6 所示，未上过学的受访者认同中国在亚洲影响力最大的比例达 100%，小学学历与硕士及以上学历的认同者比例也大幅超过了其他学历人群。尽管这几个学历层次的受访者数量不大，但其观点仍有典型性意义（见表 2 – 16）。

表 10 – 6　　　按受教育程度划分的员工认为哪个国家
　　　　　　　在亚洲的影响力最大（$N=502$）　　　（单位：%）

受教育程度	中国	日本	美国	印度	其他
未上过学	100.00	0.00	0.00	0.00	0.00
小学学历	78.57	0.00	7.14	0.00	14.29
中学学历	66.96	16.09	11.74	0.43	4.78
本科	66.94	16.94	14.05	0.00	2.07
硕士及以上	76.92	23.08	0.00	0.00	0.00
总计	67.73	16.14	12.35	0.20	3.59

按族群划分人群进行的相关调查获 495 份反馈。从数据看，马都拉族、华族（表中"其他"项的主体）和巽他族员工认为中国在亚洲影响力最大的比例较高（见表 10 – 7）。爪哇族作为印度尼西亚人口最多的部族，其受访者的态度较能代表印度尼西亚主流人群的观点。

表 10-7　　　按族群划分的员工认为哪个国家在亚洲的影响力最大（$N=495$）　　（单位:%）

族群	中国	日本	美国	印度	其他
爪哇族	64.29	19.52	11.90	0.00	4.29
巽他族	71.25	15.00	8.75	0.00	5.00
马来族	61.90	19.05	19.05	0.00	0.00
马都拉族	100.00	0.00	0.00	0.00	0.00
巴达克族	57.89	15.79	26.32	0.00	0.00
其他	71.34	12.20	12.80	0.61	3.05
总计	67.47	16.16	12.53	0.20	3.64

按在中企工作的时长分，495 名中企员工认同"中国在亚洲拥有最大影响力"的比例未见规律性变化（见表 10-8）。较突出的现象是，进入中企 1 年和 2 年的员工认为中国在亚洲影响力最大的比例最低（61.86% 和 59.63%），相应地对美国影响力的认同度高（14.41% 和 18.35%）；进入中企 1 年和 5 年的员工认为日本影响力最大的比例较高（21.19% 和 22.22%）；在中企工作 4 年的员工认为中国在亚洲的影响力最大（82.35%），其中 5 年和 6 年的员工无人认为美国在亚洲影响力最大。

表 10-8　　　按在本企业工作时长划分的员工认为哪个国家在亚洲的影响力最大（$N=495$）　　（单位:%）

工作时长	中国	日本	美国	印度	其他
少于 1 年	71.30	16.67	9.26	0.00	2.78
1 年	61.86	21.19	14.41	0.85	1.69
2 年	59.63	13.76	18.35	0.00	8.26
3 年	67.00	19.00	11.00	0.00	3.00
4 年	82.35	5.88	5.88	0.00	5.88
5 年	77.78	22.22	0.00	0.00	0.00
6 年	100.00	0.00	0.00	0.00	0.00
6 年及以上	85.71	3.57	10.71	0.00	0.00
总计	67.27	16.36	12.53	0.20	3.64

在500位受访员工中，曾在其他国家外资企业工作的有115人。课题组调研得知，曾在日本企业工作的员工占比较大，特别是我国的汽车及配件制造企业吸引了相当数量日本企业当地员工流动。这些员工在日常工作接触中，对相关国家在亚洲的影响力自然会产生更多微观层面的感受，因此表10-9中的数据与本节其他表格相比呈现出不同特点。在美国企业工作过的员工，只有61.90%认为中国在亚洲影响力最大，而认为美国在亚洲影响力最大的比例达到了23.81%。有日企企业工作经验的员工则相反，其中76.79%认为中国在亚洲最有影响力，认为日本影响力最大的仅14.29%。在韩国企业工作过的员工对中国在亚洲影响力的感受更深，80.00%认为中国在亚洲的影响力最大。在印度尼西亚投资的印度企业和欧盟企业数量有限，在其中工作过的中企当地员工更少，这导致表10-9相关数据出现了极化现象。

表10-9　按去过其他国家外资企业工作划分的员工认为哪个国家在亚洲的影响力最大（$N=500$）　（单位:%）

	中国	日本	美国	其他
美国企业	61.90	9.52	23.81	4.76
印度企业	100.00	0.00	0.00	0.00
日本企业	76.79	14.29	8.93	0.00
韩国企业	80.00	10.00	10.00	0.00
欧盟企业	50.00	50.00	0.00	0.00
其他国家企业	65.71	22.86	5.71	5.71
总计	73.91	15.65	7.83	2.61

以工作中是否使用电脑为标准开展大国在亚洲影响力调查，主要是希望了解不同生产一线岗位人员和秘书、行政管理等岗位人员在这一问题上是否存在明显认知区别。图10-8所示的对503名员工的调查数据说明，这种区别即使有也是非常轻微的。在工作中使用电脑的员工中68.11%认为中国在亚洲影响力最大，比持同样观点的不使用

电脑的员工比例（66.67%）略高。认为日本、美国在亚洲影响力最大的员工数据对比情况也相差不大。工作岗位类型总体上不影响受访员工在这个问题上的观点倾向。

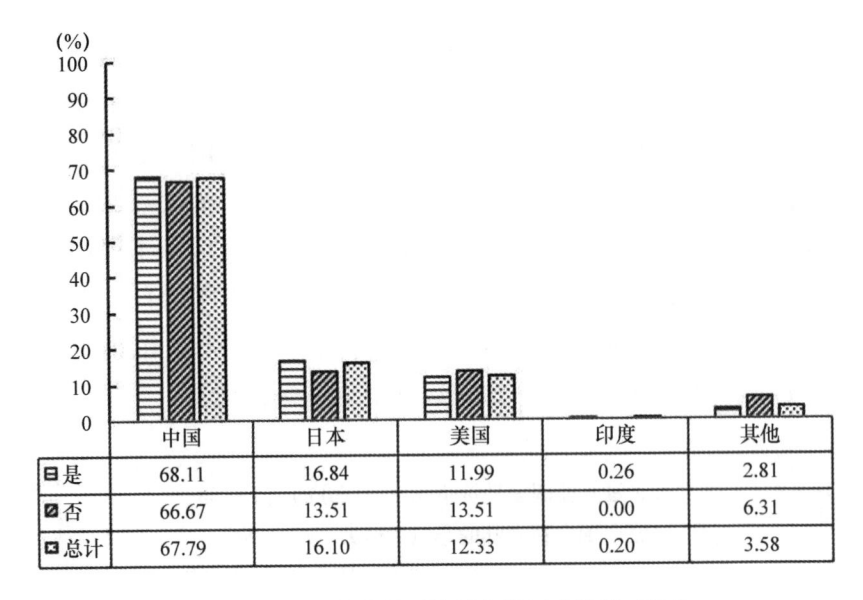

	中国	日本	美国	印度	其他
是	68.11	16.84	11.99	0.26	2.81
否	66.67	13.51	13.51	0.00	6.31
总计	67.79	16.10	12.33	0.20	3.58

图 10-8　按工作中是否使用电脑划分的员工认为
哪个国家在亚洲的影响力最大（$N=503$）

图 10-9 显示了网络对接受调研的 503 名员工的态度影响。关于中国在亚洲影响力的评价，家庭未联网的员工认为中国影响力最大的比例（71.60%）超过家庭联网员工（65.87%）。对于日本的影响力，家庭联网与否对相关员工的看法看来没有产生影响。认为美国影响力最大的家庭联网员工比例（14.97%）是未联网员工（7.10%）的 2 倍多。

与结合家庭联网情况所做的调查结果相似，手机联网的员工认同"中国在亚洲拥有最大影响力"的比例低于手机未联网员工。认为日本、美国在亚洲影响力最大的员工情况则相反（见图 10-10）。换言之，网络工具成为影响印度尼西亚民众判断的一个重要变量。

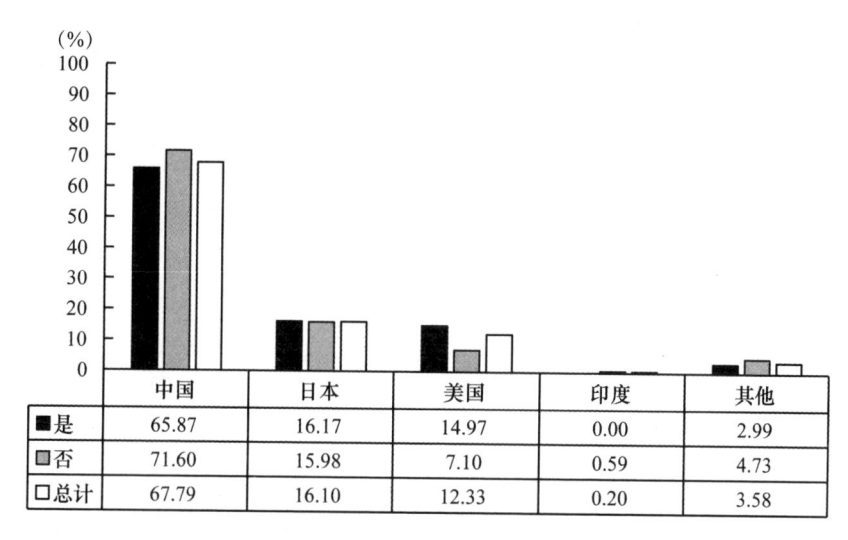

图 10-9　按家庭是否联网划分的员工认为哪个
国家在亚洲的影响力最大（$N=503$）

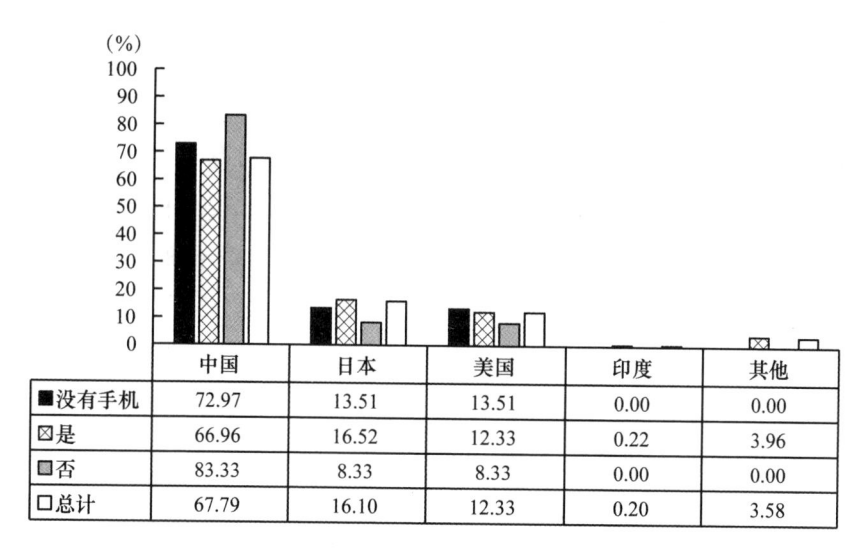

	中国	日本	美国	印度	其他
■是	65.87	16.17	14.97	0.00	2.99
▨否	71.60	15.98	7.10	0.59	4.73
□总计	67.79	16.10	12.33	0.20	3.58

图 10-10　按手机是否联网划分的员工认为哪个
国家在亚洲的影响力最大（$N=503$）

	中国	日本	美国	印度	其他
■没有手机	72.97	13.51	13.51	0.00	0.00
▨是	66.96	16.52	12.33	0.22	3.96
▦否	83.33	8.33	8.33	0.00	0.00
□总计	67.79	16.10	12.33	0.20	3.58

关于中国在本地区影响力的评价调查共获 493 份有效反馈，针对

美国的同一主题调查共获 482 份反馈，具体数据见表 10-10。如将中企员工对中美两国影响力的评价简化归类为"负面"和"正面"两种，则员工中有 29.61% 认为中国影响力为负，70.39% 认为中国影响力为正；对美国在本地区影响力评价为负、正的员工比例分别是 46.68% 和 53.32%。对中国在本地区内影响力的正面评价比例显著高于美国。

表 10-10　员工对中美在本地区的影响力评价的差异（$N=493$）　（单位：%）

国家	负面远多于正面	负面为主	正面为主	正面远多于负面
中国	13.79	15.82	53.35	17.04
美国	18.67	28.01	42.53	10.79

这一结果与印度尼西亚民意调研所（LSI）2019 年对 1540 名受访者的调研所得有差异。上述调研报告称，34% 的印度尼西亚民众认为中国在亚洲地区发挥着正面影响力，另有 34% 民众认为中国影响力为负面；认为中国对印度尼西亚产生正面和负面影响的民众比例分别是 40% 和 36%。与此同时，认为美国在亚洲发挥正负影响力的民众比例分别是 30% 和 33%。① 原因之一可能是本课题组的调查问卷没有在正负选择之间设置中间选项（如"不清楚""不确定""正面与负面相当"等）；此外，中企当地员工受环境氛围、工作和生活交际圈影响，对中国更有好感，评价更趋于正面，这是正常的。

二　员工对大国未来影响力的评价

（一）对外国援助的认知

伴随着经济持续快速的增长和在国际舞台上日益活跃的参与，中

---

① 《调查显示公众对中国影响力的负面评价上升》，印度尼西亚《罗盘报》网站，（2020-01-12）［2020-05-15］，https://nasional.kompas.com/read/2020/01/12/20391941/survei-lsi-tren-persepsi-publik-soal-pengaruh-china-cenderung-negatif? page=2。

国对外援助进入新的发展时期,且成为外部世界观察中国对外行为的一个窗口和缩影。印度尼西亚2004年经济政治形势稳定后接受的西方政府和国际组织的援助总额急速减少。2015年澳大利亚宣布将对印度尼西亚的援助压缩40%,当时的印度尼西亚外交部发言人不以为然,称"印度尼西亚不再是一个依靠外部援助开展国家建设的国家"。[①] 但是,在这一背景下中国对印度尼西亚以优惠贷款形式的援助增长较快,且主要用于基础设施建设领域。此外,中国在印度尼西亚遭遇地震、海啸、新冠肺炎疫情冲击等自然灾害和公共卫生安全危机之际伸出援手,并多年以政府奖学金方式对印度尼西亚开展教育援助。印度尼西亚民众对中国的援助印象深刻,这也反映在本课题组的调研结果当中。如表10-11所示,63.31%的受访员工认为中国是为印度尼西亚提供外援最多的国家,远高于认为美国或日本是印度尼西亚最大援助来源国的受访者比例。

表10-11 按受教育程度划分的员工认为的为印度尼西亚提供外援最多的国家 ($N=507$) （单位:%）

最高学历	中国	日本	美国	不清楚
未上过学	100.00	0.00	0.00	0.00
小学学历	71.43	7.14	0.00	21.43
中学学历	68.94	11.49	11.06	8.51
本科	56.61	21.49	13.64	8.26
硕士及以上	69.23	7.69	7.69	15.38
总计	63.31	15.98	11.83	8.88

表10-11显示,除极少数未上过学的受访者外,507位各受教育

[①] 《中国与印度尼西亚的外部援助》,(2017-11-15)[2020-05-10],印度尼西亚《共和国报》网站,https://republika.co.id/berita/ozem2y396/cina-indonesia-dan-bantuan-luar-negeri。

程度员工中，小学学历者认为中国是印度尼西亚最大援助国的比例最高（71.43%），其次为硕士及以上学历（69.23%）和中学学历（68.94%），本科学历员工认同中国对印度尼西亚提供了最多外援的比例（56.61%）最低。相应地，本科学历受访者认为美、日为印度尼西亚提供外援最多的比例最高。但总体而言，认定日本和美国为印度尼西亚最大援助国的受访者比例只有15.98%和11.83%。

按工作岗位分，在505份有效样本中，管理人员认同中国为印度尼西亚提供最多援助的有74.31%，远高于持同样观点的非管理人员比例（60.61%）。相应地，非管理人员认为美国或日本为印度尼西亚最大援助国的比例分别为17.42%和12.37%，高于管理人员（见图10-11）。

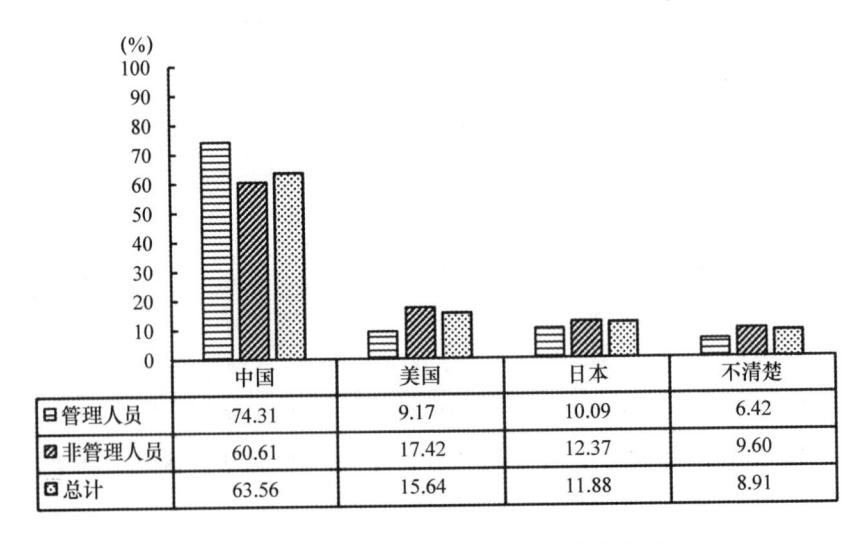

	中国	美国	日本	不清楚
管理人员	74.31	9.17	10.09	6.42
非管理人员	60.61	17.42	12.37	9.60
总计	63.56	15.64	11.88	8.91

图10-11 管理人员与非管理人员认为为印度尼西亚提供外援最多的国家（$N=505$）

在工作中是否使用电脑，看来并不会影响受访员工的观点。如图10-12所示，508位员工中有63.19%认为中国为印度尼西亚提供的援助最多，认为美国、日本提供援助最多的只有15.94%和11.81%。

对115名曾有其他国家外资企业工作经历员工的调查显示，这部分

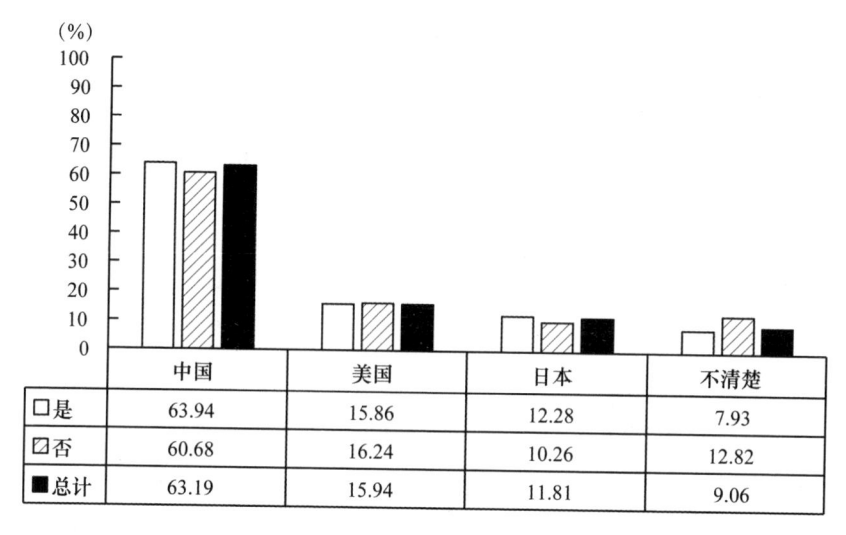

	中国	美国	日本	不清楚
是	63.94	15.86	12.28	7.93
否	60.68	16.24	10.26	12.82
总计	63.19	15.94	11.81	9.06

图 10-12　按工作是否使用电脑划分的员工认为的为印度尼西亚提供外援最多的国家（$N=508$）

员工认为中国为印度尼西亚提供外援最多的比例（72.17%）较高。只有此前在韩国企业、欧盟企业工作过的员工对"中国为印度尼西亚提供最多外援"观点的认同比例较低，为 50.00%（见表 10-12）。

表 10-12　按外企工作经历划分的员工认为的为印度尼西亚提供外援最多的国家（$N=115$） （单位:%）

去过的其他外资企业	中国	美国	日本	不清楚
美国企业	66.67	23.81	4.76	4.76
印度企业	100.00	0.00	0.00	0.00
日本企业	75.00	12.50	12.50	0.00
韩国企业	50.00	30.00	20.00	0.00
欧盟企业	50.00	0.00	25.00	25.00
其他企业	68.57	8.57	14.29	8.57
总计	72.17	13.04	10.43	4.35

从图 10-13 中可见，508 位受访员工的家庭联网与否几乎不影响他们对"中国为印度尼西亚提供最多援助"这一观点的认知。相对而言，家庭已联网的员工认同"美国为印度尼西亚提供最多外援"的比例稍高，认为"日本为印度尼西亚提供最多外援"的比例却少于家庭未联网的员工。

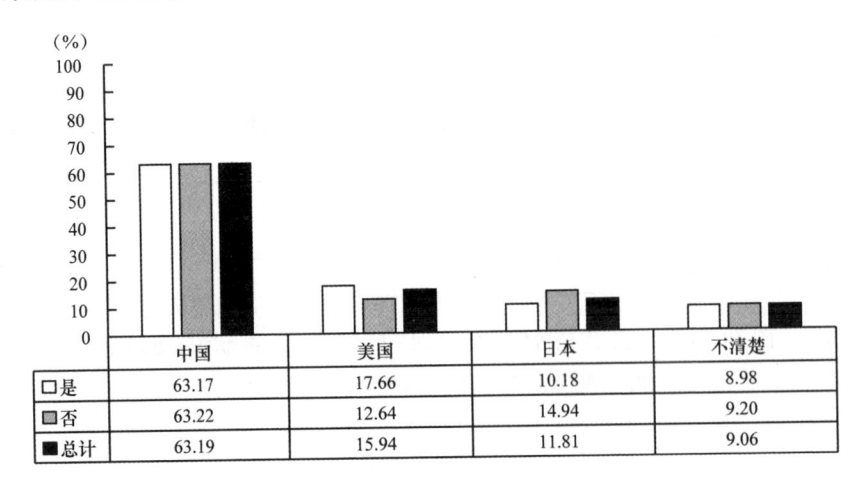

	中国	美国	日本	不清楚
是	63.17	17.66	10.18	8.98
否	63.22	12.64	14.94	9.20
总计	63.19	15.94	11.81	9.06

图 10-13　按家庭是否联网划分的员工认为的为印度尼西亚提供外援最多的国家分布（$N=508$）

如图 10-14 所示，与手机不联网的员工相比，手机能联网的受访员工在回答"哪一个国家为印度尼西亚提供最多援助"这个问题时更显犹豫，看来是网络上纷繁复杂的海量信息扰乱了他们的判断。因此，有 9.15% 的受访员工选择"不清楚"，认为中国、美国或日本为印度尼西亚提供最多援助的受访者比例低于手机未上网群组。

中国作为最大的发展中国家，始终把加强同印度尼西亚在内的发展中国家的友好合作作为外交政策的基石。中国对发展中国家的援助坚持平等互利，注重实效，与时俱进，不附带任何政治条件，形成了具有自身特色的模式。① 对印度尼西亚的援助获得当地社会的好评，

---

① 中国国家国际发展合作署:《中国的对外援助》白皮书,（2018-08-06）[2020-05-12], http://www.cidca.gov.cn/2018-08/06/c_129925064.htm.

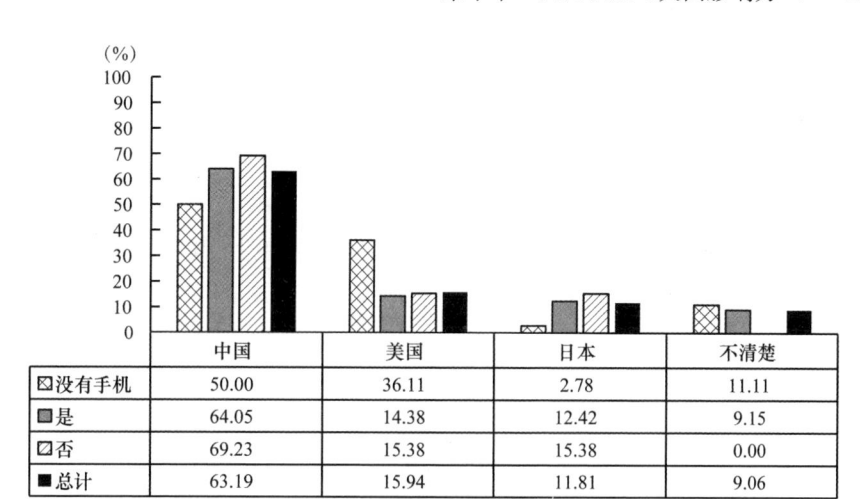

	中国	美国	日本	不清楚
没有手机	50.00	36.11	2.78	11.11
是	64.05	14.38	12.42	9.15
否	69.23	15.38	15.38	0.00
总计	63.19	15.94	11.81	9.06

图 10-14　按手机是否联网划分的员工认为的为印度尼西亚提供外援最多的国家分布（$N=508$）

调研得知，亦有部分民众不了解甚至质疑中国援助的目的。未来中国可进一步强调援助的平等互利性质，强调援助与经济合作结合，并学习其他大国在投资决策条件以及援外项目分配的规模和性质等方面的经验。同样重要的是，应通过法律、法规的形式促使中国企业更好地通过援助履行社会责任，使企业既获经济效益也赢得民心。

（二）未来发展应借鉴的国家

印度尼西亚人口红利高、自然资源丰富，经济发展基础不可谓不强。作为东南亚地区唯一的 G20 成员、新兴工业化国家，其发展潜力获广泛认可。不过，印度尼西亚经济仍存有诸多内部结构性问题，加之国际宏观形势影响，经济面临下行压力。基于加速经济转型、实现高质量发展的愿景，印度尼西亚需要借鉴其他国家成功的经济发展模式。

从 456 份有效反馈来看，印度尼西亚受访员工对中国、日本的经济发展模式认可度远超美国、印度及其他国家（见图 10-15）。中国成功地从一个贫穷落后的国家成长为经济大国的经历，使印度尼西亚社会赞叹不已，媒体上各界人士关于向中国学习的言论比比皆是。例如印度尼西亚《罗盘报》曾报道中国成功的三个关键：稳定的国家发展长远规划和彼此衔接的五年建设规划，对基础科学的重视，共产党领导下的强有力的行政体系。① 印度尼西亚公共工程与住房部官员尤希德则认为，中国成功的关键在于对基础设施建设的重视，"中国集中精力搞基建，数年后再打开大门时已成为世界上最有影响力的国家"。② 印度尼西亚 CNBC 网站指出，除了加大基建力度，可向中国学习的还包括坚定不移地推进工业化发展、将投资引向劳动密集型产业以及教育和就业政策的衔接。③

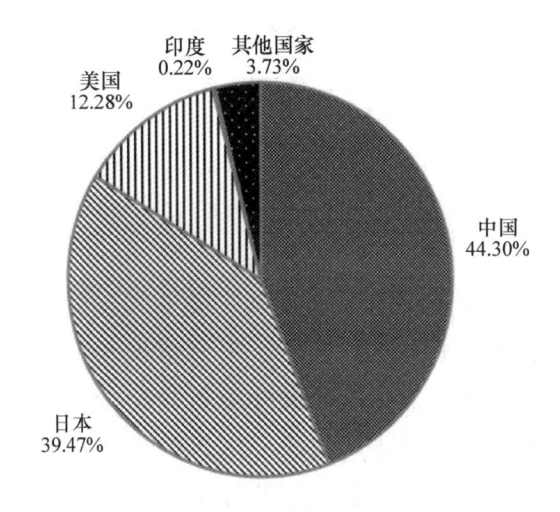

图 10-15　员工认为印度尼西亚未来发展需要借鉴的国家分布（N=456）

---

① 《中国经济成功的三个关键因素》，印度尼西亚《罗盘报》网站，(2010-12-14)[2020-05-12]，https：//money.kompas.com/read/2010/12/14/21152750/Tiga.Kunci.Keberhasilan.Ekonomi.China。

② 《这是印度尼西亚可借鉴的中国经济成功之关键》，印度尼西亚"点滴"网，(2015-08-19)[2020-05-12]，https：//finance.detik.com/berita-ekonomi-bisnis/d-2995660/ini-kunci-keberhasilan-ekonomi-china-yang-bisa-ditiru-ri。

③ 《可资印度尼西亚借鉴的中国经济发展之道》，印度尼西亚 CNBC 网站，(2019-12-25)[2020-05-12]，https：//www.cnbcindonesia.com/news/20191225152146-4-125565/jadi-jawara-ini-resep-ekonomi-china-yang-perlu-ditiru-ri/2。

结　　论

中企在印度尼西亚的投资符合两国战略合作方向，为双方带来了实实在在的利益，未来可挖掘的潜力仍然可观。出于长远发展目的，近年来印度尼西亚中企不仅规模上呈继续扩张之势，在进驻的企业类型、行业布局、经营模式等方面也呈现出不少新特征。本书一方面努力通过客观数据呈现印度尼西亚中企经营环境概貌；另一方面希望剖析相关问题和线索，争取对两国投资合作的行稳致远有所裨益。为此，本章拟对全书核心内容和重要数据进行简短梳理总结，并综合调研所得和其他资料就中资企业面临的非商业风险和本地化发展这两个广受关注的问题作进一步探讨。

一　受访中资企业和当地员工整体情况

本次调研共涉及在印度尼西亚的中资企业 50 家，近 80% 是 2011 年后才在印度尼西亚注册和开始运营的。2013 年习近平主席在印度尼西亚提出建设"21 世纪海上丝绸之路"，两国关系提升为全面战略伙伴关系，这显然成为此后中国企业投资印度尼西亚的强大推动力。接受调研的企业涵盖制造业、采矿业、建筑业、物流业、商务咨询、零售业、旅游业、餐饮业、互联网金融业等行业，工业和服务业领域的比例分别是 45.10% 和 54.90%，而在吸纳劳动力方面显然以前者为主。其中，国有控股企业占比 17.65%，非国有控股企业超过八成，机制体制灵活的私企是中资投资印度尼西亚的主体。超过半数（52.94%）的受访对象为大型企业，中型企业与小型企业分别占比

29.41%和17.65%。从受访企业所在区位分布看,超过八成(82%)企业不在经济开发区。此外,有40%企业已在中华人民共和国商务部备案,另有41.18%加入了印度尼西亚中国商会;仅18%的企业设立了自身工会。

调查组共访问517名中企当地员工,少数员工对问卷部分具体问题没有提供有效反馈,因此本书中各图表所反映的样本数量大多是500个左右。受访企业中员工男女占比分别为73.10%和26.90%。未婚女性员工占比74.19%,未婚男性员工占比41.95%。从年龄上看,26—35岁的受访员工占比最大,其次是19—25岁的员工,36岁及以上的只有约16%。充分显示了印度尼西亚劳动力以年轻人为主的特点。从受教育程度看,中学及以上学历的员工占比高达96.49%,其中本科及以上学历的员工超过半数(50.58%)。中企员工的整体受教育程度远高于印度尼西亚劳动力的平均受教育程度,但由于员工相对集中于劳动密集型产业,硕士及以上人员很少。按族群分,爪哇族员工最多(42.21%),巽他族次之(15.78%),其他族群在印度尼西亚总人口中占比不高,在中企中同样如此。华族是一个例外,尽管未作专门统计,但华人在中企有语言和文化适应方面的比较优势。调研组观察所见,华人在中企当地员工中的占比要高于在印度尼西亚人口中的比例。以宗教信仰分,信仰伊斯兰教的员工为82.14%,略低于穆斯林在印度尼西亚总人口的比例;信奉基督教、天主教和其他宗教的员工为17.09%。受访的员工中信仰印度教的仅0.19%(2人)。按出生地分,受访员工36.38%来自农村家庭,63.62%来自城市家庭。

中资企业生产经营状况方面。半数企业每周平均营业时间30—40个小时,每周工作5天,每天8个小时。部分行业领域的企业因业务需要每周工作6天,或每天工作时间超过8小时。中企均能按要求为加班员工发放相应补助。中企的产品遵循市场定价机制,主要面向印度尼西亚市场销售,在当地注册经营超过5年的企业产品市场更为多元。中资工业企业偏重传统销售渠道,服务业企业更倾向于选择互联网销售，中企选择投放电视广告的比例很低。工业企业的主要竞争压力来自印度尼西亚同行，而服务业企业还需更多的面对中资企业之间以及日、韩和欧美企业的竞争。近年行业内价格和质量的竞争更加激烈，这是多数中企的共识。印度尼西亚营商环境持续好转，三分之二的中资企业对印度尼西亚政府的履约程度给予认可。中资企业的资金较充足，七成企业无贷款需求，企业融资呈现出以母公司拨款为主、多种方式并存的市场特征。

中企营商环境与投资风险方面。中印尼经贸合作园区的基础设施保障情况好，位于印度尼西亚经开区和非经开区的企业网络通达度、电力保障度相对较低。中资企业申请水、电、网络和建设等基础设施条件时需承担不同程度的非正规支付成本，其中又以电力和建筑申请方面发生的非正规支付比例为高。印度尼西亚税务机构执法较规范，海关、移民局等政府部门常使中企在进出口许可申请事项上付出非正规成本。印度尼西亚的劳动力市场规制对多数中企运营形成不同程度妨碍，仅21.43%的服务业企业和8.70%的工业企业例外。中企运营还普遍受到当地劳动力素质与企业要求不匹配，以及技术、管理人员的可得性问题的困扰。超过九成的中资工业企业和近八成的服务业企业在投资印度尼西亚前开展了市场竞争、外资投资规定、宗教文化、劳动力素质等内容的可行性考察。企业面临一定安全生产风险，有73.91%的工业企业和32%的服务业企业在安全生产方面发生了额外支付。受访的中企管理层中54.9%对印度尼西亚政局稳定给予肯定评价。对于未来一年的经营风险，企业最关注的是成本增长、市场竞争激烈化以及政府政策的收紧等。

中企雇用行为与劳动风险方面。印度尼西亚籍员工占中企员工大多数（82.93%），中国员工占比平均为17.07%。约46%的企业员工属于一线或生产员工，企业技术人员与设计人员约占员工总数的10.23%，中高层占全体员工的比例均值为13.6%。由于实行项目管理制等原因，大型企业的当地员工流动性较强，中小企业的员工队伍稳定性高。中国籍员工的稳定性高于当地员工，调研发现中企管理层在同行业不同企业间跳槽的现象增加。中企的中方管理人员三分之二派驻印度尼西亚的时间在三年以内，长期驻外的意愿较强，约半数有使用英语或印度尼西亚语进行交际的能力。大型中企更重视对当地员工的培训，工业企业最重视的培训内容是专业技能，其次为安全生产知识；服务业企业在工作专用技能之外更重视提高员工的管理与领导能力、人际交往与沟通技能。企业未对员工开展培训的主要原因一是"不需要"，二是没有合适的培训服务机构。在招聘员工时，劳资双方需求错位现象突出，求职者技能不足、交流困难以及对薪酬期望过高是2017年中企招聘时遇到的最大问题。受访中企中有7家在2018年工资待遇或劳动合同发生过劳资纠纷，但都能在短时间内通过协调、调解或法律途径解决。

中资企业本地化经营与国际形象构建方面。六成以上（61.78%）的企业采取本地供货，接近七成（68.18%）的企业拥有本地销售商，本地供应商和销售商数量平均为15.24个和11.73个。半数（50%）的企业与本地供销商的合作始于近5年。非城市地区（62.86%）发生经济纠纷的概率远远大于雅加达（32.47%）及泗水、万隆、三宝垄等商业城市（12.50%）地区。面对经济纠纷，女性高管所在的企业更加倾向于遵照商业合同而非公司负责的途径解决。本地员工平均比重达到八成以上（82.93%）且集中一线或生产过程，员工本地化程度极高。中企充分把握了印度尼西亚丰富的劳动力资源优势。加班成为企业的常态，但会给予员工相应的福利待遇。近八成（78.26%）的工业企业提供食宿，近六成（56.52%）的同行设有文体活动中心。但服务业企业的整体福利待遇水平只及工业企业的一半左右。经开区及工会企业的福利待遇普遍优于非经开区和非工会企业。中企积极履行当地社会责任，半数以上的企业选择教育援助（59.38%）和直接捐钱（56.25%）并主要借助本地媒体（49.02%）、推特或脸书（41.18%）进行宣传。但总体而言，中资企业对包括履行社会责任在内的相关活动的海外宣传有待加强。中企的社会责任履行效果处于中上水平，产品获得了本地居民高分（平均

7分以上，满分为10分）的认可，并对中企的投资普遍持欢迎、比较欢迎态度（83.34%）。中国本地形象平均得分6.31（满分10分），高于美国、法国和印度。工业企业和位于经开区的企业与本地同行高管、所在地行政长官、行业部门领导、行政管理部门领导的往来多于服务企业和非经开区企业。但各类企业与当地政党领导极少往来。

当地员工职业发展与工作条件方面。中企当地员工主要通过亲戚朋友介绍或看到招聘广告后到企业应聘，65%以上员工在中企工作不超过2年。女性员工工作地点多为办公室，绝大部分在平时工作中使用电脑，高于男性员工使用电脑的比例（65.35%）。约60%员工每周工作5天，另有约35%的员工每周在岗6天。有32%的男性员工和约20%的女性员工在入职后获职位晋升。共43%员工加入了企业工会，加入行业工会的员工比例为3.33%。中资企业工会和行业工会在纠纷解决中的介入程度尚浅。约85%的中企当地员工有医疗保障或养老保险等形式的社会保障，但非长期劳动合同员工及工程外包项目的员工社会保障尚不到位。员工收入与受教育程度呈正向比例关系，本科及以上学历者约78%收入在640万盾以上，这部分人群的汽车拥有率达52%。出生地为城市的员工中高收入比例大，源自农村的员工有45%属于中低或低收入组。极少数中企当地员工经历过工资被拖欠超过一个月的情况。在当地员工拥有的家庭耐用品中汽车、彩电、冰箱、摩托车均以日本品牌为主，手机以中国品牌为主。

当地员工的社会交往与国别认知方面。近七成受访员工愿意与中国人成为伴侣、朋友，另有约17%的员工愿意与中国人成为邻居、同事。但是愿意与中国人生活在同一城市的受访员工的比例较低，说明印度尼西亚社会对中国人的情感复杂。约七成员工认为中企尊重本地风俗习惯，尊重员工的宗教信仰；超过七成的员工认可企业的工作作息安排。有45%的员工认为中国和印度尼西亚籍员工晋升机会平等。

当地员工的社会媒体与文化消费方面。当地员工主要通过互联网了解中国信息，同时近年电视媒体上关于中国的新闻报道增加，成为当地员工获取中国信息的另一个重要渠道。在接受访谈的最近一年内，多数员工对印度尼西亚学生赴华留学、中国艺术团展演等文化交流新闻有所耳闻，听说过中国对印度尼西亚援助的员工不到一半。在文化消费偏好上，美国影视剧最受受访员工欢迎，有时、经常或频繁看华语影视剧的员工约47%。受访员工有70.63%喜欢美国音乐。对华语音乐持欣赏态度的有26%，超过了喜欢日、韩和印度音乐的员工比例。

关于对中国品牌的认知，七成以上员工知道中国品牌，印象最深的是小米、OPPO、华为、VIVO等手机企业。关于中企的社会责任，员工对中企开展教育援助和直接捐钱形式援助的认知度较高，并希望中企进一步加大在教育、卫生和培训项目领域的援助。针对大国的地区影响力的调研结果显示，三分之二以上的员工认为中国是在亚洲影响力最大的国家，且正面影响大于负面影响。超过七成受访员工认为中国是印度尼西亚最大的援助国。基于对中国的好感和对中国国家建设成就的认可，44%的员工认为中国的经验可资印度尼西亚借鉴。

二　中资企业在印度尼西亚投资的政治风险及应对

企业海外投资面临的风险有商业和非商业风险两类，前者指投资企业为获取一定的商业利益回报应当承担的、可预期的正常投资风险，后者包括政治风险、社会风险以及自然风险等。政治风险指一国的政治力量、政治事件或国际环境出现恶化趋势，导致经营环境改变并可能使给企业的合法权利、利益带来严重损失。政治风险有难预测、不可控的特点，范围涵盖了政治制度以及发展策略，以及来自其他国家或者国际环境施加的外部压力；既涉及国家行为也包括社会和个体行为，比如个人对立、战争、恐怖组织的破坏等。在印度尼西亚投资可能涉及的政治风险大致有以下几类。

（一）政局不稳

印度尼西亚第一、二任总统的下台都伴随着政治和社会局势的大动荡，所以在政党政治斗争激烈的背景下，近年来每一次大选前后都成为该国政局周期性的敏感时段。但从后苏哈托时期20年来的政权交替过程以及当前制度环境判断，至少印度尼西亚未来5—10年政局稳定是有保证的。印度尼西亚的抗议、示威等"街头政治"行为多在合法、正常的范畴，偶发的不同群体间高烈度冲突亦难以撼动稳定大局，宜以平常心视之。事实上，与国内部分民众因印度尼西亚1998年发生暴乱而形成的刻板印象不同，在印度尼西亚的中企负责人多数对当地政局稳定有信心，即便在两大政治阵营开始激烈对峙的2018年，也只有23.53%的受访中企管理层认为印度尼西亚政治环境"不稳定"（见图4-35）。

（二）政府干预

政府干预的来源包括东道国政府和第三国政府干预。[1] 东道国政府干预风险突出表现为印度尼西亚政府出于保护国内行业发展、进行产业调整等动机通过立法或行政命令改变投资政策，使中企陷入被动，例如近年收紧建筑业外资持股比例规定，为提高产品附加值而禁止某些原矿出口，以及在加强监管的同时提高互金行业的准入门槛等。政府部门之间各行其是，互不配合，致使投资政策难以落地也是一种消极干预模式。在央地关系层面，因利益不一致出现地方政府对两国合作投资项目的干预问题，雅万高铁建设便一度受制于西爪哇政府的态度。另外，"一带一路"沿线的一些国家对中企特别是国企投资目的抱有戒心，印度尼西亚近年有政党和社会组织制造舆论，要求政府审查中国投资或限制中企介入港口建设等战略性领域的投资。中国企业投资面临的第三方国家政府干预风险主要来自美、日等大国，这些国家通过各种主体和渠道提供利益诱惑或施加压力促使印度尼西亚方改变既定决策。中美地缘政治对抗加剧，中国企业在印度尼西亚受第三国政府干预的风险相应增加。

（三）恐怖主义和民粹主义

如本书第一章所述，恐怖主义和民粹主义对印度尼西亚政治与社会形势形成一定挑战。就二者对中国在印度尼西亚利益的威胁而言，首先，恐怖袭击有波及中企相关人员的可能，如2016—2018年的几

---

[1] 梁静波：《中国企业海外投资的政治风险与对策》，《求实》2013年第4期。

次自杀式爆炸都发生在雅加达、泗水等中企相对集中的地区。其次，要关注恐怖主义袭击目标的扩大化，即从针对印度尼西亚政府和执法人员为主扩展到在当地的外国目标。2019年据说万丹省曾有恐怖分子计划攻击当地中企人员。2020年新冠肺炎疫情期间，印度尼西亚智库"冲突政策分析研究所"注意到依附于"伊斯兰国"的当地极端组织在社交平台上发表的种族主义性质的反华言论增加。该智库警告印度尼西亚政府关注恐怖组织袭击印度尼西亚华人和中资企业的风险。最后，印度尼西亚右翼民粹主义与保守宗教情绪结合并为政治斗争所裹挟，针对中国投资的具体问题进行歪曲和放大，使中企所处社会环境恶化。

对上述各类政治风险进行准确而深入的评估，是中企在印度尼西亚投资经营决策的重要基础。当前一些研究机构定期或不定期发布的包括政治风险在内的各国投资风险评级，能为中国在印度尼西亚的企业提供一定程度参考。但中国评估东道国政治风险的专业化体系以及相应信息服务平台的建立尚待时日，且需要政府、企业和专业机构协同发力。

当政治风险显著升高时，企业推延或撤离投资是一种自然的选择。除此之外，国内外学者提出的国家和企业层面的政治风险管控基本方法同样适用于印度尼西亚。

首先，应推动与印度尼西亚商签新的双边投资保护协定。《中华人民共和国政府和印度尼西亚共和国政府关于促进和保护投资协定》1995年生效，有效期十年并可延长十年，早已期满。印度尼西亚政府为免于被国际仲裁机构仲裁，对与各国签订含有相关条款的双边投资协定并不积极。无论如何，中国已经是印度尼西亚最主要的投资来源国之一，两国应基于新的形势，本着公平互利的原则商签投资保护协议。其次，用好保险工具。我国海外投资保险制度创建于2002年，以购买投资保险和担保的形式为企业分担、转移不可测的政治风险。中国出口信用保险公司作为我国唯一承办出口信用保险业务的政策性保险公司，至2017年已对印度尼西亚实现承保海外投资项目47个，金额

40.5亿美元。该公司还与印度尼西亚投资协调署签署了合作备忘录，共同为中国和印尼的经贸和投资合作保驾护航。① 当然，中国海外投资保险制度仍需完善，现复杂的投保程序和高昂的保费不利于中小企业参保。最后考虑改变投资的股权结构。中企可与当地有影响力的企业结成联盟，或视情增加印度尼西亚方的股权投入，推动合资经营、共同开发，增进共同利益及东道国介入营运的成本，从而减少政治风险。

三 对中资企业本土化发展的思考

企业的跨国发展对本土化提出了要求，本土化经营应当成为企业实现资源合理配置、提高市场竞争力的重要举措。印度尼西亚中资企业的本土化意识正在增强，并在人员、产品、市场、投资等本土化方面取得一定成绩，这是毫无疑问的。同时要看到，不同企业的本土化表现存在极大分野，企业本土化进展缓慢的根源仍在认知误区。小微和初创企业把生存和短期发展放在首位，对本土化认知空白问题有一定普遍性。不少中小企业固然认识到本土化的重要性但并没有紧迫感，相关措施是"纸上谈兵"或基于狭隘的理解将本土化与企业日常经营管理割裂。仍有大型企业管理人员抱着傲慢和保守心态，对立地看待专业化与本土化，认为本土化是伪命题，坚持认为中国企业能在本地立足的根本是专业水平、母国企业战略与文化。事实上跨国经营一方面强调统一的价值原则、技术标准与管理规则；另一方面也对个性化与灵活度提出了要求，要求相关企业获得因地制宜的本地认知、创新思路与解决方案。一些企业的本土化行为停留在"术"的层面，甚至被当成权宜之计，其持续性和效果必然难以保证。中资企业在印度尼西亚本土化之路的下一阶段，应该以对国际化和本土化的

---

① 《中国出口信用保险护航中印尼经贸合作》，人民日报海外网，(2017-04-18) [2020-06-02]，https://m.haiwainet.cn/middle/352345/2017/0418/content_30867684_1.html。

正确认知为前提，以本土化意识上升到"道"的境界为基础。

本土化是跨国公司将生产、营销、管理、人事等经营诸方面全方位融入东道国经济中的过程，也是承担在东道国社会责任并将企业文化融入和植根于当地文化模式的过程。这个过程并无定式，其成功与否要以企业的经济效益和社会效益而非片面的本土化程度、速度为衡量标准。脱离实际的、过快过深的本土化未必是好事，企业要基于对当地市场的尊重，结合产品和服务特点深入研究与本土化相关的功能性战略，巧妙把握本土化进程。在本土化内容以及策略方向上，人力资源、品牌发展、采购、公共关系等方面都值得当前印度尼西亚的中企特别重视。

（一）人力资源本土化应从一线员工向管理层、技术人员延伸

出于对沟通、工作能力和效率的考虑，中资企业一度倾向于使用中国员工。这不仅与印度尼西亚法律规定相左，也引发舆论关于中国人"抢当地人饭碗"的质疑。如本书数据所显示的，近年中资企业人力资源方面的一大进展是低技术要求岗位基本实现了本土化，在管理和技术层面则以中方员工为主，当地人不多。这两类人员的本土化作为企业人力资源本土化的核心标志，不仅对降低企业运营成本意义重大，还能为企业可持续发展奠定更深厚人才基础和文化融合基础。中资企业人员的理想结构应该是包括技术人员在内的普通员工全面属地化，中层人员多数本土化，高层人员部分本土化。在当地选聘的方式显然无法满足企业的人才需求，因此入职后培训和有意识地培养势在必行。一些有先见之明的企业已经开始人才培养布局，例如华为早在2007年和2011年就分别向印度尼西亚两所最知名的大学捐资设立培训中心，每年为20多名通信专业的优秀大学生提供奖学金和实习机会；为满足工业园区对技术人员的需求，中资捐建的中苏拉威西岛莫洛瓦里理工学院正在筹建。这些举措的背后是中企经营者长远的眼光，与本地人共处共赢的胸怀以及帮助当地社会发展的担当。

（二）品牌本土化要诀在于文化融入与创新

中企品牌要在印度尼西亚深入人心，首先产品设计应契合当地消

费者具体需求，能结合自身产品标准化生产标准进行地域化、差异化打造；其次要针对当地消费者喜好与市场特征实施个性化、差异化营销策略。产品设计与营销的本土化成功案例中，上汽通用五菱、OPPO手机、京东都是典型。五菱印度尼西亚工厂依托本土化的闭环生态产业链，推出在空间、动力、配置、外观造型上都针对当地人习惯"量身定做"的车型，获消费者好评。OPPO深入考察当地市场，精准定位手机产品，并把明星代言和渠道推销的效果最大化，使用户全方位感受到OPPO的与众不同。京东（印度尼西亚）公司在品牌传播中把LOGO上的动物形象标志从一只小狗改成一匹小马，避免了引发穆斯林人群消极认知的风险。企业对当地文化、社会习俗以及消费者的价值观念有深刻理解，在融入本地文化的过程中体现出创新，是品牌本土化的关键。

（三）采购本土化要着眼于支持当地产业发展

多数企业对本土化采购的理解是一般性的买卖，即企业从自身需求角度出发在印度尼西亚市场上采购材料。但是印度尼西亚工业化水平不高，产业配套设施不完善，当地材料品类、质量常无法满足中企要求。解决供需错位的选项之一是中企改变视角，为相对落后的印度尼西亚本土上游供应商提供扶持，提升其技术能力和产品水平后进行采购。这种采购短期内会增加企业成本，长期来看是双赢的结果。当地供应商能够长期供应高标准的材料或设备，实现了当地相关产业的升级发展；企业经营和项目建设所需材料能以较低成本得到供应保证。企业与当地因此融合得更加紧密，这对企业可持续发展的意义显而易见。

（四）公共关系本土化要抛弃思维定式

公共关系的和谐是中企在印度尼西亚"入乡随俗"的应有之义。处理当地公共关系时，地方自治、土地私有、工会和非政府组织动员能力强大等都是不可忽视的背景，简单套用在其他地方行之有效的沟通方式难以达到预期。前些年不少中企遵循自上而下、自中央向地方政府做工作的思维而在征地问题上"吃亏"，最终发现基层的村长往往才是问题关键，自下而上沟通效率更高。中企的另一个思维定式是对工会和非政府组织天然抱有戒备之心，尽量少打交道。但敬而远之并不能换来相安无事，因当地或国际慈善、环保、劳工等组织的介入而使中企项目搁浅的情况不是个例。未来，企业和行业工会在劳资纠纷中的角色肯定也会更加突出。这就要求中企改变心态，主动与这些组织打交道，接受社会监督，积极改进投资运营中的不足并维护好自身合法利益。此外，本地化经营蕴含着履行当地社会责任的重要内容，从课题组调研情况看自觉在印度尼西亚回报当地社会、承担社会责任的企业越来越多。中企履行社会责任不是简单的捐钱给物、修路建桥，应进一步结合当地社会急需，以平等互助的心态，用当地民众最能接受的方式开展。

印度尼西亚中企的本土化发展总体上处于初级阶段，可借鉴日美等国跨国公司在印度尼西亚的成功经验，优化经营思路、经营模式和经营策略，提高本土化响应能力，通过与当地社会各类主体的不断沟通磨合实现经济与社会效益同步，企业与当地共赢。

参考文献

一 中文

（一）著作

范若兰：《东盟十国基本国情及投资风险评估》，中国社会科学出版社2016年版。

黄剑辉：《"一带一路"沿线重点国别研究》，中国金融出版社2020年版。

李杰、姜一飞：《印度尼西亚涉商法律文件汇编》，暨南大学出版社2015年版。

刘伟、刘勇：《一带一路：区域与国别经济比较研究》，北京大学出版社2018年版。

隋广军：《印度尼西亚经济社会发展报告（2018）趋势与挑战》，社会科学文献出版社2018年版。

许利平等：《列国志（印度尼西亚）》，社会科学文献出版社2019年版。

杨晓强：《"一带一路"国别概览：印度尼西亚》，大连海事大学出版社2018年版。

尤安山等：《"21世纪海上丝绸之路"建设与中国—东盟经贸新合作》，上海社会科学院出版社2018年版。

于建忠、范祚军：《东盟共同体与中国—东盟关系研究》，人民出版社2018年版。

朱梓烨、王高峰：《第三次对外开放：一带一路框架下中国企业海外布局与风险管控》，石油工业出版社 2017 年版。

［澳］阿德里安·维克尔斯：《现代印度尼西亚史》，何美兰译，世界知识出版社 2017 年版。

［印尼］布迪约诺：《历史大变局中的印尼经济》，龚勋译，北京大学出版社 2017 年版。

［英］伊丽莎白·皮萨尼：《印尼 Etc：众神遗落的珍珠》，谭家瑜译，上海三联书店 2019 年版。

（二）期刊

方旖旎：《民营企业对"一带一路"沿线国家大型直接投资非经济风险与对策的研究》，《晋中学院学报》2016 年第 5 期。

付韶军、张璐超：《国家政治风险因素对中国 OFDI 影响研究——基于"一带一路"沿线 54 国数据的实证分析》，《经济问题探索》2019 年第 9 期。

郭周明、田云华、周燕萍：《逆全球化下企业海外投资风险防控的中国方案——基于"一带一路"视角》，《南开学报》（哲学社会科学版）2019 年第 6 期。

韩冬临：《印尼公众的中国形象：现状、变化与来源》，《战略决策研究》2017 年第 2 期。

黄娟、夏楚雪：《"一带一路"背景下基于综合集成算法的中国企业对外直接投资风险评价研究——以 H 公司为例》，《江汉大学学报》（社会科学版）2019 年第 5 期。

黄永弟：《中国—印尼海洋经济合作：进展、问题与建议》，《西部学刊》2019 年第 11 期。

黄钰：《印尼主流媒体对中国国家形象的建构——以〈雅加达邮报〉2018 年报道为例》，《文化与传播》2019 年第 6 期。

李伟：《印度尼西亚深化经贸合作共建海上丝绸之路探析》，《对外经贸实务》2018 年第 1 期。

李炜、韦素琼：《"一带一路"沿线国家直接投资风险的时空格局及驱动机制》，《资源开发与市场》2019 年第 8 期。

廖萌:《21世纪海上丝绸之路背景下中国企业投资印尼研究》,《亚太经济》2018年第1期。

林梅、周漱瑜:《印尼数字经济发展及中国与印尼的数字经济投资合作》,《亚太经济》2020年第3期。

林晓齐、庄礼伟:《国际规范的国内博弈:印尼劳工法争议中的政府、劳方与资方》,《东南亚研究》2018年第6期。

刘海猛、胡森林、方恺、何光强、马海涛、崔学刚:《"一带一路"沿线国家政治—经济—社会风险综合评估及防控》,《地理研究》2019年第12期。

刘胜、胡安琪:《印尼外资政策变化及其对"一带一路"建设的影响》,《东南亚研究》2019年第2期。

刘馨蔚:《"全球海上支点"对接"一带一路"中国资金涌入印尼基建领域》,《中国对外贸易》2017年第10期。

刘优、任天舒、乔龙、王国梁:《海上丝绸之路背景下印尼的投资环境分析》,《山西师范大学学报》(自然科学版)2020年第2期。

潘玥:《"一带一路"背景下中印尼合作:成果、问题与对策》,《战略决策研究》2018年第1期。

任红、张长征:《"一带一路"沿线国家产业结构对中国对外直接投资的诱发作用研究——基于"陆上丝绸之路"与"海上丝绸之路"沿线国家的比较分析》,《国际商务》(对外经济贸易大学学报)2020年第2期。

沈铭辉、张中元:《"一带一路"背景下的国际产能合作——以中国—印尼合作为例》,《国际经济合作》2017年第3期。

宋秀琚、王鹏程:《"中等强国"务实外交:佐科对印尼"全方位外交"的新发展》,《南洋问题研究》2018年第3期。

谈谭:《"一带一路"沿线战略支点国家投资风险及管控》,《复旦国际关系评论》2019年第1期。

王淑芳、薛霄、葛岳静、曹原:《基于计算实验方法的地缘经济策略评估——以中—印尼和中—越的海关通关时间调整为例》,《经济地理》2019年第2期。

王小明：《21世纪海上丝绸之路建设对接当地发展研究——印度尼西亚视角》，《国际展望》2017年第4期。

韦红、李颖：《印尼的"印太"构想：特征、动因、影响及中国应对》，《印度洋经济体研究》2019年第4期。

吴崇伯：《印尼海洋经济发展及其与中国海洋经济合作政策思考》，《中国周边外交学刊》2016年第2期。

谢成锁、刘磊：《〈印尼工业4.0路线图〉综述》，《全球科技经济瞭望》2018年第4期。

许可欣：《从媒体"一带一路"报道角度研究中国企业在印度尼西亚投资的政治风险》，《东南传播》2017年第11期。

杨玲丽、万陆：《企业海外投资风险的社会嵌入性治理机制——基于"一带一路"沿线国家的研究》，《广东财经大学学报》2020年第1期。

杨肖锋、邹闻苡：《中资企业投资"一带一路"沿线国家（地区）面临的税收挑战及对策建议——以深圳跨国企业为例》，《国际税收》2020年第3期。

应霄燕、谢静岩：《印尼全球海洋支点战略的实施与展望——基于国家战略适应性的分析》，《印度洋经济体研究》2019年第6期。

于春洋：《印度尼西亚政治整合的实践进程与效绩评析》，《南洋问题研究》2017年第2期。

余珍艳：《"21世纪海上丝绸之路"战略推进下中国—印度尼西亚海洋经济合作：机遇与挑战》，《战略决策研究》2017年第1期。

张晓涛、王淳、刘亿：《中国企业对外直接投资政治风险研究——基于大型问题项目的证据》，《中央财经大学学报》2020年第1期。

张原野：《"一带一路"倡议下的中国对外投资风险与规避策略》，《人民论坛·学术前沿》2019年第21期。

（三）网络文献

梁孙逸、李源正：《中央—地方关系视角下中国印尼经贸合作的风险因素分析》，国际论坛：1-19［2020-06-18］，https：//doi. org/ 10. 13549/j. cnki. cn11-3959/d. 2020. 03. 009。

潘素昆、杨雅琳：《"一带一路"国家基础设施和中国对外直接投资区位选择》，统计与决策：1-6［2020-06-18］，http：// kns. cnki. net/kcms/detail/42. 1009. C. 20200521. 1357. 002. html。

杨玲丽：《社会嵌入、企业声誉与海外投资经济风险治理——基于中国企业对"一带一路"沿线国家投资的研究》，《重庆大学学报》（社会科学版），1-17［2020-06-18］，http：//kns. cnki. net/kcms/detail/50. 1023. C. 20200520. 1209. 004. html。

朱文彬、吴志峰、何迪、张耀祺、安冰玉、霍超：《"一带一路"框架下三方合作研究》，开发性金融研究：1-16［2020-06-18］. https：// doi. org/10. 16556/j. cnki. kfxjr. 20200306. 005。

二 英文

Aria T. M. Wibisono, *Political Elites and Foreign Policy*：*Democration In Indonesia*, Universitas Indonesia Press, 2010.

Arif Yulianto, *Hubungan Sipil Militer Di Indonesia Pasca Orba*, PT Raja Grafindo Persada, 2002.

Beddy Iriawan Maksudi, *Sistem Politik Indonesia*：*Pemahaman Secara Teoritik dan Empirik*, PT Raja Grafindo Persada, 2012.

Ganewati Wuryandari, *Politik Luar Negeri Indonesia Di Tengah Pusaran Politik Domestik*, P2P-LIPI, 2008.

Harold Crouch, *Political Reform in Indonesia after Soeharto*, Institute of Southeast Asian Studies, 2010.

Khairul Fahmi, *Pemilihan Umum Dalam Transisi Demokrasi*, PT Raja Grafindo Persada, 2016.

Yusuf Zainal Abidin, *Pengantar Sistem Sosial Budaya di Indonesia*, Penerbit CV. Pustaka Setia, 2014.

Benni Yusriza, "The Political Economy of Unfree Labor and the State：An

Indonesian Case Study", *SAGE Publications*, Vol. 29, No. 1, 2020.

Hal Hill, "Asia's Third Giant: A Survey of the Indonesian Economy", *Economic Record*, Vol. 94, No. 307, 2018.

Howard Dick, "The Indonesian Economy in Transition: Policy Challenges in the Jokowi Era and Beyond", *Routledge*, Vol. 55, No. 2, 2019.

Iwan Jaya Azis, "The Indonesian Economy in Transition: Policy Challenges in the Jokowi Era and Beyond edited by Hal Hill and Siwage Dharma Negara (eds), Institute of Southeast Asian Studies, Singapore, 2019, Pp. 451 + xvii, ISBN: 978 9 814 84306 5", *John Wiley & Sons Australia, Ltd*, Vol. 33, No. 2, 2019.

I. Gede Wahyu Wicaksana, "Indonesia's Maritime Connectivity Development: domestic and International Challenges", *Routledge*, Vol. 25, No. 2, 2017.

Masduki, "Political Economy of Sport Broadcasting: Assessing Indonesian PSB Policy in Sport Broadcasting", *SAGE Publications*, Vol. 79, No. 2, 2017.

Yunna Wu, Jing Wang, Shaoyu Ji, Zixin Song, "Renewable Energy Investment Risk Assessment for Nations Along China's Belt & Road Initiative: An ANP-cloud model method", Elsevier Ltd., 2020.

后　　记

正如印度尼西亚海洋事务统筹部长、对华关系协调人卢胡特2019年来华参加中国—东盟博览会时所言，经济合作是中国—东盟战略合作的关键动力。就中国和印度尼西亚两国而言，经贸往来确实在双边战略伙伴关系中具有突出的地位。在"一带一路"倡议与"全球海洋支点"战略契合的背景下，近年中国对印度尼西亚投资大幅增长，在印度尼西亚的中资企业数量增加迅速。本调研组通过实地走访一定数量的印度尼西亚中资企业负责人、高层管理人员和东道国员工，获取企业发展的翔实资料，并通过数据分析形成调研报告，争取尽可能客观全面地展示出中资企业生产经营、社会责任承担、本地化发展现状以及中国在印度尼西亚的国家形象与软实力等方面概貌。

本课题调研实施的时间是2019年1—9月，由于恰逢五年一届的大选，印度尼西亚政局空前复杂，这对调研活动影响出乎预料。各派别博弈使印度尼西亚社会形势一度紧张，调研组不得不两次推迟行程。更严重的是，中国投资议题被印度尼西亚政治斗争所裹挟，彼时显得异常敏感。加上其他顾虑因素，调研组对接、联系的雅加达及周边地区企业纷纷拒访，其间还发生过因受访企业内部态度分歧导致进行中的访谈被迫中止的情况。另有一些有意接受访谈的企业分散在加里曼丹岛、北苏门答腊岛及其他交通不便的外岛，调研组往往辗转多地，奔波数日才能完成两三家企业的数据采集任务，其中艰辛一言难尽。经先后数次前往印度尼西亚并及时调整访谈策略，调研组最终较高质量地完成了50份企业问卷和500多份东道主国员工问卷。这些来之不易的问卷信息是本调研报告的最重要材料支撑。

调研项目实施过程中，我们得到了多方的支持。中国驻印度尼西亚大使馆对调研方向、注意事项等给予了悉心指导；印度尼西亚大学罗伊老师组织当地多所高校的经济学专业学生作为访员参与调研；多位广西民族大学在印度尼西亚的优秀校友积极为调研组协调当地企业、提供出行车辆保障。没有他们的热情协助，项目完成几无可能，调研组谨此表示最诚挚的谢意。

本书由杨晓强、刘凯、王翕哲合力撰写而成，具体分工情况是：杨晓强负责第一、五、七、终章及全文统稿和审校；刘凯负责第二、三、四、六章；王翕哲负责第八、九、十章。囿于学识和能力，书中难免错漏，责任由第一作者承担，亦请读者不吝赐教。

杨晓强

2022 年 6 月 23 日